내리 용서

Forgiving Forward: Experience the Freedom of the Gospel
through the Power of Forgiveness
ⓒ 2021, 2024 by Dr. Bruce Hebel and Toni Hebel
Originally published in the U.S.A. under the title Forgiving Forward:
Experience the Freedom of the Gospel through the Power of Forgiveness.
All rights reserved.

Korean translation ⓒ 2021, 2024 by Dr. Bruce Hebel and Toni Hebel
Korean language edition ⓒ 2021, 2024 by Timothy Publishing House, Inc.

이 한국어판의 저작권은 Bruce and Toni Hebel과 독점 계약한 (주)도서출판 디모데에 있습니다. 신저작권법에 따라 한국 내에서 보호받는 저작물이므로 무단 전재와 무단 복제를 금합니다.

내리 용서

1쇄 발행 2021년 4월 13일
개정판 1쇄 발행 2024년 10월 2일

지은이 브루스·토니 히블
옮긴이 김요셉·박갑용
펴낸이 고종율
펴낸곳 주)도서출판 디모데〈파이디온선교회 출판 사역 기관〉
등록 2005년 6월 16일 제 319-2005-24호
주소 서울특별시 서초구 서초대로 141-25(방배동, 세일빌딩)
전화 마케팅실 070) 4018-4141
팩스 마케팅실 02) 6919-2381
홈페이지 www.timothybook.com

ISBN 978-89-388-1710-5 (03230)
ⓒ 2024 도서출판 디모데 All rights reserved. 〈Printed in Korea〉

일러두기 이 책에 나오는 모든 이야기는 실화입니다. 이야기를 합성하거나 소설적 기법은 사용하지 않았습니다. 다만, 가독성을 높이기 위해 일부 이야기의 세부사항을 약간 수정했으며, 일부 등장인물의 이름은 사생활 보호를 위해 변경했습니다.

내리 용서

나를 통해 이루시는 용서의 기적

브루스·토니 히블 지음
김요셉·박갑용 옮김

추천사

『내리 용서』 개정판을 추천하게 되어 매우 기쁘고 영광스럽다. 브루스와 토니 부부는 텍사스주 댈러스에 있는 북부 펠로우십 바이블 교회에서 함께 동역하던 시기에 '내리 용서' 사역을 시작했다. 오랫동안 이 사역에 동참했던 내게는 인상 깊은 기억이 많은데, 그 이유를 한마디로 요약하면 이들의 '교육적 자질'이다! 저자 부부는 다양한 목회 현장에서 이 자질을 발휘했는데, 그 과정에서 용서에 대한 메시지를 전할 수 있는 사역자로 준비되었다. 이 책의 메시지는 성경에 부합하며, 사도 바울의 말씀을 떠올리게 해주는 개개인의 이야기에 은혜를 받을 것이다. "누가 누구에게 불만이 있거든 서로 용납하여 피차 용서하되 주께서 너희를 용서하신 것 같이 너희도 그리하고"(골 3:13).

진 A. 게츠(Gene A. Getz) 박사, 교수, 목사, 저자

용서는 성경적이고 본질적인 것이다. 이 책은 왜 용서해야 하는지에 대한 성경적 이유를 제시하고, 용서의 본질을 실행하는 방법을 보여준다. 그리스도인의 미덕인 용서를 실천하는 실용적인 지침도 제시한다. 이 책은 그리스도의 몸이 '복음으로 치유'될 수 있도록 귀중한 자료를 제공한다.

대니얼 L. 아킨(Daniel L. Akin), 사우스이스턴 침례신학교 총장

브루스 히블이 나에게 '내리 용서'의 단순한 논리를 전해준 날을 절대로 잊지 못할 것이다. 그는 이렇게 말했다. "당신에게 상처를 준 사람을 용서하기에 그리스도의 죽음이 충분하다고 믿습니까? 만약 당신이 그들을 용서하지 않는다면, 당신은 그리스도의 죽음이 충분하지 않다고, 적어도 당신에게는 충분하지 않다고 말하는 것입니다." 바로 그 순간 상황이 바뀌었다! 용서를 실행하면 삶이 바뀐다. 상처 준 사람과 받은 사람 둘 다 삶이 바뀐다. 브루스와 토니의 책은 철저히 성경적이면서 즉시 실천에 옮길 수 있는 방법을 제시한다. 내 삶에 큰 변화를 가져온 이 책을 모든 사람에게 강력히 추천한다. 왜냐하면 우리는 모두 용서해야 할 사람, 즉 우리의 용서가 필요한 사람이 있기 때문이다. 히블 부부는 용서해야 하는 이유뿐만 아니라 용서하는 방법을 알려준다.

빌 헨드릭스(Bill Hendricks), 댈러스 신학교 헨드릭스 센터의
기독교 리더십 원장

지난 몇 년간 우리 교정 시설에서 가장 큰 영향을 준 소그룹 스터디 중 하나가 바로 '내리 용서'였다. 브루스와 토니가 우리 교회에 '내리 용서'를 전하러 왔던 때를 기억한다. 용서가 주는 자유를 제일 먼저 경험한 사람은 교정 시설 자원봉사자들이었다. '내리 용서'는 지금도 삶의 가장 중요한 영역에서 재소자들을 자유롭게 해주고 있다. 자유를 향한 브루스와 토니의 한결같은 헌신에 감사드린다.

랜디 워커(Randy Walker), 하이랜드 교회 교정 목회 담당

이 책은 삶을 변화시킨다! 용서하지 않는 마음과 우리 사회를 병들게 하는 많은 문제가 어떻게 연관되어 있는지를 브루스와 토니는 하나님의 영감을 받아 은혜롭게 드러낸다! 이 책을 읽는 동안 변화될 준비를 하라! 분명히 달라질 것이다. 말만 거창한 다른 책들과 달리, 이 책은 세상을 변화시키는 능력이 있다!

    케빈 레바 그레이(Kevin LeVar Gray), 가스펠 음반 아티스트, 텍사스주 프리스코 글로리 하우스 담임목사

'내리 용서'는 단순히 책 제목이 아니다. 예수 그리스도의 복음에 깊이 뿌리를 두고 용서하는 마음으로 나아가는 심오한 여정이다. 이 책의 메시지는 내 사역, 특히 신학생들을 멘토링하는 데 큰 영향을 주었다. 한 학생이 이 책에 제시된 프로토콜을 하면서, 무자비하게 그의 머리를 물속에 처박은 일을 포함해 깊은 트라우마를 남긴 아버지를 용서함으로써 자유를 얻어 극적으로 변화된 순간이 아직도 생생하다. '내리 용서'의 진정한 강점은, 용서의 행위를 그리스도의 죽음과 부활이라는 복음의 핵심과 연결한다는 점이다. 이 책은 용서에 대한 성경적 시각 이상을 제공한다. 희망의 등대 역할을 하고, 하나님의 사랑을 증거하며, 용서함으로 자유를 추구하는 사람들을 격려하고 지지한다. 이 책은 용서가 주는 자유를 받아들이도록 도전하며, 하나님의 은혜가 깃든 복음이 충만한 삶을 살기를 소망하는 모든 이에게 중요한 가르침을 준다. 삶을 변화시키는 메시지, 깊은 성경적 기초 그리고 변화를 불러일으키는 용서의 능력을 증거하는 이 책을 강력히 추천한다.

    피터 J. 헤이스(Peter J. Hays) 박사, 네덜란드 틴데일 신학대학원 조직신학 부교수

브루스 히블 박사와 나는 그리스도인 친구들에게 배신당한 매우 현실적이고 고통스러운 경험이 있다. 공통된 상처를 겪으며 우리의 우정이 시작되었지만, 용서하는 법을 배우고 난 뒤 우정은 더욱 굳건해졌다. 저자 부부와 5년 동안 매주 소그룹 모임으로 만나면서 이들이 '내리 용서'의 지혜를 사역으로 발전시키는 과정을 지켜보았다. 이 사역은 이제 전 세계 사람들이 자유를 찾도록 돕고 있다. 이 책은 상처 입은 사람들이 용서함으로 자유를 누리도록 돕는 '지침서'다.

조 카스티요(Joe Castillo), 아티스트, 모래 예술가, 목사, 저자

'내리 용서'의 메시지는 인생에 큰 영향을 미친다. 우리 교회는 브루스와 토니 히블의 가르침으로 큰 축복을 받았다. 그들이 가르쳐준 용서 프로토콜을 사용하여 항상 용서하고, 빨리 용서하며, 완전히 용서하는 법을 배웠다. 이것은 모든 것을 변화시킨다.

데이브 디바인(Dave Divine), 조지아주 애틀랜타 채플힐 교회 담임목사

이 책은 시대를 초월하는 영원한 성경의 원칙을 아름답게 제시한다. 이 책은 내면에서 시작하여 밖으로 뻗어나가는 진정한 자유를 누릴 수 있도록 안내한다. 이 책은 용서의 원칙을 읽고 적용하는 사람들의 삶에 헤아릴 수 없는 변화를 가져다줄 귀중한 도구다.

재스퍼 윌리엄스 3세(Jasper Williams III), 연설가, 저자, 목사

우리 부부는 브루스, 토니와 평생 친구로 지내왔다. 나는 개인적으로 용서의 능력뿐만 아니라 화해의 해방도 경험했다. 우리는 브루스와 토니가 우리 교회에서 용서의 메시지를 전하도록 여러 번 초대했는데, 그 영향력은 매우 극적이었다. 그 결과, 우리 교회는 '용서의 문화'를 핵심 가치 중 하나로 삼았다. 우리의 경험에 따르면 용서의 메시지는 사람들이 건강한 관계를 맺도록 교회가 갖추어야 할 기본 요소다. '내리 용서'가 너무나 효과적이어서 교인들이 용서가 주는 자유를 경험하도록 교회의 교육 과정으로 도입했다. 모든 목회자가 각자 섬기는 교회에서 용서의 혁명을 경험하도록 인도하길 적극 권면한다.

존 오핏(John Offutt), 텍사스주 린데일 라이프소스 교회 담임목사

나는 용서가 얼마나 절실한 것인지 경험해봐서 잘 안다. 브루스와 토니는 뜨거운 열정과 강한 결단력으로 우리를 용서 혁명에 초대한다. 온전히 성경적이고 심오한 언어로 교회가 시달리고 있는 깊은 상처의 원인을 설명하고, 용서 혁명을 받아들임으로써 그 상처를 어떻게 치유할 수 있는지 알려준다. 어느 때보다 용서의 메시지가 필요한 오늘날, 모든 그리스도인이 꼭 들어야 할 절실한 메시지가 이 책에 가득 담겨 있다. 예수 그리스도를 따르는 사람이라면 놓쳐서는 안 된다.

로레인 핀투스(Lorraine Pintus), 국제적으로 활동하는 강연자, 글쓰기 코치, 『호르몬 기복에서 뛰어내려라』(Jump Off the Hormone Swing)의 저자

중독의 문제나 인간관계의 갈등에 관한 답을 찾고 있는가? 이 책을 읽으라. 다른 사람을 용서의 길로 인도하고 싶은가? 이 책을 읽으라. 이 책은 대단히 솔직하고, 매우 실용적이며, 삶을 극적으로 변화시킨다. 강력히 추천한다!

린다 딜로우(Linda Dillow), 『나랑 결혼해보니까 어때?』(What's it Like to be Married to Me?), 『오늘, 만족하기로 했습니다』(Calm My Anxious Heart, 좋은씨앗 역간)의 저자

내가 브루스와 토니를 처음 만났을 때 그들은 축복하려고 했던 사람들에게서 막 상처를 받은 상태였다. 그들은 자신들의 고통을 하나님께 맡기고, 그분이 주시는 은혜를 마시며, 인생을 변화시키는 용서의 능력을 발견하였다. 그들은 원한 없는 마음이 주는 달콤한 기쁨을 발견하고 용서의 혁명을 시작했다. 이 책은 다른 사람들을 용서하도록 돕는, 삶을 변화시키는 사명으로 우리를 초대한다. 실제 이야기와 영적 진리로 가득한 이 책은 우리를 자유롭게 하고, 우리가 사랑하는 사람들도 자유함에 이르도록 도와줄 것이다.

앨런 D. 라이트(Alan D. Wright), 레이놀다 교회 담임목사, 『내 영혼의 연인과 자유』(Lover of My Soul and Free Yourself), 『너 자신이 되어라』(Be Yourself)』의 저자, 미국 전역으로 방송되는 라디오 프로그램 "앨런 라이트와 빛을 공유하다"(Sharing the Light with Alan Wright)의 진행자

우리는 그리스도 안에서 성숙해지면서 예수님이 우리를 통해 영원한 생명을 사신다는 것을 깨닫는다. 이 책은 용서의 혁명에서 주님이 우리를 통해 지금 여기서 이루시고자 하는 일에 우리가 어떻게 협력할 수 있는지 알려준다.

  제임스 힉스(James Hicks) 박사, 성장과 변화 센터(Center for Growth and Change) 대표

브루스와 토니가 쓴 책을 읽으면, 하나님이 당신의 영혼을 빈틈없이 쓰다듬어 숨겨진 상처와 쓰라림을 드러내시고, 용서하는 마음이 주는 자유로 이끄시는 것을 경험하게 된다. 용서하고 용서받으려는 욕구는 아마도 인류가 아는 가장 보편적인 치유의 주제일 것이다. 이 책은 성경의 관점에서 연관성을 찾고, 자유롭게 하는 방식으로 용서라는 주제를 탁월하게 설명한다. 나는 특히 이 구절이 마음에 든다. "어떤 일들은 용서할 수도 없고 회복할 수도 없다고 생각하는 것이 통념이다. 그러나 통념은 종종 십자가의 능력을 과소평가한다." 이 책을 읽는 모든 사람은 큰 희망의 빛을 보게 될 것이다.

  에디 리옹(Eddie Lyons), 미주리주 스프링필드 하이스트리트 침례교회 담임 목사

작고한 내 남편 로버트와 나는 브루스와 토니의 영향력 있는 사역을 알게 되어 기쁘고 즐거웠다. 이들은 수많은 사람이 하나님이 가르쳐주신 용서의 원칙을 이해하고 실천함으로써 영적으로 승리하도록 도와주었다. 이 개정판에는 우리가 우리 자신에게 다른 사람들이 용서를 경험하도록 돕는 데 필요한 도구가 더 많이 담겨 있다.

  칼라 에반스(Carla Evans) 박사, 오크클리프 성경교회의
  토니 에반스(Tony Evans) 목사의 아내

예수 그리스도를 알고, 모든 죄를 '용서받는' 놀라운 선물을 아는 것보다 더 강력한 것은 없다. 그런데 예수님은 다른 사람을 '용서하는' 힘이 그에 못지않게 강력하다고 분명히 말씀하신다. 만약 당신이 상처나 배신 또는 부당한 대우를 받았을 때 용서하지 않는다면, 구원의 기쁨을 사탄에게 빼앗기기 쉽다. 『내리 용서』는 나와 내 아내 레슬리가 용서하지 않는 마음의 굴레에서 벗어나도록 도와주었다. 2022년 10월 9일, 우리는 용서하기로 결심했다. 그리고 바로 그 순간 모든 것이 변했다. 이 책은 용서의 문제로 힘겨워하는 모든 사람이 읽고 공유해야 한다. 이 책의 가르침을 따르면, 내일 아침 당신의 삶은 완전히 달라져 있을 것이다. 우리 부부의 삶이 이미 달라진 것처럼!

  카즈 맥카슬린(Caz McCaslin), FCA SPORTS(Fellowship of
  Christian Athletes, 스포츠 선교단체) 부단체장

용서하다(동사):

예수 그리스도의 보혈로 내가 받았거나

앞으로 받을 수 있는 모든 상처에 대해 완전한 대가를 치르다.

아론, 앤드루, 에이미에게.
영적 전쟁의 사상자로 남지 않고
용서 혁명에 동참해주어 고맙다.

샤를린 심스에게(1950-2023).
사람들이 용서할 수 있도록 돕고자 했던
당신의 열정은 당신을 아는
모든 사람에게 계속해서 영감을 주고 있습니다.

목차

추천의 글　17
개정판 서문　21
초판 서문　27

1부 용서, 하나님의 명령
1장 용서 혁명에 동참하도록 부름받았습니다　37
2장 용서하지 않는 마음은 고통스럽습니다　67
3장 용서받은 사람이 용서할 수 있습니다　99

2부 예수님, 용서의 모델
4장 예수님은 용서하기로 미리 결정하셨습니다　141
5장 예수님은 우리의 빚을 갚기로 작정하셨습니다　169
6장 예수님은 화해의 문제를 우리에게 맡기셨습니다　195

3부 성경이 알려주는 용서의 방법
7장 용서와 믿음　227
8장 용서 프로토콜　247

4부 용서, 우리의 사명

9장 우리는 형제를 지키는 자입니다   277
10장 우리는 용서하도록 돕는 자입니다   303

맺는 글
11장 용서 혁명으로 초대합니다   341

  부록   359
  주   372
  개정판 발간에 부치는 감사의 글   375
  옮긴이의 글   379
  사역 정보   382

추천의 글

우리가 무언가를 놓친 걸까? 그리스도를 닮아 '온전함'을 향해 나아가는 여정에서 우리에게 정말 필요한 것은 무엇인가? 평화는 왜 끝이 다 닳아 해져서 종잡을 수 없는 것처럼 느껴지는 것일까? 이것이 진정으로 그리스도가 친히 십자가에 달려 돌아가시며 바라신 '풍성한 삶'이란 말인가? 용서가 정말로 '풍성한 삶', 즉 그리스도가 우리가 이 세상에서 경험하기를 원하시는 천국의 삶에 필요한 핵심 요소일까? 나는 오랫동안 사역했지만, 복음의 중심이 용서임을, 우리 삶의 중심도 용서여야 함을 지금보다 더 확신한 적은 없다. 또한 그 어느 때보다 용서에 관한 그리스도의 가르침을 대체로, 그리고 상당히 '오해하고 있다'고 확신한다.

오늘날 용서는 세상에서, 심지어 그리스도를 따르는 사람들 사이에서도 애매모호한 원칙이 되기 쉽다. '세월이 약'이라는 속담을 잘 알고 있을 것이다. 하지만 우리 주변에는 오래된 상처가 낫지 않아 마치 이제 막 베인 듯이 피 흘리며 고통스러워서 움츠리는 사람이 많다. 아마 당신은 십자가의 보혈이 왜 '당신의' 모든 죄를 덮고 사했는지 궁금해하는 수많은 사람 중 한 명일 수 있다. '당신'(또는 당신이 사랑하는 사람들)은 '당신에게' 죄지은 사람들에게서 받은 상처와 비통함을 치료할 수 없어 보인다. 친구여, 용기를 내라. 그리스도의 가르침과 이 책에 담긴 진리에는 재창조하는 생명력이 있다. 이 진리는 깨어진 것을 치유하고 회복시킨다. 또한 원수를 축복하고, 상처 입은 사람이 다시 일어나 자신에게 상처 준 사람을 위해 기도하게 만든다. 뿐만 아니라 평화가 다스리도록 한다. 이 책이 당신 손에 들린 것은 절대 우연이 아니다.

진솔한 좌담 형식으로 기록된 이 책은 실제로 일어난 수많은 이야기를 담고 있다. 또한 하나님과 인류 사이의 구속 이야기를 통해 용서의 길을 점검하고 변화를 이끌어내는 성경의 가르침으로 가득하다. 이 이야기는 십자가에서 정점에 이르고, 그리스도인들의 몸 안에서 계속 이어진다. 브루스와 토니는 자신들의 삶에 그리고 수백 명에 달하는 사람들의 삶에 용서의 촉매 역할을 하면서 용서로 말미암는 치유의 힘을 경험했다. 이 부부는 마음의 세계가 얼마나 복잡한지를 알고 있다. 개인적으로 용서를 경험하는 여정에서 그리고 다른 사람들도 동일한 자유를 경험하도록 돕는 자로 훈련되는 여정에서 영적 동반자로서의 역할을 훌륭하게 하고 있다. 이들의 통찰은 신선하고 솔직하다. 하나님의 나라가 "하늘에서 이루어진 것같이" 이 땅에서도 이루어지기를 기도할 때 이미 '포로로 잡혀 있는 자들을 자유롭게 하는' 나라를 간구하는 것이다. 그것이 '용서 혁명'이다.

　이 책은 너무나 중요하다. 우리가 살며 호흡하는 세상은 타락한 곳이라 용서는 어디에나 누구에게나 필요하기 때문이다. 에덴동산은 사라졌다. 온전한 것은 불완전한 것에게 자리를 빼앗겼고, 그 결과 상처받는 일을 피할 수 없게 되었다. 고의든 실수든 간에 우리는 서로 상처를 주기도 하고 받기도 한다. 물리적인 세계에서 육신에 입은 상처를 치료하는 것처럼, 영적인 영역에서 마음에 입는 상처도 내면 전체로 감염이 번지지 않도록 적절하게 치료해야 한다. 치료하지 않고 방치해둔 작은 상처가 말도 안 되는 대혼란을 일으킬 수 있다. 용서하지 않는 마음을 방치할 때 어떤 결과를 초래하는지 생각해본 적이 있는가? 우리가 용서를 경험하고 용서하는 삶을 사는 것이 하나님의 뜻이라면, '용서'는 하나님이 말씀하시는 놀라운 사랑을 발견할 수 있는 방법이라고 믿는 것이 합당하지 않을까? 우리에게 익숙한 성경 말씀을 조금만 깊이 들여다보면 감추어진 보석이 있지 않을까? 브루스와 토니를 따라 불안에서 '평화'로, 속박에서 '자유'로 내면을 변화시키는 여정에 동참하지 않겠는가? 이 책에는 깊이 새겨들어야 할 진리로 가득하다. 그 진리는 우리를 자유롭게 할 것이다. 그리스도가 이 일을 위해 오셨다. 그리스도가 주기도문에서 용서를 그토록 주된 관심사로 삼으신 이유를 알아보라. "우리가 우리에게 죄 지은 자를 사하여 준 것같이 우리 죄를 사하여 주시옵고." 나는 당신이 이 책을 천천히 읽고, 마음을 활짝 열어 하나님의 나라가 이 땅에 임하는 것을 볼 준비를 하기 원한다. 그 나라는 풍성한 축복을 넘치도록 베푸는 나라이며, "많이 용서받은 자가 많이 사랑하는 자"인 나라다.

―브루스 윌킨슨

www.BruceWilkinson.com

www.Facebook.com/LastingLifeChange

개정판 서문

처음 이 책을 쓰고 출판했을 때, 이 책이 어떤 영향을 미칠지 혹은 가족 외에 실제로 읽을 독자가 있을지 전혀 상상하지 못했습니다. 초판 서문에서 말했듯이, 저는 책을 쓸 계획이 없었고, 저를 작가라고 부르는 것도 여전히 어색합니다. 그런데 전 세계 수많은 사람이 이 책을 읽었습니다. 이 글을 쓰는 지금, 『내리 용서』는 5개의 언어로 번역되었고, '용서 프로토콜'은 더 많은 언어로 번역되었습니다. '용서 프로토콜'을 적용한 후 고통에서 벗어나 자유로워졌다는 수많은 사람의 간증에 우리는 매우 놀라고 있습니다. 한 친구의 말대로, '내리 용서'는 에베소서 3장 20-21절 말씀처럼 우리가 구하거나 생각하는 모든 것보다 훨씬 더 넘치는 사역입니다! 이 메시지가 사람들의 삶에 어떤 영향을 미칠지 꿈에도 생각하지 못했습니다.

지난 13년 동안 우리는 전 세계의 교회와 그룹을 대상으로 '내리 용서' 세미나를 진행했습니다. 토니와 저는 수백 명의 개인과 부부를 개인적으로 코칭했으며, 단 한 번의 대화로 놀라운 변화를 이뤄낸 적도 많습니다. 결혼 생활이 회복되고, 중독에서 벗어나며, 마음이 새롭게 변화되는 것을 보았습니다. 우리는 사람들을 훈련시켜서 용서 코치로 세우기도 했습니다.

세월이 흐르는 동안 하나님은 계속해서 용서에 대한 새로운 통찰을 주셨습니다. 예를 들어, 초판을 출간하고 몇 년 후 어느 세미나에서 "용서의 정의는 무엇인가요?"라는 질문을 받았습니다. 저는 잠시 성령님의 음성에 귀를 기울인 후, "용서는 예수 그리스도의 보혈로 내가 받았거나 앞으로 받을 수 있는 모든 상처에 대해 완전한 대가를 치르는 것"이라고 대답했습니다. 그리고 아내에게 "토니, 지금 내가 한 말을 적어줘요!"라고 말했습니다. 매번 세미나에서 이와 비슷한 일이 일어나는 것 같습니다. 주님은 은혜롭게도 용서에 대한 성경적, 신학적 이해가 더 깊어지도록 도우셔서 책의 실제적인 부분을 세밀하게 다듬을 수 있게 해주셨습니다. 또한 메시지를 가르치는 방식을 세미나와 비디오 과정에 더 잘 반영하기 위해 각 장의 순서를 재배치했습니다.

각 장의 끝에는 새로운 섹션인 '내리 용서 플러스'가 추가되었습니다. 우리의 목표는 초판의 이야기를 수정, 보완하고, 가르침을 더욱 확고하게 해줄 새 이야기를 덧붙이며, 각 장의 흐름에 딱 맞아 떨어지지 않더라도 새롭게 발견한 진리를 제시하는 것입니다. 새롭게 더한 이 내용이 당신에게 격려와 깨달음, 영감을 주길 원합니다. 또한 보완한 질문을 통해 더 깊이 묵상하고 탐구할 수 있기를 바랍니다.

우리는 그 어느 때보다 사람들이 용서하도록 돕는 일이 정말로 중요하다고 확신합니다. 당신도 짐작하겠지만, 저는 용서에 관한 많은 자료를 읽고 다양한 용서 모델을 조사했습니다. 용서의 문제에 대한 혼란의 정도는 저에게 놀라울 정도로 엄청났습니다. 안타깝게도 제가 본 대다수의 용서 모델은 복음 중심이 아니었습니다. 기껏해야 복음과 유사한 것처럼 보이거나, 최악의 경우 복음과 전혀 관계가 없었습니다. 어느 정도 이해가 되긴 합니다. 사탄은 이미 성도들이 용서를 중요하게 여기지 않도록 설득할 수 없음을 잘 알고 있습니다. 목사나 교회 지도자들 역시 그렇게 믿지는 않을 것입니다. 따라서 사탄은 용서의 본질을 흐리거나 복음의 메시지와 분리하여 사람들이 겉으로는 용서의 중요성을 인정하면서도 실제로는 용서하지 않도록 만듭니다.

혼란을 야기하는 두 가지 요소가 있습니다. 첫째, 용서해야 할 이유(Why)가 불충분하고, 둘째, 용서하는 방법(How)이 불명확하다는 것입니다. 용서하지 않음이 예수님의 십자가 희생을 평가 절하한다는 사실을 많은 사람이 모릅니다. 아울러 하나님이 주신 간단한 용서 프로토콜도 모릅니다. 그러나 우리가 진정한 복음 중심의 용서를 받아들일 때 삶, 결혼, 가족, 교회, 사업 그리고 공동체가 자유를 경험하는 것을 목격했습니다. 그리스도가 우리에게 그 자유를 주시려고 십자가에서 죽으신 것입니다.

'내리 용서' 사역에서 우리의 소망은 전 세계 그리스도인이 용서의 능력을 통해 복음이 주는 자유를 경험하는 것입니다. 당신이 이 사실을 염두에 두고 책을 읽는 동안, 우리는 다음의 세 가지를 놓고 기도하겠습니다.

첫째, 아직 예수 그리스도의 죽음을 통한 하나님의 용서를 개인적으로 받지 못하고 경험하지 못했다면, 하나님께 자신의 죄를 회개하고 용서받기 원합니다. 하나님의 용서를 받는 방법을 알아보려면 www.forgivingforward.com/whois-jesus를 방문하십시오. 도움이 필요하면 가까운 지역의 목사님께 연락하거나 forgivingforward.com을 통해 저희에게 연락해도 됩니다.

둘째, 용서하십시오. 우리는 하나님께 수직으로 위에서 아래로 죄의 용서를 받았으므로, 우리에게 상처를 준 사람들에게 수평으로 용서를 확장해야 합니다. 용서 프로토콜을 실천하는 법을 배우십시오. 이 책이 그 방법을 가르쳐줄 것입니다.

셋째, 하나님의 용서를 받고 하나님의 용서를 확장했다면, 가능한 한 많은 사람이 위에 설명한 첫 번째와 두 번째 단계를 할 수 있도록 힘껏 도와주십시오. 부활의 주님이 십자가에서 우리를 위해 대가를 지불하신 용서의 능력으로 자유를 누리기를 기도하고 소망합니다.

―브루스와 토니

초판 서문

당신이 손에 들고 있는 이 책은 2년 전에 시작된 인생 프로젝트의 결과물입니다. 사연은 이렇습니다.

저는 목사이신 아버지 밑에서 자라고 30년 넘게 목회하는 동안 상처 입은 사람들을 많이 만났습니다. "상처받은 사람이 상처를 준다"는 말, 잘 아시지요? 아버지가 사역하시면서 상처받으시는 것을 여러 해 동안 보았습니다. 저 또한 배신당했고, 버림받았으며, 깊은 상처를 입었습니다. 제 아내와 아이들도 마찬가지입니다. 우리는 용서하지 않는 마음이 초래하는 고통을 겪었고, 용서할 때 임하는 평화를 경험했습니다. 우리는 다른 사람들을 포기하고, 우리 자신을 포기하며, 교회를 포기하고, 하나님을 포기할 수많은 기회가 있었지만, 그렇게 하지 않았습니다. 왜일까요? 그것은 우리가 용서의 진리를 배웠기 때문입니다.

 용서의 메시지가 강력한 이유는 그것이 십자가 복음의 핵심이기 때문입니다. 이 교훈은 순조롭고 좋은 상황에서는 배울 수 없습니다. 용서할 대상이 있어야 용서할 수 있습니다. 그래서 용서를 배울 수 있는 유일한 방법은 용서할 대상을 갖는 것입니다. 포커스 온 더 패밀리(Focus on the Family)의 목회 상담 팀에게 우리가 겪은 일을 나누었을 때 자신들이 이제까지 들어본 중 최악의 이야기이며, 대부분의 사람은 "지금쯤 사역을 그만두었을 것"이라고 말했습니다. 우리가 사역을 포기하지 않고 지속할 수 있었던 이유는 무엇일까요? 세 가지 이유가 있습니다. 첫째, 하나님의 은혜입니다! 그분은 특히 가장 고통스러웠던 시기에 우리에게 신실하셨습니다. 둘째, 양가의 아버지 두 분이 우리에게 "그만두지 말라"는 결의를 심어주셨기 때문입니다. 셋째, 용서의 힘을 배웠기 때문입니다. 우리를 지탱해주시는 하나님의 은혜가 있었고, 그 안에 우리가 포기하지 않도록 도우시는 무언가가 있었습니다. 이 과정에서 우리는, 사람이 진정 자유로울 수 있는 유일한 길이 바로 용서라는 것을 알게 되었습니다.

제 평생의 삶은 당신이 손에 들고 있는 이 책의 메시지로 이어집니다. 하지만 2년 전까지만 해도 저는 책을 쓸 생각이 조금도 없었습니다. 어린 시절의 꿈도 아니었고, 죽기 전에 꼭 해야 할 일 목록에도 없었습니다. 하지만 하나님은 종종 우리가 꿈도 꾸지 않은 일을 하도록 우리를 준비시키십니다. 하나님의 신성한 계획과 지휘를 따라 브루스 윌킨슨 목사님은 일련의 메시지를 가르쳤고, 그 메시지들은 2009년 봄 『당신이 태어난 이유』(You Were Born For This)라는 책이 되었습니다. 목사님은 우리 교회의 리젠 펠로우쉽(ReGen Fellowship)에서 우리와 함께 6주에 걸쳐 19일 동안 집회를 했고, 그 사이에 우리는 친구가 되었습니다. 교사들의 사귐이 그렇듯이, 우리는 하나님이 가르쳐주신 것들을 서로 나누며 시간을 보냈습니다. 그때 논의한 주제 중 하나가 용서였습니다. 윌킨슨 목사님과 나눈 대화에서 깨달은 것이 있습니다. 우리가 사역하면서 받은 상처들은 더 큰 사역을 위해 준비하고 훈련할 수 있도록 하나님이 주신 선물이라는 사실입니다. 우리가 해야 할 더 큰 사역은 더 많은 사람에게 용서의 자유를 가르치는 것이었습니다. 윌킨슨 목사님은 저를 보시며 "당신은 용서에 관한 책을 써야겠군요"라고 말했습니다. 저는 "목사님은 '작가 브루스'이고 나는 '독자 브루

초판 서문

스'입니다. 책을 써야 한다면 목사님의 몫인 것 같은데요"라고 했습니다. 그는 웃었지만, 저희 부부가 이 책을 써야 한다는 고집을 꺾지 않았습니다. 그의 격려가 없었다면, 이 책은 세상에 나올 수 없었을 것입니다.

우리는 예수님이 디자인하신 대로의 교회를 믿습니다. 교회가 전해야 할 핵심 메시지가 용서라고 믿습니다. 용서하지 않는 마음이 큰 걸림돌이 되어 하나님이 원하시는 만큼 열매 맺지 못하는 교회가 될 수도 있습니다. 용서하지 못하는 마음 때문에 수많은 교회가 갈등의 소용돌이 속에 있습니다. 교회에서 상처받은 지도자와 교회 지도자에게서 상처받은 신자들의 이야기가 수없이 들려옵니다. 저는 양쪽 모두에 속합니다. 또한 저는 용서하기를 거부할 때 겪는 고통과 용서하고 용서받을 때 누리는 평화 그리고 자유로 나아가는 돌파구를 직접 경험했습니다. 저는 교회가 이 핵심 진리를 배우도록 돕는 일에 주력하고 있습니다. 제가 이 사역을 하면서 발견한 놀라운 사실이 있습니다. 그것은 복음의 핵심인 이 메시지로 교회를 도우려 할 때 이용할 수 있는 자료가 많지 않다는 것입니다. 용서를 실천하도록 성도를 돕는 데 필요한 교회 훈련 자료가 부족하다는 현실이 이 책을 펴낸 설득력 있는 이유 중 하나입니다.

용서의 원칙을 삶에서 실천하기 시작하자, 하나님은 우리에게 상처받은 많은 목사님, 사역자 그리고 용서하지 못해 고통받고 있는 사람들을 보내주셨습니다. 그들의 삶이 극적으로 바뀌는, 초자연적이고 의미 있는 돌파구를 목격하는 것은 정말 멋진 일이었습니다. 저희 부부는 이 책의 메시지를 통해 사람들을 도울 수 있는 기회를 꾸준히 찾고 있습니다. 사람들이 용서함으로써만 누릴 수 있는 평화를 찾도록 돕는 것보다 더 큰 기쁨은 없습니다. 우리가 도운 사람이 또 다른 사람을 용서하도록 돕는다는 소식은 무엇과도 견줄 수 없는 기쁨입니다.

1979년 12월 28일, 저희 부부는 하나가 되었습니다. 그 날 기적적인 결혼식 이후 저희는 하나님이 부부에게 허락하시는 큰 축복의 관계를 맺으며 살아왔습니다. 우리는 진정으로 하나입니다. 제가 받은 상처는 아내에게 영향을 미쳤고, 아내가 받은 상처는 저에게 영향을 주었습니다. 우리는 각각 독특한 능력과 재능을 지니고 있습니다. 우리의 힘은 바로 우리 자신입니다. 하지만 일인칭 복수의 목소리로 책을 쓰기는 어렵습니다. 우리는 저(브루스)의 목소리로 글을 쓰기로 했습니다. '저'는 브루스를 지칭하고, '우리'는 브루스와 토니를 말합니다. 우리가 글을 쓰며 사용한 전략은

협업입니다. 저는 초고를 쓰고, 성경구절 연구를 담당했습니다. 아내는 관련된 이야기를 썼습니다. 제가 한 장을 쓰고 나면, 아내가 읽고 수정하고 편집했습니다. 우리는 각 장이 만족스러울 때까지 그리고 궁극적으로 책 내용이 만족스러울 때까지 앞뒤로 왔다 갔다 했습니다.

당신이 이 책을 읽는 데 도움이 되는 몇 가지를 알려드리고 싶습니다. 먼저, 우리가 '기적'을 언급한다면 "하나님이 누군가의 필요를 채우시기 위해 하나님의 시간과 공간에서 친히 움직이셔서, 결국 그가 하나님이 하신 일임을 알 수 있는 모든 경우"를 뜻합니다. 우리는 기적을 정의하는 말이 많다는 것뿐만 아니라 많은 종류의 기적이 있다는 것도 알고 있습니다. 우리는 이 책에서 기적의 개념을 설명하는 데 많은 시간을 할애하지 않기로 했습니다. 우리는 이 개념을 브루스 윌킨슨 목사님과 논의한 내용과 그의 저서 『당신이 태어난 이유』에서 정립했습니다. 아직 읽어보지 않았다면, 그 책을 읽고 기적이 전달되는 과정을 더욱 잘 이해하시기를 추천합니다.

둘째, 이 책에 나오는 이야기는 모두 실화입니다. 다른 책에 실린 많은 이야기에서 예화를 들 수도 있었지만, 우리와 직접 관련된 이야기들로 한정했습니다. 이야기의 주인공들은 우리가 용서의 사역을 인도했던 사람들이거나, 우리에게 훈련받은 누군가의 지도를 받은 사람들입니다. 우리가 가르치는 내용이 단지 이론이 아니라 삶이고 생명이라는 것을 강조하고 싶습니다. 이 책에 실린 이야기들은 당사자들의 허락을 받았고, 사생활을 보호하기 위해 이름을 바꾸어 쓴 경우도 많습니다. 사람들이 변화의 메시지를 통해 진정으로 자유로워지면, 그들이 또 다른 사람들을 도와 자신과 같은 자유를 찾도록 열정을 쏟게 된다는 것을 알았습니다.

우리는 용서의 진리가 오늘날 세상에서 가장 중요한 메시지라고 믿습니다. 목사, 교회 지도자, 성도, 거리를 오가는 사람 등 모든 사람은 용서의 전문가가 되어야 합니다. 용서는 널리 영향을 미치는 보편적인 메시지입니다. 이는 성령이 주신 메시지입니다. 또한 하나님은 우리 모두가 이 메시지를 실천하고 나누기를 원하십니다. 용서 혁명이 시작되었으니, 함께 일어납시다!

―브루스와 토니

1부

용서, 하나님의 명령

1장

용서 혁명에 동참하도록
부름받았습니다

고통으로 가득한 삶에서 사람들을 구해낼 수 있는, 혁명과도 같은 사역을 할 수 있다면 어떨까요? 당신의 도움을 받아 자유를 얻을 수 있는 사람이 바로 곁에 있다면요? 그런 일에 관심이 있나요?

저는 늘 혁명가들의 흥미진진한 이야기에 마음이 끌렸습니다. 그들은 변화를 일으키는 사람들입니다. 엄청난 위험을 무릅쓰고 겁도 없이 뛰어들어, 누군가를 눈앞에 닥친 위험과 압제에서 구해내는 그들이 존경스러웠습니다. 폴 리비어(Paul Revere)나 배트맨[브루스 웨인(Bruce Wayne)과 제 이름이 동일합니다!], 또는 존 웨인(John Wayne)이 연기한 인물 같은 사람이 되기를 남몰래 꿈꾸기도 했습니다.

영화 "브레이브하트"(Braveheart)는 주인공 윌리엄 월리스가 스코틀랜드를 억압하는 잉글랜드의 폭정에 맞서 저항군을 이끌고 투쟁한 이야기입니다. 이 영화의 인기는 대단했습니다. '남자들이 좋아하는 영화'라고 생각했는데, 제 딸과 딸의 대학 친구들도 자신들의 인생 영화 중 하나라고 하더군요. 최근에 여성들을 위한 쉼터에서 강연할 때 "브레이브하트"를 언급했더니, 많은 사람이 "저도 그 영화 좋아해요"라고 했습니다. 압도적인 반응이었습니다. 이유가 뭘까요? 제 생각에는, '장경왕'(長脛王, Longshanks)이라고 불리는 에드워드 1세의 폭정에서 스코틀랜드 국민을 해방하기 위해 윌리엄 월리스가 모든 것을 희생했기 때문인 것 같습니다.

우리 모두의 마음 깊은 곳에는 월리스처럼 변화를 만들어내고 싶은 열망이 있습니다. 당신에게도 그런 열망이 있나요?

사실 저는 혁명에 동참할 사람을 모으고 있으며 당신의 도움이 절실합니다. 우리는 기꺼이 변화를 만들어내려는 사람들을 찾고 있습니다. 그 일을 하러 다른 곳으로 가지 않아도 됩니다. 용서가 필요한 곳은 어디에나 있기 때문입니다. 우리는 모두 오래된 상처로 고통스러워하며 그 아픔에서 벗어나기를 갈망하는 사람들을 매일 만납니다. 용서 혁명에 동참하면 그들을 도울 수 있습니다. 그리고 이 일은 생각만큼 어렵지 않습니다.

혁명에 동참하게 된 이야기

저희 부부는 2006년 2월, 부모님 집 식탁에서 용서 혁명에 동참했습니다. 저와 아내는 부모님 집의 욕실 리모델링 작업을 도우러 애틀랜타에서 켄터키주 퍼듀카까지 640킬로미터를 달려갔습니다. 저를 아는 분들을 위해 덧붙이자면, 아내는 장식 페인팅을 했고, 저는 최선을 다해 수리공 역할을 했습니다. 이해를 돕기 위하여 배경 설명을 조금 하겠습니다.

먼저, 아버지와 저는 사이가 참 좋습니다. 저는 '아버지에게서 받은 상처'가 없습니다. 두어 번 멍드는 정도의 일은 있었지만, 진짜 상처는 아닙니다. 제가 복이 많은 거지요. 아버지는 50년이 넘는 세월을 여러 교회에서 사역하시고 은퇴하셨습니다. 아버지의 뒤를 이어 저도 목사가 되었기에 대화의 소재는 늘 많았습니다. 저는 아버지를 정말 존경했고, 아버지도 저를 진심으로 자랑스러워하신다는 것을 항상 느낄 수 있었습니다.

두 번째로 알려드릴 것은, 이때 저는 하나님이 제 마음속 깊은 곳까지 씻어주신 경험을 한 직후였습니다. 이전 교회에서 받은 오래된 상처는 곪아서 겉으로는 알 수 없는 쓰라린 상처가 되어 일 년이 넘도록 저를 괴롭혔습니다. 이 상처에서 자유롭게 된 것은 안식 기간 내내 상담사 한 분을 만나고, 3일간 개인 기도와 금식 수련을 하며, R. T. 켄달(R. T. Kendall)의 책 『완전한 용서』(Total Forgiveness)를 읽은 덕분이었습니다. 놀라운 일이었습니다.

집으로 돌아와, 제가 겪은 기적 같은 이야기를 아내와 아이들에게 들려주었습니다. 우리 가족 역시 그 교회에서 받은 상처가 깊었습니다. 예상하지 못한 일이 일어났습니다. 가족이 모두 용서를 통해 자유롭게 된 것입니다. 온종일, 정확히는 11시간 동안, 우리를 아프게 한 사람들을 용서하면서 그들의 잘못을 입증하는 증거 서류들을 불태우고 상처를 준 내용의 이메일들을 삭제했습니다. 이러한 씻음의 행동을 하다가 어느 순간부터는 과거에 가족 간에 주고받은 상처를 용서하고 용서받았습니다. 우리는 완전히 변화되었고 치유받았습니다. 이러한 경험 때문에 우리는 부모님 집에 머물며 페인트칠을 하는 동안 우리가 경험한 용서 이야기를 대화의 주제로 삼게 되었습니다.

부모님 집에서 보낸 마지막 날 아침, 어머니는 일을 보러 나가고 안 계셨습니다. 식사를 마친 우리 부부는 식탁에 앉아 커피와 차를 마시며 아버지와 담소를 나누었습니다. 목회자셨던 아버지는 심장병과 당뇨병을 앓고 계셨지만, 삶에 대해 낙관적인 태도를 지니신 훌륭한 분이었습니다. 그러나 그날은 평소와 달리, 어떤 두 사람에 대해 못마땅한 말투로 불평하셨습니다. 나쁜 말씀을 하신 것은 아니었지만, 말투에는 쓰라림이 잔뜩 묻어 있었습니다. 아버지 스스로는 깨닫지 못하셨지만, 우리는 분명히 알 수 있었습니다. 그 상처들이 아버지를 갉아먹고 있었던 것입니다.

그때 제 안에 성령님이 말씀하셨습니다.

"아버지께 용서에 대해 권면하여라."

귀로 들을 수 있는 소리는 아니었지만, 매우 분명한 음성이었습니다. 순간 제 머릿속에서는 빠른 속도로 논쟁이 오갔습니다. 이런 식이었습니다.

"주님! 저분은 제 아버지인데요?"

"나도 안다. 아버지와 네가 태어날 때 난 그 자리에 있었다. 아버지의 삶에 대해 권면해라!"

"그래도 자식이 부모를 바로잡지는 않잖아요."

"내가 명하면 그렇게도 한다. 권면하여라!"

"글쎄요, 지금 말씀하신 분이 진짜 주님이시면 그렇게 하지요. 하지만 말씀하시는 분이 주님인지 어떻게 알지요?"

"너는 이미 알고 있다. 핑계 대지 말고 아버지의 마음을 향해 권면하여라. 괜찮을 것이다."

"아버지가 화내실 텐데요."

"아버지와 나, 둘 중 누가 화내는 걸 보고 싶니?"

"정곡을 찌르시네요!"

"나를 믿기만 해라."

"좋아요, 주님. 시작합니다."

저는 침을 꿀꺽 삼키고 입을 열었습니다.

"아버지, 제가 아버지를 사랑하는 거 아시지요? 제가 지금 드리는 말씀을 원하시는 대로 받아들이시면 됩니다. 아버지를 언짢게 하고 싶지 않지만, 돈(Don)과 존(John)에 대해 원망하는 마음을 가지고 계신 것 같아요. 돈은 50년지기 친구시잖아요. 분명히 아버지께 상처를 주려는 의도는 없었을 것이고, 상처를 주었다는 사실조차 모를 거예요. 존도 35년 이상 알고 지내셨죠. 아버지에게는 아들 같은 분이고, 그의 아내인 칼라는 제게 셋째 누이 같은 분이죠. 제 생각에는, 이제 이분들을 그만 용서하시고 풀어주실 때가 온 것 같아요. 아버지 마음대로 하셔도 되지만, 이렇게 말씀드려야 할 것 같았어요."

저는 긴장한 채 아버지의 반응을 기다렸습니다.

놀라운 일이 일어났습니다. 76세의 아버지는 잠깐의 머뭇거림도 없이 이렇게 대답하셨습니다.

"아들아, 내가 책망을 받는구나. 네 말이 맞다. 나는 그 두 사람 모두 용서해야 한다. 나와 함께 기도해주겠니?"

아버지는 식탁 의자에서 내려와 무릎을 꿇고 얼굴을 바닥에 대셨습니다. 함께 기도할 때 아버지는 눈물을 흘리셨습니다. 용서하지 않던 마음을 회개하시고 두 친구 모두를 진심으로 용서하셨습니다.

그러자 아버지의 안색이 변했습니다. 아버지의 영혼이 평온해지는 것이 눈에 보였습니다. 아버지는 엎드린 자세에서 힘겹게 일어나신 뒤, 저를 팔로 감싸 안으시더니 눈물을 흘리며 고맙다고 하셨습니다. 아버지와 저는 부둥켜안은 채 한참 서 있었습니다.

그런 다음 아버지는 CD 한 장을 플레이어에 넣으시고 자신을 방금 용서해주신 주님을 찬양했습니다. 아버지는 자유로워지셨습니다! 아버지를 아는 사람 대부분이 아버지가 품은 원한을 눈치채지 못했지만, 우리는 알아보았습니다.

아버지는 용서하셔야 했고, 누군가의 도움이 필요했습니다.

아주 오래된 질문과 놀라운 답변

생각해보면 제가 실수했는지도 모릅니다. 무슨 뜻이냐면, 누가 일흔이 넘은 연로한 아버지에게 그런 식으로 말하나요? 먼저 말하기보다는 어른이 말씀하실 때까지 기다리지 않나요? 누군가 내게 의견을 묻거나 도움을 구할 때 상대방이 요청하면 말하고, 그렇지 않으면 덮어두면서 말입니다. 보통은 그렇습니다. 어쨌든 제가 형제를, 제 경우에는 아버지를 지키는 사람은 아니잖아요? 이것은 중요한 질문입니다.

우리 문화에서는, "물론 아니다. 나는 나만 책임지면 돼. 누구나 자기 나름대로 선택하고 제 갈 길로 가는 거야. 나도 남의 일에 상관하지 않고 다른 사람도 내 일에 상관하지 않아야 해!"라고 말합니다.

"당신 일이나 신경 쓰세요"가 종종 삶의 기준이나 좌우명이 됩니다. 창세기 4장에서 가인이 하나님께 도전하며 근거로 삼은 신조이기도 합니다. 하지만 그게 정답이 아니라면 어떻게 되는 걸까요? 만약, 하나님의 관점이 우리의 생각과 전혀 다르다면 어떻게 되는 걸까요?

우리가 잘 알고 있는 아담과 하와의 두 아들, 가인과 아벨 이야기의 간략한 줄거리는 이렇습니다. 가인은 농부였고 아벨은 양치기였습니다. 시간이 지나 두 형제가 하나님께 드릴 제물을 가져왔는데, 가인은 자신이 수확한 곡식에서, 아벨은 자신의 양 떼에서 가져왔습니다. 하나님은 아벨의 제물은 받으시고 가인의 제물은 거절하셨습니다. 그 이유에 대해서는 의견이 분분합니다. 아무튼 가인은 분을 냈고, 하나님은 이것을 질책하시며 그가 드러낸 자기중심성을 경고하셨습니다. 그러나 가인은 하나님의 경고를 무시하고 아우를 죽입니다.

그 후 하나님은 이미 답을 알고 계신 질문을 하십니다. (하나님답지 않으십니까?) "네 아우 아벨이 어디 있느냐?" 가인은 질문을 질문으로 받아칩니다. (사람이 다 그렇지요!) "내가 알지 못하나이다." 그는 거짓말하고 항변합니다. "내가 내 아우를 지키는 자입니까?"

"그래, 네 말이 맞다. 내가 지금 무슨 생각을 하고 있던 거지? 가인, 나의 오랜 친구야, 질문을 잘못해서 미안하다. 없던 일로 하자!" 일반적인 사고방식대로라면, 이런 대답을 기대할 것입니다. 그러나 하나님의 말씀은 정반대였습니다.

하나님은 가인에게 그의 태도뿐 아니라 아우의 안전에 대해서도 책임이 있다고 확실하게 말씀하셨습니다. 하나님이 가인에게 하신 대답은 이것입니다. "맞다, 너는 네 아우를 지키는 자다!"

성경에는 위기에 처한 사람들을 돕는 이야기가 많이 기록되어 있습니다. 창세기에 보면, 아브라함은 어려움에 빠진 롯을 여러 번 구했습니다. 구약 시대 선지자들은 청함을 받지 않아도 왕을 찾아가 맞서는 것이 일상이었습니다. 다윗은 자기가 저지른 간음과 살인을 나단 선지자가 책망하러 올지 몰랐습니다. 아합 왕은 단 한 번도 엘리야 선지자를 반갑게 만난 적이 없습니다.

신약에도 '형제를 지키는 자'에 관한 구절이 있습니다. 예를 들어, 디모데후서 2장 2절은 우리가 배운 것을 다른 사람들에게 전해야 하고, 그러면 그들은 또 다른 사람들에게 전하게 된다고 말합니다. 골로새서 1장 28절은 훈계와 가르침으로 그리스도를 선포하는 것이 사역의 목적이라고 말합니다. 당신은 어떤지 모르지만, 저는 훈계해야 할 때 적극적으로 나선 적이 거의 없습니다. 바울은 고린도후서 5장 17-19절에서 우리가 "화목하게 하는 직분"을 받았으니 하나님과 화목하라고 간청합니다. 세상에 오실 때 예수님은 청함을 받지 않으셨고, 인정도 못 받으셨습니다. 그런데도 오셨습니다!

성경에서 용서를 주제로 다루는 중요한 본문 중 하나가 마태복음 18장입니다. 15-17절에서, 예수님은 죄 가운데 있는 형제를 상대하는 절차를 알려주십니다. 우리는 이 절차를 무시할 때가 많은데, 처음에는 혼자 가고, 그것으로 되지 않으면 한두 사람을 데리고 가라고 하십니다. 소그룹이 개입해도 효과가 없으면 교회가 관여해야 합니다.

갈라디아서 6장 1-2절은 '형제를 지키는 자'에 대해 명백하게 말씀합니다. "형제자매 여러분, 어떤 사람이 어떤 죄에 빠진 일이 드러나면, 성령의 인도하심을 따라 사는 여러분은 온유한 마음으로 그런 사람을 바로잡아 주고, 자기 스스로를 살펴서, 유혹에 빠지지 않도록 조심하십시오. 여러분은 서로 남의 짐을 져 주십시오. 그렇게 하면 여러분이 그리스도의 법을 성취하실 것입니다"(새번역).

저는 이 구절이 다소 거북합니다. 사실 많이 불편합니다. 바울은 어딘가에 빠진 사람을 보면, 그가 거기서 나오도록 도와줄 책임이 우리에게 있다고 말하기 때문입니다.

'잡힌'(caught)이라는 단어는 덫에 걸린 모습을 떠오르게 합니다. 곰을 잡는 덫은 외부의 도움 없이는 벗어날 수 없도록 설계되었습니다. 덫의 양 끝을 한 발씩 밟고 서 있어야 덫에서 빠져나올 수 있습니다. 만약 한쪽 발이 덫에 걸려 있다면, 그 덫을 열기 위해서는 발 하나가 부족한 것이죠. 다른 누군가가 도와주어야 벗어날 수 있습니다.

우리는 모두 도움의 손길이 필요할 때가 있습니다. 그렇지 않은 사람은 없습니다. 이는 누구에게나 적용되는 사실입니다. 혼자서는 극복할 수 없는 어려움이 많은데, 용서하지 않는 마음도 그 중 하나입니다. 무엇이 문제인지 당사자만 모를 때가 종종 있습니다. 관계가 어그러질 위험을 무릅쓴 친구가 저의 잘못을 드러냈을 때 정말 고통스러웠지만, 저를 돌아보는 소중한 시간이 되었습니다. 그때 주고받은 대화는 힘겨웠지만, 고통스러운 만큼 놀랍게 성장하는 계기가 되었습니다. 반면 제가 사각지대에 빠져 있는 다른 사람을 도와야 할 때도 있었습니다. 사각지대가 '사각'(死角)이라고 불리는 이유가 있습니다. 눈에 보이지 않기 때문입니다.

다른 사람을 돕는 과정은 까다롭습니다. 상황이 더 악화되는 경우도 있습니다. 〈리더십 저널〉(Leadership Journal)에 실린 만화에 나오는 투덜대는 두 노인 같은 사람들 말입니다. 어두운 색의 정장을 입고 걸으면서 "자네도 누군가 혼내야 될 때가 있지?"라고 서로 이야기하는 이 어르신들처럼 남을 훈계하고자 하는 태도를 지닌 사람들 말입니다. 무언가로 어려움을 겪고 있는 사람들은 멀리서도 정죄하는 영의 느낌을 본능적으로 감지할 수 있습니다. 갈라디아서 6장 1절 말씀에 따르면, 누군가를 판단하는 일은, 하나님과의 관계가 친밀하고 내일이라도 자신이 비슷한 곤경에 처할 수 있다는 것을 잘 아는 사람만이 해야 합니다. 이 모든 과정에서 다른 사람을 영적으로 깔보는 것은 있을 수 없습니다. 교만은 방해가 될 뿐이며 용서를 돕는 과정을 망가뜨립니다.

숨겨진 암 덩어리

친구 제임스는 정중하게 질책하는 일을 잘합니다. 그는 잘 훈련받은 상담가이자 소명을 받은 사람입니다. 2006년 1월, 저의 용서하지 않는 죄를 다룰 수 있도록 제임스가 도와주었습니다. 온유한 성품으로 늘 슬쩍 자신의 이야기를 사례로 들어서 제 문제를 다룰 수 있게 했습니다. 청바지에 부츠를 신고 텍사스의 멕시칸 식당에서 받은 빨강 셔츠 차림으로 자기 서재에 앉아서 이렇게 말하곤 했습니다. "이보게, 나는 판단할 자격이 없는 사람일세. 아마도 십계명 전부를 이런저런 방법으로 어겼고, 그 이상도 어겼을 테니까. 그렇지만 자네가 이것에 대해 생각하고 싶을 것 같아서…." 제임스는 우리가 모두 언제든지 죄짓고 엉망이 될 수 있다는 것을 인정했습니다. 그는 성령님과 사람에 대해 놀랍도록 민감한 능력을 지녔으며, 어려움을 이겨내도록 사람을 편안하게 돕는 능력도 있습니다. 그는 안전하면서도 정죄하지 않는 분위기를 만든 뒤, 제가 지닌 용서하지 않는 마음이 저 자신을 얼마나 파괴해왔는지를 깨닫도록 부드럽게 안내해 주었습니다. 그의 도움이 없었다면 저는 자유를 찾지 못했을 것입니다.

용서하지 않는 마음은 겉보기와는 달리 아주 치명적인 덫 중 하나입니다. "원한을 품는 것은, 남이 죽기를 바라면서 내가 독을 마시는 것과 같다"라는 말이 있습니다. 제가 이 말을 인용할 때마다 사람들은 하나같이 "와! 정말 맞는 말이네요!"라고 반응합니다. 정말로 그렇습니다. '감염이 몸에 상처를 남기듯이, 원한은 마음에 상처를 남깁니다.' 저는 쉽게 감염되는 편이라 베이거나 작은 찰과상이라도 생기면 아주 조심합니다. 상처를 깨끗이 소독하고 약을 잘 바르면 문제가 없습니다. 하지만 상처를 치료하지 않으면 염증이 생기고 통증이 심해져서 회복하는 데 시간이 더 걸립니다. 제

왼손에 있는 흉터는 어렸을 때 입은 화상을 방치해 감염된 흔적입니다. 처음에 누가 상처를 주었는지는 중요하지 않습니다. 그 상처를 적절하게 관리하지 않아서 덧나는 것은 자신의 잘못입니다. 너무 오래도록 방치한 상처는 외부의 누군가, 즉 의사의 도움을 받아야 합니다.

마음의 상처도 동일합니다. 차이라면 그 대가가 몸의 상처보다 훨씬 클 수 있다는 것입니다. 용서로 상처를 씻어내지 않으면, 원한은 우리도 모르게 마음속에 은밀하게 자리 잡을 수 있습니다. '용서하지 않고 원한을 품은 마음의 징후'에 대해서는 10장에서 살펴볼 것입니다. 지금 알아야 할 것은, 다른 사람이 지닌 원한의 징후는 감지하기가 쉽다는 점입니다. 반면, 자기 내부의 원한은 감지하기가 쉽지 않습니다. 때로는 염증이 암처럼 자라서 깊숙한 곳에 숨어 있기도 한데, 다루지 않고 방치하면 더욱 나빠집니다. 이럴 경우, 종종 외부에서 다른 사람이 감지하는 것이 결정적인 역할을 합니다.

1993년 가을, 친구 제임스는 할리 데이비슨 오토바이를 중고로 사서 깨끗하게 고친 뒤 이듬해 봄에 팔 생각이었습니다. 전략도 세웠습니다. 사람들이 중고로 내놓는 시기에 사서 수요가 있는 시기에 파는 것이었습니다. 그런데 '팔기 전에 시험 운전을 해봐야겠어. 그게 맞지?'라는 생각이 들었습니다. 제임스는 친구와 함께 노스 조지아 산맥 쪽으로 달렸습니다. 어느 멋진 봄날에 두 사람이 자기 오토바이를 타고 달렸습니다. 완벽했습니다! 그런데 달로네가 근방에서 갑자기 오토바이 바퀴가 빠졌습니다. 제임스와 새 것처럼 고친 보물 오토바이는 둘 다 산 아래로 미끄러졌습니다. 제임스가 의식을 되찾았을 때는 병원이었습니다.

장기 손상이 걱정된 의료진은 제임스를 영상의학과로 보내서 CT를 찍도록 했습니다. 그런데 심각한 문제가 생겼습니다. CT를 찍으려면 양팔을 머리 위로 올리고 움직이지 않아야 하는데, 어깨 관절이 빠져서 오른팔을 올릴 수 없었습니다. 고문당하는 듯한 통증 없이는 팔을 올릴 수 없었습니다. 아무도 흉내낼 수 없는 말솜씨와 변명으로 제임스는 촬영을 하지 않고 병원을 빠져나왔습니다. 그를 아는 이들에게는 놀랄 일도 아니지요.

젊은 여자 간호사가 침대를 밀고 영상의학과에서 나오는데, 제임스의 귀에 익숙한 노래가 들려왔습니다. 20세기 조지아를 배경으로 마태복음을 각색한 뮤지컬, "더 코튼 패치 가스펠"(The Cotton Patch Gospel)의 주제곡이었습니다. 애틀랜타를 예루살렘으로, 밸도스타를 나사렛으로, 게인즈빌을 베들레헴으로 재설정한 매우 창의적인 작품이었습니다. 가사는 이렇게 시작합니다. "게인즈빌에서 중요한 일이 일어나고 있다네. 무슨 일일까. 게인즈빌에서 중요한 일이 일어나고 있다네. 내려와 보시오."

"지금 흘러나오는 저 노래는 정말 멋있네요."

제임스가 간호사에게 말했습니다. 제임스는 그 뮤지컬을 여러 번 보았고, 그 노래를 정말 좋아했습니다.

"선생님, 무슨 노래요? 아무 소리도 안 들리는데요?"

간호사가 대답했습니다.

"이 음악이 안 들린다고요?"

제임스가 거듭 확인했습니다.

"네, 선생님. 우리 병원은 복도에서 아무 음악도 틀지 않아요."

"여기가 어디죠?"

걱정으로 가득 차 당황한 표정으로 제임스가 주위를 둘러보았습니다.

"여기는 병원이에요. 선생님은 머리를 다치셨어요."

간호사가 대답했습니다. 아마 그녀는 '저런, 머리를 다쳐서 환청이 들리나 보다'라고 생각했을 것입니다.

제임스는 머뭇거리다가 숨을 크게 내쉬었습니다.

"저도 병원인 건 압니다. 제가 이 침대에서 눈을 뜨기 전 마지막으로 기억하는 것은 달로네가 근처에서 둑 아래로 미끄러진 거예요. 제가 어느 병원으로 실려왔는지를 전혀 모르겠어요. 이 병원은 어느 도시에 있는 건가요?"

"선생님, 여기는 게인즈빌 병원이에요."

간호사가 병실 쪽으로 침대를 밀었습니다.

'게인즈빌에서 중요한 일이 일어나고 있다네. 무슨 일일까. 게인즈빌에서 중요한 일이 일어나고 있다네. 내려와 보시오.'

제임스는 머릿속으로 가사를 되뇌었습니다.

"영상의학과로 저를 데려다주세요. 꼭 가야 합니다!"

제임스는 자기 두 팔을 머리 위로 올리고 수건으로 묶어 달라고 했습니다. 그는 고통을 이겨내고 CT 촬영을 무사히 마쳤습니다. 담당 의사가 말했습니다. "선생님, 누구의 말을 듣고 다시 촬영하게 됐는지는 모르겠지만, 덕분에 당신은 목숨을 건졌습니다."

CT 촬영 결과 제임스에게 신세포암이 있다는 것이 밝혀졌는데, 그것은 신장암 중에서도 증세가 없어서 80퍼센트는 부검하기 전까지 진단되지 않는 암이었습니다. 나머지 20퍼센트가 다른 것을 진단하다가 발견되는 것입니다. 피부 아래 애매하게 가려져 있던 것을 숙련된 의사가 발견했기 때문에 제임스가 지금까지 살아있는 것입니다.

그때를 떠올리면 몇 가지 깊은 의문이 듭니다. 제임스의 암이 진단되지 않았다면, 저는 누구에게 용서하는 법을 배울 수 있었을까요? 제 아내와 아이들이 용서함으로 자유를 누릴 수 있었을까요? 제 아버지 그리고 아버지와 관계 있는 사람들은 어떻게 되었을까요? 한 사람이 정말 많은 사람에게 영향을 줄 수 있습니다.

용서하지 못하는 마음의 징후를 진단하는 법을 익히고 용서의 과정을 세심하고 익숙하게 인도해줄 사람이 더 많이 필요합니다. 저는 당신이 이 책을 읽고 '용서 혁명'에 동참하기를 원합니다. 그리고 당신을 통해 기하급수적으로 많은 사람이 우리가 '내리 용서'(Forgiving Forward)라고 부르는 용서하는 삶의 방식을 습득하여 평화와 자유를 찾기를 소망합니다.

내리 용서가 중요한 이유는, 오랜 상처로 깊은 시름에 잠겨 있는 사람들, 그리고 자신이 지금 겪고 있는 불행이 과거의 누구 때문이라고 탓하며 비난하는 사람들을 우리가 매일 만나기 때문입니다.

수많은 사람이 자기가 겪는 고통이 자기 속에 원한을 품고 있기 때문임을 깨닫지 못한 채, 상처를 준 사람만 계속 탓합니다. 2장에서 보겠지만, 용서하지 않는 마음은, 전부는 아니라고 해도 많은 부분에서 우리가 겪는 정서적 고통과 혼란의 원인이 됩니다. 슬프게도, 우리는 해독제를 손에 쥐고 있는데도 그 사실을 모릅니다. 하지만 좋은 소식이 있습니다. 믿기 어려울 정도로 심한 폭력과 배신을 당한 사람이 용서하기로 선택했을 때 자유롭게 된 많은 사례를 제가 이미 목격했다는 것입니다.

사라 이야기

최근에 친구 목사의 전화를 받았습니다. 그는 교인 한 명을 상담하다가 용서하지 못하는 마음의 징후를 보았다고 했습니다. 마침 그때는 '내리 용서'에 대해 가르쳤던 선교여행에 그 친구와 함께 갔다가 돌아온 직후였습니다. 친구는 저에게 자기 교회 교인을 만나줄 수 있냐고 물었습니다. 저는 그러기로 하고 약속한 시간에 친구의 사무실로 갔습니다. 59세인 사라의 주름진 이마와 굴곡진 주름살은 네온 불빛처럼 분명하게 그녀의 고통을 말해주고 있었습니다. 정말 고통스럽게 지낸 오랜 세월이 느껴졌습니다. 먼저 제 소개를 하고 그녀를 도우러 왔다고 안심시켰습니다. 예전에 아버지가 하셨던 식으로 이렇게 말을 시작했습니다. "저는 지금까지 산전수전 다 겪은 사람입니다. 웬만한 어려움과 고통에는 일가견이 있습니다!" 따라서 그녀가 어떤 말을 해도 놀라지 않을 것이고, 이상하게 생각하지도 않을 거라고 말해 주었습니다. 그녀가 이야기하면 어떻게 도와야 할지 방향을 잡고 도움을 줄 수 있을 거라고 말입니다. 제 말을 듣고 안심이 된 듯 사라는 자신의 이야기를 담담히 들려주기 시작했습니다.

그녀의 이야기는 제가 이제까지 들어본 것 중 가장 끔찍했습니다. 그녀가 겪은 성폭력은 상상을 초월하는 소름 끼치는 일이었습니다. 부모는 세 살 때부터 그녀를 아버지 친구에게 반복해서 성매매를 시켰습니다. 56년 전에 일어난 일이지만, 그녀는 당시 자신과 남자가 어떤 옷을 입고 있었는지, 남자에게 어떤 냄새가 났는지, 차는 어떻게 생겼고 성폭행이 일어난 장소 주변은 어떠했는지 세세하게 기억하고 있었습니다. 저는 생각했습니다. '주님, 이번 일로 용서 혁명이 진짜인지 알 수 있겠네요.' 하나님이 은혜를 부어주셨습니다. 두 시간이 지나자, 그녀는 용서하지 않는 자신의 마음을 회개하고, 자신을 성매매시킨 부모와 자신을 끔찍하게 성폭행한 그 남자까지 다 용서했습니다.

기분이 어떤지, 어떤 변화가 있는지 사라에게 물어보았습니다. "믿을 수가 없어요. 몸은 정말 피곤하지만, 마음은 평온해요." 그녀가 대답했습니다.

그녀는 손짓으로 마음을 표현하며 말을 이었습니다.

"지난 오랜 세월 동안, 누군가가 제 마음을 한시도 놓지 않고 꽉 쥐고 눌러 짜는 것 같았어요. 마음이 늘 불안했어요. 그러나 이제는 편안해요."

저와 친구의 눈에도 그녀의 표정이 확실히 변한 것이 보였습니다. 용서는 분명히 효과가 있습니다. 변화를 가져옵니다. 사라는 자유로워졌습니다. 그러나 그녀가 용서하기까지는 도움이 필요했습니다. 제 친구는 그녀에게 용서하지 못하는 마음이 있음을 눈치챘고, 그녀를 용서 혁명으로 인도해달라고 도움을 청했습니다. 저희가 협력한 결과, 사라는 평화를 찾았습니다. 2주 뒤 친구에게 전화를 걸어 사라가 어떻게 지내는지 물어보았습니다. 친구의 말에 따르면, 그날 밤 그녀는 자신이 기억하는 한 처음으로 악몽을 꾸지 않고 잘 수 있었다고 합니다. 그 뒤로도 꿈 때문에 잠을 못 잔 적은 없다고 합니다. 그녀는 이제 평안함을 찾았습니다

마지막으로 갈라디아서 6장 2절을 살펴보겠습니다. 우리

가 어려움에 처한 사람을 도울 때, 말하자면 우리가 '형제를 지키는 자'가 될 때 우리는 예수님의 사랑을 반영하는 것입니다. 칩 잉그램(Chip Ingram) 목사님은 사랑을 이렇게 정의했습니다. "사랑이란 받을 자격이 없는 사람에게, 자신의 큰 희생을 감수하면서, 그가 가장 필요로 하는 것을 주는 것입니다."[1] 사람이 덫에 걸리면, 속담에 나오는 대로 '발에 가시가 박힌 사자'같이 됩니다. 가시를 빼야 하지만, 사자는 자기를 도와주러 가까이 오는 사람을 공격합니다. 그러나 **사랑은 값을 치르고서라도 누군가를 자유롭게 합니다. 그렇게 될 때까지 멈추지 않습니다.** 값을 치를 가치가 있다는 것을 당신도 알게 될 것입니다.

어떤 생각이 듭니까? 이 혁명에 동참할 준비가 되었습니까? 당신 자신부터 시작해야 할지도 모릅니다. 아마도 당신이 용서해야 할 문제를 발견할 것입니다. 좋습니다. 이 메시지가 필요하지 않은 사람은 상처받은 적이 없는 사람뿐입니다. 세상에서 완벽한 삶의 길을 걸어간 사람은 단 한 사람뿐이었고, 우리는 그를 십자가에 못 박았습니다. 그러므로 우리 중 누구도 온전히 면책받을 수 있는 사람은 없습니다. 따라서 우리는 모두 예외 없이, 언젠가, 누군가를, 어떤 일에 대해 용서해야 합니다. 어떤 사람이든, 어떤 사건이든 당신의 마음을 힘들게 하는 것이 있다면, 이 책을 통해 용서하는 법을 배우기 바랍니다. 그리고 용서 혁명의 가치를 깨달아 다른 사람들을 일깨워 '내리 용서'하는 데 이르도록 용서의 사역에 동참하실 수 있기를 기대합니다.

 마지막으로 하나 덧붙입니다. 아버지와 아침 식탁에서 대화를 나눈 지 2주가 지났을 무렵, 하나님은 아버지와 아버지가 용서한 두 사람, 즉 돈과 존 사이의 화해를 주선하셨습니다. 실제로, 17개월 후 아버지가 돌아가셨을 때 두 분 모두 아버지가 부탁하신 대로 장례식에서 추모의 메시지를 전했습니다.

내리 용서 플러스

사라, 그 이후 이야기

이번 개정판에서는 각 장이 끝날 때마다 초판에서 소개한 용서 혁명가들의 근황을 업데이트하고, 이후 수년 동안 더 깊고 넓게 이해하게 된 개념들을 나누려고 합니다. 이 부분을 '내리 용서 플러스'(Forgiving Fast-Forward)라고 부릅니다.

첫 장에서 나눈 가장 강력한 이야기는 사라의 이야기였습니다. 이 이야기는 특히 학대당한 여성들 사이에서 가장 논란이 되었습니다. 책에는 싣지 않았지만, 현장 강의와 초판 비디오 시리즈에서 공유한 세부사항들 때문에 많은 사람에게 거센 항의를 받았습니다. 여기서 중요한 점은, 우리가 코칭하는 사람들을 돕는 방법에 대해 지속적으로 성령님의 인도하심을 받고 있다는 것입니다.

초판에서는 나누지 않았지만, 저는 두 가지 메시지를 사라에게 전하라는 주님의 목소리를 분명하게 들었습니다. 첫 번째 메시지는 매우 쉽게 말할 수 있었습니다. "사라, 당신이 겪은 일은 당신 잘못이 아닙니다. 세 살짜리 아기였잖아요! 당신은 스스로를 보호할 수 없었고, 보호받아야 했습니다. 당신의 잘못이 아니에요!" 그녀의 수치심이 너무 깊었기 때문에 제 말을 믿도록 설득하는 데 5분이 걸렸고, 그녀가 마침내 이 진실을 받아들이자 주님은 제 마음속에 두 번째 이야기를 사라에게 전해야 한다고 말씀하셨습니다.

"안 돼요, 주님! 그렇게 말할 수는 없어요"라고 이의를 제기하자, 주님은 "네가 그걸 전하지 않으면 사라는 자유를 얻지 못할 거야"라고 답하셨습니다. 저는 침을 꿀꺽 삼키고 사라에게 말했습니다. "사라! 당신이 지금까지 50년 동안 겪어온 고통과 고뇌는 전적으로 당신 잘못입니다. 왜냐하면 용서하지 않았기 때문입니다. 예수님의 보배로운 피가 모든 죄, 당신이 세 살 때 겪은 일을 포함해서 모든 죄를 덮고 용서하십니다. 따라서 당신이 그 고통에서 자유로울 수 있는 유일한 방법은 용서하는 것입니다."

그 당시에 저도 지금 당신이 생각하는 것처럼 "진짜 나쁘다. 어떻게 그런 말을 할 수 있지?"라고 생각했습니다. 하지만, 사라가 그 남자와 부모님을 용서하기로 선택하자 자유롭게 되었으니 (사라에게 권면한) 그 말은 진실이었습니다. 다음 장에서 더 자세히 설명하겠지만, **우리는 받은 상처 때문에 고통당하고 있는 것이 아니라 상처를 용서하지 않았기 때문에 고통당하고 있습니다.** 사라가 겪은 일은 끔찍하게 잘못되었고 용납하기 힘든 일입니다. 의심할 여지가 없습니다! 그러나 이미 대가를 치렀습니다. 예수님의 보혈로 자신이 겪은 고통의 대가를 치르기로 선택했을 때 사라의 고통은 즉시 끝났고, 자유롭게 되었습니다.

상식적으로 보면, 사라가 한 번의 대화로 자유롭게 될 방법은 없으며, 그날 감정적으로 느낀 해방감은 오래가지 않을 것이라고 생각할 것입니다. 과연 그날의 해방감이 오래 지속되었을까요? 네, 그렇습니다! 약 1년 후, 우리는 사라의 교회를 방문할 기회가 있었습니다. 그녀는 교회 예배팀에서 환한 얼굴로 찬양하고 있었습니다. 건강이 회복되어 아주 좋아 보였습니다. 사라에게 간증을 녹화해도 될지 물었습니다. 그녀는 용서한 날을 되새기며 영상에서 이렇게 말했습니다. "제 가슴에서 모든 검은 쓰레기가 빠져나간 것 같았고, 마침내 숨을 쉴 수 있었습니다." 이후로 악몽을 꾸지 않았다고도 말했습니다. 그 후, 사라는 여동생을 제 아내 토니와 만나게 했고, 그녀도 자유를 얻었습니다.

나중에 사라는 다른 주로 이사하게 되어 우리와 연락이 끊겼습니다. 개정판을 준비하는 동안, 우리는 사라가 세상을 떠났다는 슬픈 소식을 들었습니다. 그녀의 마지막 소셜 미디어 프로필 사진과 간증 영상을 비교해보고 깜짝 놀랐습니다. 13년 전보다 훨씬 더 젊어 보여서 알아볼 수 없을 정도였습니다. 그녀의 얼굴은 빛나고 있었습니다. 용서를 선택하고 나서 얻은 자유가 그녀의 남은 인생에 영향을 미쳤음이 분명합니다.

더 깊이 들어가기

1. '형제를 지키는 자'가 되는 것이 우리를 향한 하나님의 뜻입니다. 그렇다면 우리는 용서하지 못하는 문제로 힘들어하는 사람에게 어떻게 다가가야 할까요? 바꿔야 할 태도가 있나요?

2. **마태복음 18장 15-17절을 읽으세요.** 예수님은 죄 문제에 빠진 동료 신자에 대해 우리가 어떤 책임이 있다고 말씀하나요?

3. "누군가를 용서해야 하는 사람은 대부분 용서하는 데 도움이 필요합니다." 이 말이 사실이라고 믿습니까? 이유는 무엇인가요?

4. 칩 잉그램(Chip Ingram)은 사랑을 이렇게 정의합니다. "사랑이란 받을 자격이 없는 사람에게, 자신의 큰 희생을 감수하면서, 그가 가장 필요로 하는 것을 주는 것이다." 다른 사람이 용서를 실천하도록 도와줄 때 이 말을 어떻게 적용할 수 있나요? 그 이유는 무엇인가요?

5. 사라의 이야기에 대해 어떻게 생각하나요? 사라에게 용서하도록 도전하지 않았다면, 그녀의 삶은 어떻게 되었을까요?

2장

용서하지 않는 마음은
고통스럽습니다

얼마 전 초인종 소리에 문을 열어보니, 엠마가 지금껏 한 번도 보지 못한 표정으로 서 있었습니다. 그녀와 그녀의 가족을 알고 지낸 지는 몇 해 정도 되는데, 엠마는 언제나 활달하고 생기가 넘쳤으며 장난기도 있었습니다. 하지만 그날 밤 평소와 다른 엠마를 마주했습니다. 평소 기쁨으로 반짝이던 눈이 고뇌로 가득 차 있었습니다. 밝은 미소는 사라졌고, 표정이나 감정이 전혀 없는 얼굴이었습니다. 무엇인가 크게 잘못된 것 같았습니다.

"무슨 일이에요, 엠마?"

제가 물었습니다.

"큰 문제는 아니에요, 목사님. 그런데 받은 상처가 너무 깊어서인지 아무런 감정이 안 느껴져요!"

그녀는 절망스러운 표정으로 발을 꼼지락거리면서 바닥만 내려다보았습니다.

집 안으로 들어오는 엠마를 본 제 아들은 인사를 하고는 "심각한 일인 것 같네요"라고 혼잣말을 했습니다. 아들은 아래층에 있는 자기 방으로 내려갔고, 저희만 남아서 이야기를 나누었습니다.

저는 안락의자에, 아내는 소파에 그리고 엠마는 맞은편 빨강 쿠션이 있는 의자에 앉았습니다. 그리고 그녀는 두 시간이 넘도록 (아무 감정도 못 느낀다고 생각했던) 자기 마음을 쏟아놓았습니다. 한 청년과 진지하게 사귀던 관계가 우여곡절 끝에 끝났고, 그녀는 모욕감과 배신감으로 깊이 상처받은 상태였습니다. 그런데 헤어진 남자 친구가 페이스북에 그녀와 친구들이 볼 수 있도록, 자기가 이제 다른 남자와 사귄다는 사실을 공개적으로 알린 것입니다. 엠마는 엄청난 충격을 받았습니다. 아내와 저는 이들의 관계가 한창 무르익는 것을 보았던 터라, 엠마의 이야기를 들으며 당황했고 가슴이 아팠습니다. 하지만 이 시점에서 엠마의 내면에 어떤 일이 일어나고 있는지가 더 걱정되었습니다. 내적 고통의 징후가 분명히 보였습니다. 하나님이 그녀의 상황을 어떻게 바라보시는지 설명해주고 평안을 찾도록 용서 프로토콜을 진행하자, 그녀의 두 눈에 빛이 감돌기 시작했습니다. 고개를 숙인 채 눈물을 흘리며 자기 자신과 전 남자 친구를 용서하자 그녀에게 놀라운 변화가 일어났습니다. 기도를 마치고 고개를 들었을 때는 고통으로 가득했던 눈과 무표정하고 감정 없던 얼굴이 사라지고 없었습니다. 눈에는 생기가 돌았고, 300와트 밝기의 환한 미소가 피어올랐습니다. 그동안 알고 사랑했던 예전의 엠마로 돌아온 것입니다. 놀라웠습니다. 엠마가 돌아가기 전에 위층으로 올라온 저희 아들도 처음 우리 집에 왔을 때와 달라진 그녀의 모습을 즉시 알아챘습니다.

"어떻게 된 거예요?"

아들이 물었습니다.

"내 마음을 다시 찾았어!"

엠마가 외쳤습니다.

저희 부부가 흔히 경험하는 이야기입니다. 누구나 이따금 상처받고 배신당하고 공격받습니다. 누구에게나 일어나는 보편적인 일입니다. 그러나 모든 이야기가 엠마처럼 해피엔딩으로 끝나지는 않습니다. 엠마는 하룻저녁에 평안과 해방을 맛보았지만, 여러 해가 걸리는 경우도 있습니다. 마음의 상처에서 벗어나는 데 영원의 시간이 걸리는 것처럼 보이는 이유는 무엇일까요? 상처와 아픔을 뒤로하고 평안과 자유로 들어갈 수 있는 열쇠는 무엇일까요? 해답은 복음의 핵심에 있습니다. 엠마를 자유롭게 한 것은 용서입니다.

C. S. 루이스(C. S. Lewis)는 이렇게 말했습니다. "누구나 용서는 아름답다고 생각한다. 용서해야 할 일이 생기기 전까지는…."[2] 용서받는 것이 상처 준 사람을 용서하는 것보다 훨씬 쉬워 보입니다. 그러나 하나님이 우리에게 바라시는 것은 용서하는 것입니다. **하나님은 용서받은 사람이 또 다른 사람을 용서하기를 기대하십니다.** 주님은 이 문제를 매우 진지하게 여기시며, 다른 어떤 문제보다 훨씬 더 심각하게 생각하십니다. 우리가 용서하지 않을 때 주님은 우리에게서 보호하심을 거두시고, 우리가 용서할 때 보호해주십니다. 그 정도로 용서는 주님께 중요한 문제입니다. 그러니 우리도 당연히 용서하는 것을 중요한 문제로 여겨야 합니다.

놀라운 깨달음

하나님이 우리를 용서하신 것과 우리가 다른 사람을 용서하는 것을 연관 지으셨다는 것을 처음으로 깨달았을 때 정신이 번쩍 들었습니다. 썩 내키지는 않지만, 용서를 주제로 자세하게 연구해보면 그것은 피할 수 없는 사실입니다. 마태복음 6장 9-13절에 나오는 주기도문에서 예수님이 조건을 거신 유일한 부분은 "우리가 우리에게 죄 지은 자를 사하여 준 것 같이 우리 죄를 사하여 주시옵고"입니다. 예수님은 기도의 모델을 알려주신 뒤 우리가 다른 사람을 용서하면 하나님 아버지가 우리를 용서하실 것이지만, 우리가 용서하지 않으면, 그분도 우리를 용서하시지 않을 것이라고 말씀하셨습니다(마 6:14-15). 주목하십시오. "하나님이 용서하신 것같이 우리가 다른 사람을 용서하겠습니다"가 아닙니다. 그와 정반대입니다. 이렇게 기도해야 합니다. "하나님, 우리가 다른 사람을 용서하는 방법으로 우리를 용서해주십시오." 어이쿠! 이 구절만이 아니었습니다. 마가복음 11장 25-26절도 동일한 말씀입니다. "서서 기도할 때에 아무에게나 혐의가 있거든 용서하라 그리하여야 하늘에 계신 너희 아버지께서도 너희 허물을 사하여 주시리라 하시니라."

용서하지 않으면 천국에 갈 수 없다는 뜻일까요? 아닙니다. 그런 뜻이 아닙니다. 브루스 윌킨슨 목사님은 『당신이 태어난 이유』라는 책에서 이렇게 설명합니다. "지금 예수님이 신학자들이 말하는 '구원하는 용서'(salvation forgiveness)를 말씀하고 계실 리는 없다. ('구원하는 용서'는 하늘에서 일어나는 일이며, 사람이 애써서 얻을 수 있는 것이 아니다. 예수님의 존재와 그분이 십자가에서 이루신 대속을 믿는 모든 자에게 주시는 하나님의 선물이다.) 예수님은, 이 땅에 사는 우리의 삶 가운데 하나님의 용서가 흘러가는 것을 말씀하시는 것이다."[3] 이런 차이를 요한일서 말씀에서도 볼 수 있는데, 요한은 예수님을 따르는 자들에게 "만일 우리가 우리 죄를 자백하면 그는 미쁘시고 의로우사 우리 죄를 사하시며 우리를 모든 불의에서 깨끗하게 하실 것이요"(요일 1:9)라고 분명히 말했습니다. 그는 요한일서 2장 1-2절에서 다시 "나의 자녀들아 내가 이것을 너희에게 씀은 너희로 죄를 범하지 않게 하려 함이라 만일 누가 죄를 범하여도 아버지 앞에서 우리에게 대언자가 있으니 곧 의로우신 예수 그리스도시라 그는 우리 죄를 위한 화목 제물이니 우리만 위할 뿐 아니요 온 세상의 죄를 위하심이라"라고 말합니다. "그리스도 예수 안에 있는 자에게는 결코 정죄함이 없는 것"(롬 8:1)은 확실하지만, 하나님과 친밀한 관계를 유지하려면 날마다 저지르는 잘못이 매일 씻겨야 합니다. 용서하지 않으면 평화가 없어지고, 하나님의 음성을 들을 수 있는 능력이 방해를 받습니다. 예수님이 마태복음 6장 14-15절에서 말씀하시는 용서가 바로 이런 것입니다. 하나님은 용서를 정말 중요하게 보시기에, 우리가 얼마나 자발적으로 용서하는가와 이 땅에서 하나님과 어떤 관계를 맺고 있는가를 연관지으십니다.

신학교를 졸업한 목사인데도 저는, 부끄럽게도 이런 구절들을 진지하게 생각하지 않고 오랜 세월 동안 무시해왔음을 고백합니다. 개인적인 용서의 문제로 씨름했고, 『완전한 용서』라는 책을 독파했으며, 저 나름대로 상당히 철저하게 연구했다고 생각했습니다. 새로 부임한 교회에서 용서를 주제로 시리즈 강해설교를 하기도 했습니다. 용서에 대한 브루스 윌킨슨 목사님의 강의를 듣기 전까지, 저는 제가 이 주제에 관해 다 알고 있다고 생각했습니다. 그가 마태복음 18장 21-35절에 나오는 예수님의 비유를 해석해줄 때 정신이 번쩍 들며 성령님이 밝혀주신 사실에 충격을 받았습니다. 새롭게 알게 된 사실을 믿기 어려웠습니다.

본문은 베드로의 질문으로 시작됩니다. "몇 번 용서하면 될까요? 일곱 번이면 충분한가요?" 베드로는 바리새인들이 두 번, 정말 은혜를 베풀고 싶다면 세 번만 용서하면 된다고 말하는 것을 알고 있었습니다. 그러니까 베드로는, 최대 횟수의 두 배(3×2) 그리고 한 번을 더 추가하면서 자신이 대단히 너그럽게 말하고 있다고 생각한 것입니다. 그래서 예수님이 490번으로 기준을 올리셨을 때 입이 떡 벌어졌을 것입니다. 예수님이 강조하신 것은 용서하는 횟수에는 제한이 없다는 것입니다. (만약 누군가 490번이 다 되도록 횟수를 세고 있다면, 그는 아마도 용서한 것이 아닐 것입니다.) 예수님은 다시 비유를 들어 말씀하십니다. 저는 이 비유를 셀 수 없이 많이 읽었고, 이 주제에 대해 가르치기까지 했습니다. 그러나 그 날 밤에 비로소 예수님이 말씀하신 요점을 깨달았습니다.

어느 부유한 임금이 자기에게 빚진 자들과 결산하기로 합니다. 어떤 종이 10,000달란트를 빚졌습니다. 천문학적인 숫자의 돈이었습니다. 종에게 갚을 능력이 없자, 임금은 그와 가족을 옥에 가두라고 합니다. 종이 간청합니다. "제발 제게 시간을 주십시오. 갚겠습니다." (그가 용서를 구하지 않고 시간을 구했다는 사실에 주목하십시오.) 종의 주인이 그를 불쌍히 여겨 용서하고 빚을 탕감해주었습니다. 주인이 그 전액을 감당한 것입니다.

이해를 돕기 위해 당시 화폐 가치를 살펴보겠습니다. 예수님 시대에 1달란트는 60므나와 같습니다. 1므나는 3개월 치 임금입니다. 다시 말해, 1달란트는 180개월, 즉 15년 치 임금입니다. 따라서 10,000달란트는 15만 년 치 임금에 해당하는 금액입니다. "제발, 제발 시간을 달라고요?" 15만 년이라니, 도저히 불가능합니다. 연봉이 6천만 원이라고 해봅시다. 그 수치로, 10,000달란트를 대략 오늘날 원화로 환산하면 9조 원 정도 됩니다. 네, '조'입니다. 주인이 종의 빚을 탕감했을 때 주인의 순자산은 9조 원 감소했고, 종의 자산은 9조 원 늘어났습니다. 엄청난 선물입니다. 용서받은 자는 감사해하면서 다른 사람을 용서할 수 있으리라는 생각이 듭니다. 그러나 그것은 착각이었습니다.

임금에게 용서받은 자가 나가서 자기에게 빚진 사람을 만납니다. 그가 진 빚은 100데나리온입니다. 1데나리온은 하루 일당에 해당하기에, 이 빚은 100일 치 임금, 즉 오늘날 통화로 말하자면 대략 2천만 원입니다.

임금에게 용서받은 자가 그랬던 것처럼, 이 채무자도 빚을 갚을 기회를 달라고 간청합니다. 이 정도 금액은 실제로 갚을 가능성이 컸습니다. 자동차 구매 대출금 정도였으니까요. 다 갚으려면 몇 년이 걸릴 수도 있지만, 할 만했습니다. 용서받은 자가, "물론입니다. 천천히 갚으셔도 됩니다"라고 말했나요? 불행하게도 정반대로 말했습니다. 용서하기를 거절하고 채무자를 옥에 가둡니다.

생각해봅시다. 15만 년에 해당하는 임금과 연봉의 3분의 1, 즉, 9조 원과 2천만 원. 탕감받은 빚과 받아야 할 빚의 비율이 약 45만 대 1입니다. 9조 원을 갚는 것은 불가능하지만, 2천만 원을 갚는 것은 확실히 가능합니다. 놀랍게도, 갚을 수 없는 빚을 용서받은 자는 갚을 수 있는 정도의 빚을 진 자를 용서하지 않았습니다.

이 상황을 지켜본 주위 사람들은 모두 용서받은 자가 은혜를 모르고 자기중심적으로 행한 것에 대해 고발합니다. 임금이 이 소식을 듣고 크게 화를 낸 것은 당연합니다. 임금은 그를 불러 "악한 종"이라고 선언하며, 그를 옥졸들에게 넘겨 빚을 갚을 때까지 "고통 받게"(tortured) 합니다. 채무 때문에 옥에 갇히기는 했지만, 처벌의 정도가 심해 보입니다. 그 고문 집행관은 감옥에 배정된 사람으로, 큰 고통을 가하면서도 실신시키거나 죽이지 않고 오랫동안 가혹한 벌을 가할 수 있는 숙련된 사람이었습니다. (영화 "브레이브하트"의 윌리엄 월리스가 맞이한 마지막 장면을 생각해보세요.) 이것은 정말로 끔찍한 경험이었습니다. 이 고문은 빚을 상환할 때까지 계속될 것이었습니다. 무엇에 대한 빚인가요? 이 시점에서 종이 빚진 것은 돈이 아니었습니다. 왜냐하면 법적으로 빚을 탕감해주면(용서하면) 그 빚을 다시 청구할 수 없기 때문입니다. 하지만 그는 다른 무엇인가를 빚지고 있었습니다. 무슨 빚이었을까요? "내가 너를 불쌍히 여김과 같이 너도 네 동료를 불쌍히 여김이 마땅하지 아니하냐"(마 18:33). 그는 다음 사람에게 긍휼을 베풀어야 할 빚이 있었고, 이것은 바로 우리가 '내리 용서'라고 부르는 것입니다.

이제 예수님은 비유를 멈추십니다. 이것은 중요한 의미가 있습니다! 더는 가상의 이야기를 하시는 것이 아니라, 베드로의 질문에 답하시는 것입니다. 예수님은 35절에서 충격적인 발언을 하십니다. "너희가 각각 마음으로부터 형제를 용서하지 아니하면 나의 하늘 아버지께서도 너희에게 이와 같이 하시리라." 하나님이 무엇을 하겠다고 하셨나요? 맞습니다. 마태복음 18장 34절에서 "그를 옥졸들에게 넘기니라"라고 말씀하십니다. 우리가 상처를 입었기 때문이 아니라, 우리가 그 상처를 용서하지 않았기 때문입니다.

하늘에 계신 하나님이 다른 사람을 용서하는 문제를 매우 심각하게 생각하시기 때문에, 만일 우리가 용서하기를 거절한다면 우리를 고통 속에 놔두실 거라고요? 이 말씀이 무슨 의미인지를 처음으로 이해하고 깨달았을 때 (제가 다소

느릴 수도 있습니다) 온몸에 전율이 흘렀습니다. 주님이 누구에게 말씀하고 계신지 보십시오. 믿지 않는 무리에게 하시는 말씀이 아닙니다. 베드로에게 말씀하셨고, 다른 제자들도 들었습니다. 그들은 예수님의 핵심 팀이었습니다. 예수님이 떠나시면 이어서 사역을 맡도록 훈련하신 사람들이었습니다. 구속 사역 전체를 여는 열쇠를 넘겨받을 사람들이었습니다. 그분과 가장 가까운, 선택받은 소수의 제자들이었습니다.

영어 단어 torment 혹은 torture(고통, 고문, 옥졸, 처벌자)로 번역된 이 단어는 헬라어 신약성경에서 18회 사용됩니다. 이 단어는 한 번을 제외하고 17회 모두 지옥이나 사탄의 활동과 관련되어 사용되었습니다. 누가복음 16장 19-31절에 나오는 나사로와 부자의 이야기를 기억해보세요. 부자는 거지 나사로를 도울 의사가 없었습니다. 둘 다 같은 날에 죽었고, 나사로는 위로의 장소인 아브라함의 품으로 옮겨졌습니다. 23절에서 부자는 지옥에서 깨어나 고통(torment)을 받았습니다. 이때 사용된 헬라어 단어는 마태복음 18장 34절에 쓰인 단어와 동일합니다. 예수님은 우리에게 선언하십니다. 만일 우리가 용서하지 않으면, 하나님은 우리에게 고통을 주는 자에게서 우리를 보호하지 않으시고 고통받게 내버려

두십니다. 다시 말하지만, 이는 우리가 상처받았기 때문이 아니라 우리가 그 상처를 용서하지 않았기 때문입니다.

지금 우리가 사는 세상에서, 고통은 여러 가지 형태로 나타날 수 있습니다. 우울증, 불안, 분노 폭발, 두려움, 편집증, 다양한 중독(약물, 알코올, 성, 음식 등), 감정 통제 문제, 때로는 신체적 문제 등으로 나타날 수 있습니다. 어떤 사람에게는 이상하게 들릴 수도 있지만, 용서하기를 선택함으로써 육신이 치유되는 사람들을 우리는 목격해왔습니다. 우리는 이런 치유를 의도하지도 않았고, 기대하지도 않았습니다. 물론, 모든 신체적 문제가 용서하지 않아서 생기는 것은 아닙니다. 하지만 만약 고통이 육신의 병으로 나타나는 경우, 용서함으로써 고통이 떠나고 치유가 일어납니다. 이 원리는 다른 형태의 고통에도 적용됩니다.

예수님이 말씀하지 '않으신' 것도 주목해야 합니다. 구원을 잃을 것이라고 말씀하지 않으셨습니다. 앞에서 언급했듯이, 영원한 용서를 말씀하시는 것이 아니라 주님의 용서로 우리가 이 땅에서 누리는 주님과의 관계에 미치는 유익을 말씀하시는 것입니다. 또한 하나님 아버지가 우리에게 고통을 주신다고 말씀하지도 않으셨습니다. 물론, 하나님은 인류를 심판하시고 당신의 자녀들을 징계하십니다. 비유에 나오는 임금은 종에게 고통을 준 것이 아니라 고통을 주는 자들에게 그를 넘겼습니다. 하나님은 보호하심을 거두시고, 원수와 그 부하들에게 합법적인 권한을 주셔서 그들이 우리에게 고통을 주도록 하십니다. 분명합니다. 용서하지 않는 마음을 지니는 것은 매우 비참한 존재로 추락하는 문을 여는 것입니다. 저는 이것을 힘들게 배웠습니다.

힘들게 배우다

여러 해 전, 저는 사역했던 교회에서 깊이 상처받고 배신당했습니다. 가족 모두에게 앞이 캄캄하고 고통스러운 시간이었습니다. 모든 희망이 사라졌다는 생각이 들 정도로 제 인생 최악의 때에, 하나님이 기적처럼 저희를 구해주셔서 새로운 곳에서 새롭게 시작할 수 있도록 인도해주셨습니다. 그 구속하심이 정말 놀라웠습니다. 타이밍도 절묘했습니다. 그러나 저희의 정당성이 입증되는 과정에서 저는 제게 상처 준 사람을 용서하지 않고 그냥 지냈습니다.

몇 년 뒤, 예상치 못한 곳에서 그 사람을 마주쳤는데, 묻어두었다고 생각했던 상처가 슬며시 고개를 들었습니다. 원한이 새어 나오기 시작했는데 알아채지 못했습니다. 설상가상으로, 당시 사역하고 있던 교회에서 일어난 일들이 이전에 배신당한 일을 떠오르게 했습니다. 지금 되돌아보면, 그때 저는 과거의 상처를 떠올리며 괴로워했고, 그로 인해 눈앞의 현실을 바라보는 관점이 왜곡되었습니다. 저는 방어적인 태도로 저 자신을 보호하려고 했습니다. 리더로서 내리는 결정과 반응에도 영향을 받았습니다. 관계도 힘들어졌습니다. 아내에게는 항상 솔직하게 모든 일을 나누었는데, 아내에게조차 제 괴로움은 나누지 않았습니다.

1장에서 언급했듯이, 저는 안식하는 동안에 친구 제임스를 만나고 3일 동안 혼자만의 시간을 보내며 용서에 관한 책을 읽고 나서야 자유함을 얻었습니다. 앨라배마 호숫가 임대 주택에 있을 때, 그 사람을 용서하지 않고 있다는 것을 깨달았습니다. 하나님과 나누었던 대화가 생생하게 기억납니다. 개인적으로 하나님께 고백하는 동안, 하나님은 제 마음 깊은 곳에 있던 상처들을 드러내셨습니다. 주님과 함께 씁쓸하면서도 달콤한 시간을 보냈습니다. 저의 추함을 보게 하셨기에 괴로웠지만, 주님의 은혜를 맛보게 하셨기에 달콤한 시간이었습니다. 그때 하늘 아버지는 제게 상처 준 사람에게 보냈던 편지를 생각나게 하셨습니다. 저는 너그러운 화해의 편지라고 합리화했지만, 실제로는 비난과 복수심으로 가득했습니다. 하나님이 저에게 하시는 말씀이 마음에 들지 않았지만, 맞는 말씀이었습니다. 저는 그 사람을 진심으로 용서하지 않았던 것입니다. 하나님은 몇 가지 질문을 하셨습니다. "이 사람이 너에게 지은 죄가 내가 용서해준 너의 죄보다 더 심하냐? 내가 너를 용서했는데, 네가 무엇이기에 그를 용서하지 않느냐? 어떻게 너는 내가 네게 행한 모든 선함을 찬양하면서 동시에, 그를 비난할 수 있느냐?" 저의 마음은 깨졌고, 책망받았으며, 그를 용서해야 했습니다.

제가 용서하지 않는 죄를 하나님께 고백하고 그가 저와 제 가족에게 어떤 일들로 상처를 주었는지 구체적으로 용서했을 때 제 마음에 변화가 생겼습니다. 자유로워졌습니다! 댐이 무너지고 평화가 집 전체에 물밀듯이 밀려드는 것 같았습니다. 고통으로 가득했던 마음이 찬양으로 가득 차서 목청껏 찬송가를 부르기 시작했습니다. 하나님은 제가 보낸 비판적인 편지에 대해 그 사람에게 용서를 구해야 한다는 생각이 들게 하셨습니다. 살면서 가장 하기 어려운 고백 중 하나였지만, 동시에 저를 가장 자유롭게 한 고백이었습니다. 이제 저는 그 모든 일에서 벗어나 평온합니다. 생각해보니, 적어도 일 년 동안 용서하지 않은 죄 때문에 평화를 잃고 고통에 매여 있었습니다.

필 이야기

마태복음 18장에서 예수님은 용서하지 않는 마음은 죄라고 선언하십니다. 하나님은 믿는 사람이 지을 수 있는 그 어떤 죄보다 용서하지 않는 죄를 더 엄하게 다루십니다. 우리가 용서하기를 거부할 때 하나님은 우리에게서 보호하심을 거두십니다. 우리가 용서하지 않을 때 고통에 처하는 것은 하나님이 합법적으로 허락하신 일입니다. 이유가 무엇일까요? 용서하지 않는 마음을 품었다는 것은, 우리에게 베푸신 하나님의 용서를 귀하게 여기지 않는다는 표시이며, 우리가 감사하고 있지 않음을 드러내기 때문입니다. 본질적으로, 다른 사람을 용서하지 않는 것은 예수님이 우리를 구원하시려고 치르신 대가의 고귀함을 인정하지 않는 것입니다. 그 결과로, 하나님은 그분의 구원이 가져다주는 해방감을 우리 일상에서 거두십니다. 용서하지 않는 대상이 자기 자신일 때는 특히 이상한 방식으로 나타납니다. 자신이 행한 일이나 상처를 준 행동들이 용서받을 수 없다고 생각할 때 하나님은 우리가 우리 자신을 대하는 태도를 훈육하십니다. 이로 인해 굳이 겪지 않아도 될, 어마어마한 고통이 따를 수 있습니다. 제 친구 필이 증인입니다.

저는 몇 달 전에 필을 처음 만났는데, 그는 우리 교회가 주최한 콘퍼런스에 참석한 뒤 주일마다 예배에 나왔습니다. 어느 날 제가 필을 점심 식사에 초대했습니다. 칙필레(Chick-fil-A: 미국의 닭고기 전문 요리 체인점―옮긴이)에서 한쪽에 자리를 잡고 앉아 그에게 자신의 이야기를 해달라고 했습니다. 필은 우리 지역에서 교회를 개척한 목사님으로 상당히 존경을 받았습니다. 몇 해 전 딸이 자동차 사고로 불의의 참사를 당한 뒤, 온 가족은 비탄에 빠졌습니다. 상상이 되지요? 필이 자신과 아내가 겪어야 했던 고통에 관해 이야기하는 동안, 만약 제 딸이 사고를 당했다면 인생을 어떻게 살았을까 상상해보았습니다. 그의 입장이 되어 보니 마음이 너무 아팠습니다.

예전에 어느 멘토가 말하길, 슬픔과 상실은 부부 사이를 더 가깝게 하거나 멀어지게 한다고 했습니다. 불행히도, 필과 아내는 딸을 잃은 슬픔에 잠겨 있는 동안 부부 사이가 갈라져서, 또 다른 종류의 상실을 겪어야 했습니다. 부부 사이의 소통에서 여러 가지 실수를 하면서 상처가 더 심해졌

습니다. 결국, 이혼에 이르렀고 필은 목사직을 내려놓아야
했습니다. 패배 의식에 사로잡힌 그는 홀로 새로운 일을 시
작했고 영적인 유목민이 되었습니다. 그가 자신의 이야기를
하는 동안, 저는 그의 눈에 가득한 고통과 고뇌를 보았습니
다. 용서하지 못하는 마음의 징후를 알아챘습니다. 그의 이
야기에서 가장 비극적인 부분은 무엇이었을까요? 필이 용서
하지 않는 사람은 바로 자기 자신이었다는 사실입니다.

하나님이 용서하지 않는 마음을 그토록 모욕적으로 여기
시는 이유 중 하나는 바로 이것입니다. 하나님 아버지는 예
수님이 우리를 위해 치르신 죗값을 만족하게 여기시며, 이와
마찬가지로 우리도 만족해야 한다고 생각하십니다. **예수님
의 보혈은 모든 죄를 덮습니다. 나에게 상처를 입힌 죄들도 포함
됩니다.** 우리를 가장 힘들게 하는 상처는, 우리 자신이 스스
로에게 준 상처일 때가 매우 많습니다. 때때로 자신이 지은
죄를 용서하기가 가장 어렵습니다. 필에게 그가 저지른 잘못
을 하나님이 용서하셨다고 믿는지 물었습니다. 그는 손에 쥐
고 있던 스티로폼 컵을 내려다보며 조용히 대답했습니다.

"저는 고백했고…네, 하나님이 저를 용서하셨습니다."

"어떻게요?"

제가 물었습니다. 그는 혼란스러운 표정으로 저를 바라보

왔습니다.

"예수님의 십자가 죽음으로요."

"맞습니다."

제가 대답했습니다.

"당신을 대신해서 치르신 예수님의 죗값에 대해 하나님은 만족하실까요?"

"물론이지요!"

그가 외쳤습니다.

"그것이 복음의 핵심입니다."

그러고 나서 제가 중요한 질문을 했습니다.

"그런데 당신은 왜 아니죠?"

"제가 뭐가 아니라는 건가요?"

"예수님이 당신의 죄를 대신해 치르신 대가에 하나님은 만족하시는데 당신은 왜 만족하지 않냐고요?"

"수수께끼인가요?"

그가 물었습니다.

"아니요. 당신은 이 질문에 대답하셔야 합니다."

제가 재촉하자 필의 머릿속이 번뜩이는 것 같았습니다. 저는 설명을 이어갔습니다. 하나님은 이미 오래전 그를 용서하셨는데, 그는 하나님보다 더 높은 기준을 품고 있을 뿐 아니라 지금은 남아 있지도 않은 죗값을 치르려 하고 있다고 말입니다.

따라서 우리가 누군가를, 그것이 자신이든 다른 사람이든 대상이 누구든지 간에 용서하지 않는다는 것은, 예수님의 죽음이 하나님께는 충분한지 몰라도 우리에게는 충분하지 않다고 말하는 것과 같습니다. 우리가 용서하지 않으면, 하나님은 보호하심을 거두시고 고통을 주는 자들에게서 우리를 지키시지 않습니다. 하나님이 주시려는 것은 고통이 아니라 자유임을 기억해야 합니다. 하나님은 고통을 허락하셔서 무엇인가 대단히 잘못되었고 다루어야 할 문제가 있음을 우리에게 생각나게 하십니다. 여기서 다루어야 할 문제는, 우리가 하나님만큼 예수님의 보혈을 가치 있게 여기지 않는다는 것입니다. 이것은 하나님이 용납하실 수 없는 문제입니다. 이런 이유로 고통을 허락하십니다. 히브리서 10장 29절 말씀입니다. "하물며 하나님의 아들을 짓밟고 자기를 거룩하게 한 언약의 피를 부정한 것으로 여기고 은혜의 성령을 욕되게 하는 자가 당연히 받을 형벌은 얼마나 더 무겁겠느냐 너희는 생각하라." 자기 아들 예수 그리스도의 피에 담긴, 희생의 명예가 손상되는 것을 하나님은 매우 심각하게 여기십니다. 이것이 바로 하나님이 우리에게 고통을 허용하심으로써 징계하시는 이유입니다.

필이 용서하지 않는 죄를 고백하고 자기 자신을 용서했을 때 제가 목격한 것을 당신도 볼 수 있었다면 얼마나 좋을까요. 기대했던 모습이기는 했지만, 실제로 그런 일이 일어날 때마다 항상 놀랍니다. 필의 안색이 변했습니다. 신기했습니다. 그에게 평화가 임하고 얼굴에는 미소가 활짝 피어났습니다. 그가 자신을 용서한 즉시, 그를 괴롭히던 것들이 떠났습니다. 그에게 "지금 마음이 어떤가요?"라고 물었습니다.

그가 대답했습니다.

"기분이 좋아요. 고요합니다. 잠잠합니다. 마음이 평안해요."

2주 뒤 필과 점심을 먹으면서, 어떻게 지냈는지 물었습니다. 그가 대답했습니다.

"지금보다 더 평안했던 적이 있었나 싶어요. 계속 놀라고 있습니다!"

하늘에 계신 하나님 아버지는 우리를 너무나 사랑하셔서 우리 죄 때문에 손상된 하나님과의 관계를 회복하시려고 예수님을 보내셨습니다. 하나님 아버지는 예수님이 치르신 대가에 만족하십니다. 그러니 많이 용서받은 우리도 만족해야 합니다.

용서하지 못하는 마음이나 행동은 마태복음 18장에 나오는 종이 보여준, 믿기 힘든 교만과 감사하지 않는 마음에서 드러납니다. 하나님의 기준보다 더 높은 기준을 세웠으니 교만한 겁니다. 자신은 엄청나게 많이 용서받았는데도 다른 사람이 지은 아주 작은 죄를 용서하지 않으니 감사하지 않은 겁니다.

이렇게 생각할지도 모르겠습니다.

"브루스, 당신이 몰라서 그래요. 제게 일어난 일은 엄청나다고요."

1장에서 소개한 사라의 이야기를 들으면서 저도 그렇게 생각했습니다. 그러나 그날 우리의 만남을 마치면서, 사라도 동의했습니다. 우리가 하나님께 지은 죄는 남들이 우리에게 지은 죄보다 훨씬 큽니다. 또한 하나님이 용서해주신 우리의 모든 죄에 초점을 맞출 때, 다른 사람을 용서하기가 훨씬 수월합니다.

어느 날, '내리 용서' 세미나의 질의응답 시간에 한 참가자가 브루스에게 물었습니다.

"결론적인 질문인데요. 브루스, '용서'를 어떻게 정의하시나요?" 그 순간 저는 책을 출간하고 여러 해 동안 세미나를 열었지만, 용서에 대한 명확한 정의를 내리지 않았다는 사실을 깨달았습니다. 그래서 잠시 멈추고 주님께 물었습니다. '주님, 이 질문에 어떻게 대답하길 원하시나요?' 주님이 저에게 주신 대답은 바로 이것입니다. "용서는 예수 그리스도의 보혈로 내가 받았거나, 앞으로 받을 수 있는 모든 상처에 대해 완전한 대가를 치르는 것입니다." 나는 아내를 보며 "지금 내가 한 말 적어줘요!"라고 말했습니다.

예수님의 보혈이 우리에게 일어난 모든 일을 덮기에 충분하다는 진리를 진심으로 받아들이고, 마음에서 용서하기를 선택할 때 우리는 복음의 자유를 경험합니다. 우리 자신이 복음의 자유를 경험할 때, 다른 사람들도 그런 자유를 찾도록 돕고 싶은 소망이 생길 것입니다.

동참해야 하는 이유

우리가 용서 혁명에 능동적으로 동참해야 하는 세 가지 핵심적인 이유가 있습니다.

첫째, 하나님께 영광을 돌리기 위해서입니다. 그분은 우리의 능력으로는 갚을 수 없는 빚을 탕감해주셨습니다. 그에 비하면 우리가 받아야 할 빚은 아주 미미합니다. 용서받은 우리가 또 다른 사람을 용서하기로 선택하면, 하나님 그리고 우리를 위해 흘리신 예수님의 보혈을 영화롭게 합니다. 둘째, 용서하지 않아서 겪게 되는 고통에서 벗어나 평화를 찾게 됩니다. 앞서 살펴본 비유에서, 고통은 빚이 청산되면 끝납니다. 우리가 마음으로 형제를 용서할 때 우리의 빚은 청산된 것으로 간주됩니다. 셋째, 복음의 실체를 우리 삶으로 입증함으로써 다른 사람들이 자신을 향한 하나님의 용서를 발견할 수 있게 됩니다. 이에 대해서는 3장에서 더 살펴보겠습니다.

하나님은 용서받은 자가 다른 사람을 용서할 거라고 기대합니다. 그분은 우리가 용서하지 않을 때 그분의 보호하심을 우리에게서 거두시고, 우리가 용서할 때는 그분의 보호하심을 아낌없이 베푸십니다. 우리가 용서하지 않을 때 하나님은 우리가 고통받도록 내버려두십니다. 그것은 하나님이 사용하실 수 있는 정당한 권한입니다. 하지만 우리가 용서하기로 선택하면 하나님은 그 권한을 철회하시고 사용하시지 않습니다.

저와 아내는 엠마가 고통에서 평화로 변화되는 모습을 두 눈으로 직접 목격했습니다. 그 과정에서 맛본 기쁨을 말로 다 표현할 수는 없습니다. 지금 엠마는 다른 사람들이 고통에서 벗어나 평화와 자유를 찾도록 도움으로써 '내리 용서'하며 살고 있습니다. 그녀는 다른 사람들에게 용서하는 법을 가르칩니다. 우리 집 거실에서 대화하며 변화된 지 얼마 되지 않아, 엠마는 5세에서 11세 어린이를 위한 휴일 사역을 하러 잉글랜드로 선교여행을 갔습니다. 그런데 놀랍게도 정작 그녀가 가장 큰 영향을 미친 대상은 어른들이었습니다.

여행 초반에 엠마는 스무 살의 배우와 그의 어머니를 우연히 만났습니다. 그들과 대화하면서 두 사람 모두 원망하는 마음으로 인해 고통스러워하고 있음을 감지했습니다. 어머니의 이야기를 듣던 중 엠마는 그녀의 경험이 자신의 과거와 비슷하다고 생각했고, 자신이 해야 할 일이 있다는 것을 알았습니다. 엠마가 스스럼없이 자신이 용서했던 이야기를 자세하게 나누자, 그들도 마음을 열었습니다. 그리고 자신들에게 잘못한 이들을 용서한 뒤 자유를 찾았습니다.

또한 엠마는 자기 아버지에게 성폭행당한 젊은 여성에게서도 용서하지 않는 마음이 있음을 알아챘습니다. 그녀가 아버지를 용서하도록 도왔을 때 엠마는 그녀의 눈에 깃든 평화와 기쁨을 보았습니다. 실제로, 그녀의 지인들도 표정이 변했다며 놀라워했습니다.

엠마의 마음을 가장 뜨겁게 한 것은 부모님이 이혼 절차를 밟고 있던 열여덟 살 젊은 청년과의 만남입니다. 엠마는 청년이 부모님을 용서하도록 코칭했는데, 용서가 자신의 삶에 미친 영향 때문에 청년도 용서 혁명에 적극적으로 동참하게 되었습니다. 다른 사람이 용서하도록 도우면서 '내리 용서'를 실천하고 있는 청년은 정기적으로 엠마와 자신의 사역을 나누고 있습니다.

(마태복음 18:21-25에 대한 자세한 내용은 부록을 참조하세요.)

내리 용서 플러스

엠마, 그 이후 이야기

엠마가 우리 집 현관에 나타난 지 15년 후 어떻게 되었는지 궁금하시죠? 간단히 말하면, 놀라운 일이 벌어졌습니다! 오직 하나님만이 쓰실 수 있는 이야기입니다. 엠마가 잉글랜드에서 용서 코칭한 젊은 청년과의 관계가 로맨스로 발전하여 결혼했고, 지금은 쌍둥이 딸을 키우며 행복하게 살고 있습니다. 엠마에게 '내리 용서'가 오랜 시간이 흐른 지금, 그녀의 결혼 생활에 어떤 영향을 미쳤는지를 물었습니다. 그녀는 이렇게 답했습니다.

'내리 용서'로 인해 저와 가족이 경험한 변화는 말로 다 표현하기가 어렵습니다. 이 은혜를 어떻게 설명할 수 있을까요? 제가 일을 망치고 실수해도 남편이 항상 저를 용서해줄 것을 저는 압니다. 저는 제가 엄청난 잘못을 용서받은 사실을 알기에 남편이 실수한다고 해도 그에게 용서의 은혜를 베풀 수 있습니다. 우리는 두려움 없이 살고 있고, 우리 사이에는 숨길 것이 없습니다.
미리 용서하기로 마음먹고 살아갈 때, 참된 포용성을 지니게 됩니다. 용서는 일회성 이벤트가 아니라 지속적이고 평생에 걸친 결정입니다. 또한 복음을 전하는 것과 같은 맥락에서 제가 다른 사람들에게 전하는 것이기도 합니다. '내리 용서' 없이 어떤 결혼이 지속될 수 있을까요? 용서가 없었다면 제 결혼 생활은 지금과 다른 모습일 것입니다!

엠마는 '내리 용서' 사역을 확장하는 데 적극적으로 기여하고 있으며, 그녀와 남편 모두 사람들에게 용서하기를 선택하고 자유를 누리며 살아가도록 격려하고 있습니다.

더 깊이 들어가기

1. 마태복음 6장 9-15절을 읽으세요. '주기도문'에 조건이 붙어 있는 한 구절은 무엇인가요? 이 조건은 일반적으로 예상하는 것과 어떻게 다른가요? 이 조건은 용서의 중요성에 대한 당신의 시각에 어떤 영향을 주나요?

2. 마태복음 18장 21-35절을 읽으세요. 예수님은 두 종이 갚아야 할 빚의 차이를 왜 이렇게 극단적으로 설정하셨을까요?

3. 마태복음 18장 34절은 "주인이 노하여 그 빚을 다 갚도록 그를 옥졸들에게 넘기니라"라고 말씀합니다. 이야기의 흐름상 여기서 첫 번째 종이 자기 주인에게 빚진 것은 무엇이라고 생각하나요? 10,000달란트입니까? 아니면 자비하심입니까? 그 이유는 무엇인가요?

4. 마태복음 18장 34절에서 "옥졸"("torturers", 영어 성경 NASB)로 번역된 헬라어 단어는 바사니스타이스(*basanistais*)로, '고문하다', '괴롭히다'는 뜻입니다. 이 단어는 신약성경에서 다양한 형태로 18회 사용되었습니다. 한 번을 제외하고 나머지 17회는 문맥상 귀신의 활동이나 지옥과 관련이 있습니다. 오늘날 사람들이 경험하는 고통의 예를 몇 가지 들어보세요.

5. 왜 하나님은 용서하지 않는 마음을 엄하게 다루실까요?

3장

용서받은 사람이
용서할 수 있습니다

성공한 혁명은 그것을 이끌 만한 강력한 명분을 지닌 리더에게서 시작됩니다. 혁명적 메시지는 항상 자유가 그 핵심입니다.

패트릭 헨리(Patrick Henry)는 버지니아주 리치먼드에 있는 성 요한 교회에서 격정적인 연설로 세상의 흐름을 바꾸었습니다. 그의 메시지는 버지니아주 의회를 설득하여 버지니아 군대를 파병하는 결의안을 통과시킴으로 미국 독립전쟁의 단초가 되었습니다. 그 자리에 있던 사람들은 헨리의 주장을 듣고 "싸우자! 싸우자!"라고 외쳤습니다. 그 자리에는 토머스 제퍼슨(Thomas Jefferson)과 조지 워싱턴(George

Washington)이 사절단 자격으로 와 있었습니다. 헨리의 열정, 제퍼슨의 문학적 감각 그리고 워싱턴의 군사적 지도력이 합세하여, 미국 독립혁명의 열기는 고조되었고 마침내 승리하였습니다. 이 연합팀은 조지 왕(King George)이라는 공동의 적 그리고 과도한 과세와 폭정에서 자유를 쟁취한다는 공동의 대의가 있었기에 하나로 뭉칠 수 있었습니다. "자유가 아니면 죽음을 달라!"라는 그들의 외침은 영국의 폭정에 저항한다는 목적의식과 열정으로 식민지를 하나로 묶는 슬로건이 되었습니다.

복음의 핵심 메시지

용서 혁명의 중심에도 동일한 대의가 있습니다. 바로, 자유입니다. 그러나 다른 혁명과는 차이가 있습니다. 대부분의 혁명은 억압하는 적에 대항하여 단합된 행동과 공격을 요구합니다. 억압에 필적하는 대가를 적에게 치르게 한다는 생각이 깔려 있습니다. 그러나 이 혁명의 슬로건은 '용서함으로 자유를'입니다. 원한을 품은 고통에서 자유롭게 되는 것은 오직 용서함으로써만 가능합니다. 용서는 남들에게 값을 치르게 하기보다 옭아매었던 것을 풀어줍니다. 이 자유가 복음의 핵심입니다.

복음의 어떤 곳을 들여다보아도 용서의 보혈이 흐릅니다. 그것이 예수님이 이 땅에 오신 이유입니다. 에덴동산 이야기로 거슬러 올라가 봅시다. 하나님이 아담과 하와를 창조하셨을 때 하나님은 그들과 친밀한 관계를 맺기 원하셨습니다. 우리가 그분의 뜻을 다 헤아릴 수는 없습니다. 그러나 하나님은 그들에게 필요한 것, 심지어 원할 수도 있는 것을 모두 주셨습니다. 그분은 아침저녁으로 그들과 만나서 동산을 산책하셨고, 그들이 원할 때는 언제든지 만나주셨습니다. 창조주 하나님은 당신의 창조물과 교제하기를 즐거워하셨고 애지중지하셨습니다. 최고로 행복한 삶, 아담과 하와는 그런 삶을 살았습니다. 모든 것이 갖춰져 있었습니다. 옳고 그름에 대해 걱정할 필요조차 없었습니다. 하나님의 말씀대로 하기만 하면, '모든 것이 좋았습니다.' 딱 한 가지 제약은 '선악을 알게 하는 나무의 열매(즉, 옳고 그름에 대한 지식)는 먹지 말라'는 것이었습니다. 하나님이 세우신 규칙은 하나였습니다. "더하고 뺄 것 없이, 모든 것에서 나를 신뢰하라. 그러면 모든 것이 그야말로 완벽할 것이다." 바로 이것이었습니다. 선악을 알게 하는 나무를 금하신 것은 일종의 신뢰 테스트였습니다.

그러나 아담과 하와는 테스트에서 탈락했습니다. 그들은 단 하나 금지된 것을 어겼습니다. 그리고 그들이 자기 멋대로 하나님께 대항하여 반기를 들었을 때 그들은 인과관계뿐 아니라 빚에 대해 뼈아픈 교훈을 체득했습니다. 그들은 하나님의 말씀을 어겼고, 그 결과 갚을 수 없는 죄의 빚을 졌습니다. 어떻게 해야 완벽함을 회복할 수 있을까요? 일단 완벽한 상태인 100퍼센트 아래로 떨어지면, 어떻게 되돌릴 수 있을까요? 치약을 짜고 나면 전부 다시 튜브 속으로 넣지 못합니다. 설상가상으로, 그 빚은 모든 후손에게 상속되었습니다. 그래서 죄가 우리의 유산이 되었습니다. 그들의 빚이 우리에게까지 넘어왔습니다. 국가의 채무와 우리 후손들을 생각해보십시오.

그 이유는 알 수 없지만, 하나님은 인류를 포기하지 않으셨습니다. 긍휼하신 하나님이 자신의 아들, 예수님을 보내셔서 인간의 죗값을 치르게 하셨습니다. 완벽함은 완벽함을 요구했습니다. 그래서 예수님이 오셨고, 완벽한 삶을 사시고 십자가에서 죽으심으로 그분만 갚으실 수 있는 값을 치르셨습니다. 성부 하나님은 성자 하나님의 희생을 통해 빚을 탕감해주셨습니다. 그 증거는 바로 예수님의 부활이었습니다.

예수님은 죄를 용서하기 위해 오셨습니다. 하나님은, 우리가 용서받기 원하는 것보다 훨씬 더 많이 우리를 용서하기 원하셨다는 사실에 주목하십시오. 우리가 용서에 대해 배우는 과정에서 이 사실을 꼭 명심하십시오.

부활하신 뒤, 예수님이 제자들과 나누신 대화가 누가복음 24장 46-49절에 기록되어 있습니다. 제자들에게 마지막 지상 명령을 주시면서, 복된 소식을 다음과 같이 요약해주셨습니다. "이같이 그리스도가 고난을 받고 제삼일에 죽은 자 가운데서 살아날 것과 또 그의 이름으로 죄 사함을 받게 하는 회개가 예루살렘에서 시작하여 모든 족속에게 전파될 것이 기록되었으니…." 영어 성경을 보면 위의 누가복음에서 "and that"("~과 또")으로 번역된 구절은 목적절입니다. "So that"(그래서)으로도 번역될 수 있습니다. 문법적으로, 목적절 앞에 오는 것은 주된 목표가 아니며, 주된 목표는 항상 목적절 뒤에 옵니다. 우리는 모두 예수님의 죽음과 부활이 역사상 가장 놀라운 사건이라는 데 동의할 것입니다. 그러나 그것이 주된 목표는 아닙니다. 주된 목표는 목적절 뒤에 옵니다. "죄 사함을 받게 하는 회개가 전파되게 하는 것입니다."

예수님이 죽으시고 부활하신 것만으로 그분이 오신 이유가 다 끝난 것이 아닙니다. 십자가와 빈 무덤은 더 큰 계획을 위해 꼭 필요한 부분이었습니다. 용서의 메시지는 예수님이 성육신으로 의도하신 결과물입니다. 그분은 십자가를 견디시고 무덤에서 일어나 세상에 용서를 선포하셨습니다. 따라서 우리는 용서가 복음의 핵심이라고 자신 있게 말할 수 있습니다.

예수님은 제자들에게 아직 용서 혁명을 확장할 준비가 되지 않았다고 하셨습니다. 그들이 용서의 메시지를 선포할 수 있도록 권능을 부여하실 성령의 나타나심을 기다리라고 지시하셨습니다. 이 복음은 너무나 중요했기에 성부 하나님은 성령 하나님을 보내셔서 제자들이 이 좋은 소식을 전하는 것을 돕게 하셨습니다. 동일한 성령님이 동일한 사명으로 오늘날 우리를 준비시키십니다. 예수님이 "너희는 이 모든 일의 증인이라 볼지어다 내가 내 아버지께서 약속하신 것을 너희에게 보내리니 너희는 위로부터 능력으로 입혀질 때까지 이 성에 머물라 하시니라"(눅 24:48-49)라고 말씀하셨습니다. 따라서 사도행전 2장에 나오는 것처럼 제자들은 말씀에 순종하여 성령이 그들 위에 임하여 예수님이 약속하신 권능을 받을 때까지 모여있었습니다. 성령님이 임하시자 그들에게 어떤 일이 일어났나요? 베드로는 설교하기 시작했습니다. 성령님의 권능이 임하시자 그는 용서의 메시지를 열정적으로 선포했습니다.

베드로는 메시아에 관한 구약의 약속을 예수님의 삶과 죽음, 부활과 연결하여 설명했습니다. 그의 설교를 들은 무리는 죄로 인해 자신들이 하나님에게서 분리된 것을 깨닫고 "우리가 무엇을 어떻게 해야 합니까?"라고 물었습니다. 베드로는 어떻게 대답했나요? "너희가 회개하여 [즉, 사고방식을 바꾸어] 각각 예수 그리스도의 이름으로 세례를 받고 죄 사함을 받으라 그리하면 성령의 선물을 받으리니"(행 2:38). 베드로의 설교는 하나님과 화해하려면, 즉 에덴동산에서 아담과 하와가 처음에 하나님과 맺었던 관계로 돌아가려면, 우리의 죄를 인정하고 예수님의 죽음과 부활로 값없이 베푸신 용서를 받아야 한다고 설명했습니다.

신약을 쭉 살펴보면, 용서가 복음의 중심이라고 계속해서 선포하며 성령의 능력과 연결하고 있습니다.

"너희가 나무에 달아 죽인 예수를 우리 조상의 하나님이 살리시고 이스라엘에게 회개함과 죄 사함을 주시려고 그를 오른손으로 높이사 임금과 구주로 삼으셨느니라"(행 5:30-31).

"우리에게 명하사 백성에게 전도하되 하나님이 살아 있는 자와 죽은 자의 재판장으로 정하신 자가 곧 이 사람인 것을 증언하게 하셨고 그에 대하여 모든 선지자도 증언하되 그를 믿는 사람들이 다 그의 이름을 힘입어 죄 사함을 받는다 하였느니라 베드로가 이 말을 할 때에 성령이 말씀 듣는 모든 사람에게 내려오시니 베드로와 함께 온 할례 받은 신자들이 이방인들에게도 성령 부어 주심으로 말미암아 놀라니"(행 10:42-45).

"그러므로 형제들아 너희가 알 것은 이 사람을 힘입어 죄 사함을 너희에게 전하는 이것이며 또 모세의 율법으로 너희가 의롭다 하심을 얻지 못하던 모든 일에도 이 사람을 힘입어 믿는 자마다 의롭다 하심을 얻는 이것이라"(행 13:38-39).

"내가 대답하되 주님 누구시니이까 주께서 이르시되 나는 네가 박해하는 예수라 일어나 너의 발로 서라 내가 네게 나타난 것은 곧 네가 나를 본 일과 장차 내가 네게 나타날 일에 너로 종과 증인을 삼으려 함이니 이스라엘과 이방인들에게서 내가 너를 구원하여 그들에게 보내어 그 눈을 뜨게 하여 어둠에서 빛으로, 사탄의 권세에서 하나님께로 돌아오게 하고 죄 사함과 나를 믿어 거룩하게 된 무리 가운데서 기업을 얻게 하리라 하더이다"(행 26:15-18).

"우리는 그리스도 안에서 그의 은혜의 풍성함을 따라 그의 피로 말미암아 속량 곧 죄 사함을 받았느니라 이는 그가 모든 지혜와 총명을 우리에게 넘치게 하사"(엡 1:7-8).

"그가 우리를 흑암의 권세에서 건져내사 그의 사랑의 아들의 나라로 옮기셨으니 그 아들 안에서 우리가 속량 곧 죄 사함을 얻었도다"(골 1:13-14).

어느 말씀을 보아도 복음은 용서를 내포합니다. 우리를 용서하시려고 예수님이 지불하신 근본적인 대가를 말하지 않고 그 좋은 소식을 이야기할 수 없습니다. 복음이 주는 자유를 경험하는 방법은 용서의 능력을 통해서입니다. 용서 혁명의 슬로건은 '용서함으로 자유를!'입니다.

후안 목사님

엘살바도르의 수도인 산살바도르에 있는 어느 교회에서

이 메시지를 전했습니다. 그날 오전 제 강의의 주된 초점은 마태복음 18장 21-35절에 관한 것으로, 2장에서 언급한 고통의 개념이었습니다. 제가 스페인어를 모르기 때문에 동행한 사역팀에서 감사하게도 통역자를 보내주었습니다.

르네의 통역은 놀라웠습니다. 저는 말할 때 몸을 많이 움직이고 표정이 풍부한 편이라, 손발이 묶이면 두 문장도 연결하지 못할 겁니다. 말할 필요도 없이, 통역자는 강연의 질을 좋게도 하고 망치기도 합니다. 르네는 아주 훌륭했습니다. 제 리듬에 맞추기까지 했습니다. 제가 몸을 앞으로 기대면, 그도 몸을 앞으로 기대었습니다. 제가 손을 들면, 그도 손을 들었습니다. 제가 목소리를 낮추면, 그도 목소리를 낮추었습니다. 성령님이 우리 두 사람을 기가 막힌 방법으로 협력하게 하시고 사용하셨습니다.

제가 강의를 마치자, 이어서 후안 목사님이 예배를 인도하셨습니다. 이분은 하나님을 향한 열정적인 마음과 사람들을 향한 세심한 마음을 소유한 분으로, 아내가 6개월 전에 암으로 소천한 아픔을 겪었습니다. 성도들은 그가 어려움을 겪는 동안 사랑으로 함께했으며, 그와 자녀들의 믿음을 보면서 그를 더욱 존경하게 되었습니다. 그래서 그가 말하면 성도들이 집중했습니다.

후안 목사님이 전체 강의를 마무리하며 성도들에게 말했습니다. 용서하지 않는 마음을 가진 사람, 심각한 문제를 지닌 다섯 사람이 이 자리에 있다고 성령님이 말씀하신다고 했습니다. 그가 어떻게 이런 영감을 받는지 잘 모르겠지만, 하나님은 무엇이든지 하실 수 있습니다. 이날, 여섯 사람이 후안 목사님이 하신 도전에 반응했습니다. 저는 정말 궁금했습니다. 영어든 스페인어든, 5와 6은 같은 숫자가 아닙니다. 혼자 생각했습니다.

"어떻게 된 거예요, 주님?"

주님이 말씀하셨습니다.

"그냥 기다려봐라. 알게 될 거다."

후안 목사님이 저에게 용서 프로토콜(8장에서 이 내용을 다룰 것입니다)로 이 사람들을 인도해달라고 하셨습니다. 이 여섯 사람이 프로토콜을 마치자 방에 평화가 가득해져서, 그야말로 사슬이 풀리는 것을 실제로 보는 것 같았습니다. 그들이 고통스러워하던 상처들에 대해 용서를 선포하기 시작한 바로 그 순간에, "후드득" 귀가 먹먹할 정도의 큰 소리를 내며 비가 양철 지붕 위로 떨어졌습니다. 느닷없이 내린 비였기에 마치 성령님이 모든 아픔과 고통을 다 씻기시는 것 같았습니다. 우리가 "아멘"이라고 말하자, 비가 갑자기 멈추었습니다. 비가 갑자기 내렸던 것처럼 말입니다. 정말 놀라웠습니다!

용서의 기도 하나하나가 기적이었지만, 아직 이 이야기의 정점은 아닙니다. 여섯 사람이 제자리로 돌아갈 때 후안 목사님이 노신사 한 분을 멈춰 세웠는데, '때마침 우연히' 줄지어 걸어 나오던 마지막 사람이었습니다. ('때마침 우연히'는 종종 '하나님이 무엇인가 하고 계시다!'는 신호일 때가 많습니다.) 강단에 서서, 저는 후안 목사님이 이 노신사에게 복음을 전하고, 그가 예수님의 용서를 받아들이고 구원받도록 인도하는 모습을 지켜보았습니다. 그는 그리스도 안에서 새로운 피조물이 되었습니다. 이제서야 저는 숫자가 안 맞는 이유를 이해했습니다. 다섯 명은 용서를 '하러' 나왔고, 한 명은 용서를 '받으러' 나왔던 것입니다. 합하면 숫자가 딱 맞습니다!

이 이야기를 왜 하냐고요? 용서와 복음이 떼려야 뗄 수 없는 관계인 것을 보여주기 때문입니다. 우리의 모든 죄를 용서하신 하나님의 선물이 얼마나 큰지를 먼저 생각할 때 다른 사람을 용서하는 법을 잘 배우게 되는 것도 사실이지만, 때로는 그 순서가 반대일 때도 있습니다. 엘살바도르의 그 신사는, 다른 사람을 용서하기로 선택했을 때 하나님의 용서를 받게 되었습니다. 이타적인 용서에 초자연적인 힘이 있습니다.

하나님이 용서하지 않는 마음을 그토록 중요하게 생각하시는 가장 큰 이유는 아마도 예수님이 우리를 위해 하신 일을 본받지 않으면 복음을 증거하는 우리의 증언이 손상되기 때문인 것 같습니다. 19세기의 어느 회의론자가 말했습니다. "내가 당신의 구세주를 믿기 원한다면, 당신이 구속받은 자의 모습을 훨씬 더 많이 보여주어야 할 것이오." 우리가 가장 예수님을 닮는 순간은 용서할 때입니다. 다른 사람이 용서를 구하고 용서를 베풀도록 우리가 도와줄 때를 제외하고는 말입니다. 용서하지 않는 마음은 복음 전파를 가장 크게 방해합니다. 그 마음은 숨길 수 없습니다. 딱 보면 압니다. 마태복음 18장에서 용서하지 않는 종의 마음을 다른 종들과 주인은 확실히 알아보았습니다. 비록 용서하지 않는 마음은 잠시 은밀하게 잠복해 있을 수는 있지만, 결국 폭발하듯 밖으로 표출됩니다.

용서하지 않는 마음이 교회를 병들게 합니다

교인 수가 감소하는 주요한 이유 중 하나는 용서하지 않는 마음과 관련이 있습니다. 생각해보십시오. 처음부터 계획과 전략에 따라 시작된 교회를 몇 개나 알고 있습니까? 교회가 분열되어 시작된 교회는 몇 개나 될까요? 흥미로운 질문 아닙니까? 일반적으로 교회 분열의 원인은 무엇입니까? 바로 용서하지 않는 마음입니다. 교회 안에서 두 당파가 용서의 열매(조화로운 교제)를 맺지 못하고, 용서하지 않기로 선택할 때 교회가 분열됩니다. 제가 알고 있는 어느 지역에 특별한 교회가 하나 있는데, 그 교회는 매번 해결하지 못한 갈등 때문에 여덟 개의 교회로 쪼개졌습니다. 안타깝게도 이 도시만의 문제가 아닙니다. 용서하시는 유일신이신 예수님의 교회가 사랑이 아니라 갈등 때문에 알려졌습니다. 지역 주민들이 이들을 바라보며 "화평하게 하는 자들이 또 싸운다!"라고 말합니다. 이것은 교회가 디자인된 원래 계획에 없는 일이며, 그리스도가 이 땅에 오신 이유를 망가뜨립니다.

교회의 동향을 보면, 목회자들이 양적 성장을 강요받고 있음을 알 수 있습니다. 이 말은 곧 위기에 처하고 갈등을 겪는 교회가 많아졌음을 의미합니다. 이것은 "너희가 서로 사랑하면 내 제자인 줄 알리라"(요 13:35)라는 말씀과 거리가 멉니다.

목사가 교회를 떠나는 데에는 타당한 이유가 있겠지만,

대부분의 경우 목사를 떠나게 한 갈등의 뿌리를 거슬러 올라가 보면 용서하지 않는 마음에 원인이 있습니다. 앞서 말했듯이, 저는 평생을 교회 울타리 안에 있었고, 저 역시 교회 안에서 벌어지는 갈등을 직접 목격하기도 했습니다. 제가 내린 결론은, 목사와 리더들 또는 교인들 사이의 갈등은 종종 이전에 발생한 상황에서 새겨진 오래된 상처가 발화점이 되었다는 것입니다. 교인들이 전임 목사에게 상처받고, 그 전임 목사의 죗값을 현재 시무 중인 목사가 지불하는 겁니다. 반대로, 이전 교회의 교인들이 목사에게 상처를 입혔는데, 현재 교인들이 이전 교인들의 죗값을 치르는 겁니다.

구체적이지 않은 모호한 불평을 상대방에게 할 때 용서하지 않는 마음의 흔적이 드러납니다. 종종 이런 식의 말을 하는 경우입니다. "뭔지는 모르겠는데, 그냥 뭔가 잘못되었어." 이 말은 지금 겪고 있는 문제가 진짜 문제는 아니라는 것을 드러냅니다. 종종 원한은 감정을 불분명하게 하고, 특정한 것을 일반적인 것으로 대체합니다. 정확하게 표현되지 않으니 상대방이 반응하기가 불가능합니다. 그 결과, 불행하게도 관계는 깨지고, 새로운 상처가 예전 상처에 더해져 "어떻게 된 거지?"라며 상황을 정확하게 판단하지 못하는 지경에 이릅니다.

제가 이것을 그대로 경험했습니다. 2장에서 언급한 저의 내적 싸움 가운데, 용서하지 않는 마음으로 인한 고통이 새로운 환경에서 관계 맺는 것을 어렵게 했습니다. 믿음과 자유함이 아닌, 두려움과 자기방어로 행동하기 시작한 겁니다. 모두가 괴로웠습니다. 동시에, 교인 중에는 이전 목사님을 용서하지 않고 그에게 받은 상처에 근거하여 저를 대한 사람들이 있었습니다. 양쪽이 과거의 상처라는 허깨비를 두고 씨름하면, 그 싸움에는 승자가 없습니다.

친구 롭이 최근에 목회자로 섬기게 된 교회는 직원들과 불거진 문제로 사연이 있는 곳이었습니다. 부임한 지 몇 달이 지나, 롭이 제게 전화하여 교회의 엄격한 재정 정책에 대해 분통을 터뜨렸습니다. 아마도 과거에 일했던 직원들이 예산을 방만하게 남용했던 것 같고, 전임자들의 '죄' 때문에 제 친구가 발목을 잡히게 된 것 같았습니다. 돈을 다루는데 현명한 신탁 절차는 중요합니다. 그러나 각각의 정책을 왜 실행하는지 고찰하는 것도 중요합니다. 어떤 정책이 성경적이고 논리적인 원칙에 근거한 것인가, 아니면 과거에 누군가가 일을 망쳤기 때문인가, 다시 말해 그 정책이 최선을 향한 믿음을 드러내는가, 아니면 최악을 가정하는 두려움을 드러내는가를 묻고 싶습니다. 대답이 '최악을 가정한 것'

이라면, 용서하지 않는 마음이 관여되었다는 좋은 증거입니다. 믿음과 두려움, 두 마음을 동시에 품은 채 제대로 행동할 수는 없습니다. 결국 롭은 교회에서 퇴출당했는데 사무장이 이전과 같은 일을 또 당할까 봐 겁을 먹었기 때문이었습니다. 그렇게 할 필요는 없었습니다.

다시 필의 이야기로

2장에서 딸이 죽은 뒤 후유증으로 여러 가지 실수를 하고 교회를 떠나야 했던 친구 필에 대해 말씀드렸습니다. 사정을 자세히 알면, 그의 경우는 화해가 불가능하다고 말하는 사람이 대부분일 것입니다. 어떤 일들은 용서할 수도 없고, 회복할 수도 없다고 생각하는 것이 통념입니다. 그러나 통념은 종종 십자가의 능력을 과소평가합니다.

용서함으로 자유를 찾은 필은, 우리 교회에서 동역할 방법을 찾고 섬기기 시작했습니다. 필은 자신의 장래에 대해 하나님께 말씀을 듣던 중, 오랜 친구가 인도하는 집회에 초대를 받았습니다. 필이 목회했던 예전 교회가 주최한 행사였습니다. 10년 만에 처음으로 필이 그 교회 안으로 들어갔으니, 긴장감이 있었겠지요? 필은 제게 전화하여 하나님이 자기가 참석하기를 원하시는 것 같다고 말했지만, 매우 긴장하고 있었습니다. 기도 부탁을 받고 그를 위해 간절히 기도했습니다.

2주 뒤 같이 점심을 먹으러 만났을 때 필은 불편해 보였습니다. 예전 교회를 방문한 기분이 어땠는지 물으니, 마치 그곳을 떠난 적이 없는 것 같았다고 했습니다. 사람들이 자기를 안아주고 오랫동안 만나지 못했던 친구처럼 사랑으로 대해주었다고 말입니다. 제가 물었습니다. "그런데 왜 불안해하세요?" 그의 대답을 생각하면 지금도 빙그레 웃음이 납니다.

"브루스 목사님, 어찌할 바를 모르겠습니다. 제가 자유를 찾도록 도와주셔서 목사님께 정말 감사하고 있습니다. 목사님의 교회가 저를 받아준 것도 감사해서, 동역하며 도움을 드리고 싶습니다. 그런데 이상하게도 예전 교회로 되돌아가라는 하나님의 강권이 느껴져요. 옛 교인들이 팔 벌려 저를 환영해주었고, 모두 제가 돌아와서 함께하기를 원하고 있습니다. 그들이 저에 대한 모든 것을 용서했다는 확신이 들고, 하나님도 제가 돌아가길 원하시는 것 같아요."

저는 너무 기뻐 크게 웃었습니다. "목사님이 개척하신 교회가 목사님께 떠나라고 강요했는데, 이제 그 교회와 화해하는 과정에 계시고, 새로 오신 목사님과 모든 리더십이 목사님을 다시 초청하고 있다는 말씀이시네요? 제가 막아야 할까요? 당연히 가셔야지요."

며칠 뒤 필은 제게 전화를 걸어, 예전 교회에서 설교 부탁을 받았다고 전해주었습니다! 이것이 용서의 힘입니다.

이런 이야기를 나누는 이유가 무엇일까요? 사람들이 교회를 찾는 이유는 자유를 찾고 인생 문제의 해답을 얻기 위해서인데, 교회 안에서 벌어지는 갈등 때문에 우리가 전하는 용서의 메시지를 제대로 듣지 못하는 경우가 비일비재하기 때문입니다. 사람들은 평화의 왕에 대한 메시지를 귀로는 듣습니다. 하지만 다른 사람들과 관계하는 방식에서 그분의 평화를 증거하는 모습을 눈으로도 보고 있을까요? 사람들은 '우리가 파는 것을 과연 우리도 사용하고 있는지'를 알고 싶어 합니다. "용서가 그토록 대단한 것이라면, 당신은 왜 용서하지 않고 있습니까?"라고 묻는 겁니다. 그러니, 우리가 용서하지 않으면 복음을 전할 때 방해가 됩니다.

그렇다면 용서하기가 왜 그리 어려운 걸까요? 사실은 복음을 믿지 않기 때문이 아닐까요? 복음의 중심 메시지는 이것입니다. 예수 그리스도의 보혈이 모든 죄를 덮습니다. '우리에게 상처 입힌 죄들까지도' 말입니다. 과연, 우리는 이것을 믿고 있을까요? 정말 그럴까요?

예수님의 희생이 우리가 지은 모든 죄를 덮으신다는 사실은 마음에 듭니다. 복음에서 가장 좋아하는 부분입니다. 그러나 이 복음이 우리를 비방한 사람이나 우리 가족을 학대했거나 속인 사람에게도 해당된다는 사실도 기쁘게 받아들일 수 있나요? 모든 죄가 궁극적으로 하나님을 대적하는 거라고 믿는 걸까요? 용서와 관련하여 씨름해야 하는 핵심 질문은 이것입니다. 우리에게 상처 준 사람 대신 예수님이 치르신 죗값을 하나님은 만족하시는데, 아무리 그들의 죄가 우리에게 입힌 상처가 깊더라도, 우리가 무엇이기에 만족하지 않는 걸까요? **만일 예수님의 보혈이 우리를 만족시키기에 충분하지 않다면, 과연 무엇이 우리를 만족시킬 수 있을까요?**

용서를 우리 삶에 실제로 적용하지 못할 때 우리가 전하는 복음이 얼마나 힘이 없는지 우리는 알고 있는 걸까요? 장담하건대, 우리가 용서하지 못할 때마다 세상은 놓치지 않고 지켜보고 있습니다. 그러나 우리가 전하는 말의 진정한 힘은, 우리가 '우리에게 죄지은 자를 용서함'으로 그리스도의 구속하시는 사랑을 보여주는가에 달려있습니다. 우리가 올바르게 행할 때 우리를 지켜보고 있는 세상이 제일 먼저 알아봅니다.

세상이 지켜보고 있습니다

2006년 3월 2일, 찰스 칼 로버츠라는 사람이 펜실베이니아주 랭커스터 카운티의 바트 타운십에 있는 아미시(Amish: 메노나이트 교회에 속하는 보수적인 프로테스탄트 교회의 교파—옮긴이) 마을의 교실 한 칸짜리 건물인 웨스트 니켈 마인즈 학교 정문에 소형 오픈 트럭을 주차했습니다. 로버츠는 오전 10시 25분경 학생들을 인질로 잡았습니다. 얼마 지나지 않아 어린 소녀 10명을 남기고 나머지 사람들을 놓아주었습니다. 잠시 후 그는 소녀들에게 총을 쏘았고, 마지막으로 자신을 향하여 총구를 겨누었습니다. 3명의 소녀는 그 자리에서 숨졌고, 2명은 다음 날 아침 일찍 사망했으며, 5명은 위중한 상태로 병원에 이송되었습니다. 희생된 아이들의 나이는 6세에서 13세였습니다. 이 사건은 전국으로 빠르게 보도되었습니다. 죄 없는 어린 소녀들이 대량 학살된 소식에 전 국민이 경악했는데, 그 후에 일어난 일은 더 큰 충격을 주었습니다.

아직 총소리의 여운이 가시지도 않았는데, 슬픔에 빠진 부모들이 자기 딸들을 살해한 범인의 가족에게 용서의 말을 전했습니다. 그날 살해된 어떤 소녀의 할아버지는 젊은 친척들에게 살인자를 미워하면 안 된다고 주의하며 이렇게 당부했습니다. "우리는 이 사람을 나쁘게 생각해서는 안 된다."

또 다른 사람은 "그에게도 어머니와 아내 그리고 영혼이 있으며, 지금 그는 정의로우신 하나님 앞에 서 있습니다"라고 말했습니다. 로버츠 가족의 대변인은, 어떤 아미시 사람이 총기 사고가 난 지 몇 시간 지나지 않아 로버츠 가족을 위로하고 용서를 베풀었다고 했습니다. 또 다른 아미시 사람은 흐느끼는 로버츠의 아버지를 두 팔로 감싸고 위로했습니다. 아미시 공동체는 로버츠 가족을 위해서 자선기금을 마련했습니다. 그 공동체에서 30명이 로버츠의 장례식에 참석했습니다. 로버츠의 미망인인 마리는 아미시 사람들이 베풀어준 용서와 은혜와 자비에 대해 공개 편지를 썼습니다. "저희 가족을 사랑으로 감싸주셔서 치유가 절실했던 저희가 회복되었습니다. 여러분이 값없이 베풀어주신 은혜에 저희는 어떤 말로도 표현할 수 없는 감동을 받았습니다. 여러분이 베풀어주신 긍휼은 저희 가족뿐 아니라, 지역사회를 넘어서까지 영향을 미쳤으며, 그 이상으로 세상을 바꾸고 있습니다. 고개 숙여 깊이 감사드립니다."

슬프게도, 아미시 사람들이 너무 빨리 용서했다고 많은 사람이 비난했습니다. 뉘우치지 않은 죄를 용서하면 안 된다는 비난이었습니다. 그러나 그러한 비난은 아미시 공동체에 어떤 영향도 주지 못했습니다. 그들은 더 높은 목적을 알고 있었기에 즉시 용서할 수 있었습니다. 아미시 사람들은 하나님의 섭리와 주권을 굳게 믿습니다. 그들은 믿음을 의지하여 천진난만한 어린 여학생들이 그토록 끔찍하게 살해된 사건을 당하고서도, 모든 것을 하나님의 손에 맡기고 앞으로 나아갔습니다. 자식을 잃은 부모라면 누구도 피할 수 없는 깊은 고통을 아미시 부모들도 겪고 있었지만, 그들은 하나님의 주권적 은혜를 이해함으로 평화를 되찾았습니다. 〈윌로우〉(Willow)지 2007년 겨울호에서 도널드 D. 크레이빌(Donald D. Kraybill)은 아미시 사람들이 보여준 용서의 능력에 대해 이렇게 썼습니다.

> 그들은 고통받으시는 예수님의 모습을 보여줍니다. 예수님은 아무 불평 없이 십자가를 지시고 십자가에 달리셔서 자기를 고문하는 자들에게 용서를 베푸셨습니다. "아버지, 저들을 용서하소서. 저들은 자기가 하는 일을 알지 못하나이다." 주님이 본을 보여주신 것 이상으로 아미시 사람들은 예수님의 가르침을 실천하여 다른 뺨을 돌려댔고, 원수를 사랑하며, 일흔 번씩 일곱 번을 용서하고, 원수 갚음을 주님께

맡겼습니다.

보복과 앙갚음은 그들이 사용하는 단어가 아닙니다.

아미시 사람들은 다른 일에 대해서는 실용적이지만, 용서가 효과가 있는지는 묻지 않았습니다. 그저 대적하는 자 그리고 원수까지도 예수님이 대응하신 방법으로 용서를 실천하고자 했습니다.

아미시 사람들의 믿음, 그 밑바탕에 용서가 있기 때문에 교실 바닥에 피가 마르기도 전에 용서의 말을 살인자의 가족에게 전했습니다. 그들에게는 당연한 것이었습니다. 그것이 아미시 사람들의 행동방식이었기 때문입니다.

그토록 엄청난 용기를 내서 용서한 것은 끔찍했던 살인 사건만큼이나 세상을 놀라게 했습니다. 변화를 일으키는 용서의 힘은 니켈 마인즈 학교에서 흘린 피에서 흐르는 구원 사역이었습니다.[4]

용서를 하느냐 하지 않느냐는 극명한 차이를 만듭니다. 우리가 선포하는 메시지를 정작 우리가 믿는지 안 믿는지를 보여줍니다. 하나님을 향한 우리의 태도도 보여줍니다. 앞에서 말했듯이, 예수님은 단지 죽으시고 죽은 자 가운데 다시 살아나심으로 자신을 대단하게 보이고자 이 땅에 오신 것이 아닙니다. 주님은 죄를 대속하기 위해 오셨습니다. 그러나 이 것도 최종 목적이 아니었습니다. 구속사의 최종 목적은 하늘에 계신 성부 하나님의 영광입니다. 사탄이 아담과 하와를 꾀어 금지된 나무 열매를 먹게 함으로써 하나님께 불순종하게 했을 때 사탄은 성부 하나님의 영광을 앗아갔습니다. 그분은 인류를 창조하신 목적, 즉 우리 각 사람과의 친밀한 관계도 강탈당하셨습니다. 구속 과정의 궁극적인 목적은 마땅히 하나님의 소유였던 것을 되돌려드림으로써 하나님을 영화롭게 하는 것입니다. 빌립보서 2장 5-11절은 이렇게 확증합니다.

"너희 안에 이 마음을 품으라 곧 그리스도 예수의 마음이니 그는 근본 하나님의 본체시나 하나님과 동등됨을 취할 것으로 여기지 아니하시고 오히려 자기를 비워 종의 형체를 가지사 사람들과 같이 되셨고 사람의 모양으로 나타나사 자기를 낮추시고 죽기까지 복종하셨으니 곧 십자가에 죽으심이라 이러므로 하나님이 그를 지극히 높여 모든 이름 위에 뛰어난 이름을 주사 하늘에 있는 자들과 땅에 있는 자들과 땅 아래에 있는 자들로 모든 무릎을 예수의 이름에 꿇게 하시고 모든 입으로 예수 그리스도를 주라 시인하여 하나님 아버지께 영광을 돌리게 하셨느니라."

예수님이 행하신 모든 것은 성부 하나님의 명예와 영광을 위한 것이었습니다. 전부가 그렇습니다. 요한복음을 읽어 보면 예수님은 성부 하나님을 영화롭게 하시고 그분의 뜻을 행하기 위해 오셨다고 거듭 말씀하십니다. 예수님의 삶 전체가, 죽음과 부활까지도, 성부 하나님의 영광을 위한 것이었습니다.

복음을 간단하게 말하면 이렇습니다. 예수님은 우리의 죄를 용서하시고 우리를 하나님과 화목하게 하는 데 필요한 대가를 치르기 위해 오셨습니다. 예수님이 "다 이루었다"라고 말씀하셨을 때 그분은 성부 하나님을 영화롭게 하는 자신의 일을 다 이루셨다고 선포하신 것입니다. 인간의 죄악이라는 빚이 그분의 보혈로 덮였습니다. 예수님의 부활로, 하늘에 계신 성부 하나님은 예수님의 죽음을 죗값으로 만족하시고 인간의 죄를 용서하셨다고 선포하셨습니다. 다시 말해, 영광을 받으신 성부 하나님은, 성자 하나님의 보혈을 모든 죄를 대신하여 흘리신 것으로 받으심으로써 성자 하나님을 영화롭게 하신 것입니다. 우리가 용서를 선택할 때 우리는 복음 중심의 용서의 능력을 이해한다고 선언하는 것입니다. 우리는 '용서'를 이렇게 정의합니다. '용서는 예수 그리스도의 보혈로 내가 받았거나 앞으로 받을 수 있는 모든 상처에 대해 완전한 대가를 치르는 것입니다.'

당신은 어떻습니까? 당신도 용서의 능력을 통해 복음이 주는 자유를 경험하고 싶은가요?

하나님을 만족시키신 주님의 희생에 당신도 만족하겠습니까? 예수님의 마음으로 당신도 행하겠습니까? 하나님이 영광을 받으시도록 다른 사람을 용서하겠습니까? 당신 자신과 복음을 위해 용서하길 바랍니다. 동의한다면, 목소리를 가다듬고 혁명 구호를 외쳐보세요. "용서함으로 자유를!"

내리 용서 플러스

미국을 충격에 빠뜨린 용서

　복음 중심의 용서 개념을 계속 발전시키고 실천하면서 알게 된 사실이 있습니다. 용서는 삶의 모든 영역, 즉 개인, 가족, 교회, 공동체 그리고 문화적인 영역에 적용된다는 것입니다. 2006년 니켈 마인즈 학교 총격 사건에서 아미시 사람들이 용서하기로 선택한 지 9년 후, 또 다른 강력한 용서의 사건이 미국 전역을 충격에 빠뜨렸습니다.

　2015년 6월 7일 수요일, 딜런 루프(Dylann Roof)는 사우스 캐롤라이나주 찰스턴에 있는 유서 깊은 이매뉴얼 아프리카 감리교 성공회 교회의 지하실로 들어갔습니다. 이 교회는 1816년에 창립된 흑인 교회로서 '마더 이매뉴얼'(Mother Emanuel)이라는 애칭으로 불립니다. 남부에서 가장 오래된 AME(미국성공회) 교회로, 찰스턴에서 200년간 노예제와 인종차별에 맞서 싸워왔습니다.

　젊은 백인 남성, 딜런 루프는 마이라 톰슨(Myra Thompson)이 인도하는 성경공부에 슬그머니 들어가서 자리에 앉았습니다. 그는 성경공부 멤버들의 따뜻한 환영을 받은 후, 이 교회의 목사이자 주 상원의원인 클레멘타 C. 핀크니 옆에 앉았습니다. 톰슨 부인은 성경공부를 마친 후, 모두 일어서게 한 다음 기도회를 인도했습니다. 기도하려고 모두 눈을 감았을 때 자신을 백인 우월주의자로 자처한 21세의 이 청년은 글록 45 권총으로 77발의 탄환을 발사해 9명을 사살했습니다. 그의 눈은 비이성적인 증오로 가득했습니다. 그러나 그는 폴리 셰퍼드라는 교인은 살려두었습니다. 총격의 대상으로 이 교회를 선택한 이유가 단지 흑인의 피부색 때문이었다는 사실을 알리기 위해서였습니다.

퍼거슨, 볼티모어, 뉴욕 시티 그리고 노스 찰스턴에서 발생한 사건들로 촉발된 인종 갈등으로 벌어진 소요 사태 후 발생한 이 무자비한 살인 사건은 온 나라를 분노로 들썩이게 했고, 국민 모두를 불안에 빠뜨렸습니다. 교회에서 기도하던 흑인 남성과 여성들을 백인 우월주의자가 총으로 쏴 죽인 것보다 더 악랄한 일은 없을 것입니다. 세상의 시선이 찰스턴시, 특히 마더 이매뉴얼 교회에 쏠렸습니다. 그들은 어떻게 대응했을까요? 증오로 가득 찬 이 살인범은 인종 전쟁을 일으키겠다는 자신의 목표를 달성할 수 있었을까요?

루프는 사건 다음 날 체포되었고, 사건이 일어난 지 48시간도 지나지 않아 보석 심리를 받았습니다. 안전상의 이유로 딜런 루프는 영상 화면을 통해 재판정에 출두했습니다. 형식상의 개회 절차 후, 치안판사 제임스 고스넬은 희생자의 이름을 한 명씩 읽은 후 각 희생자의 가족이 법정에서 발언할 수 있도록 허락했습니다. 처음 두 가족은 이 제안을 거절했습니다. 그러나 제임스 고스넬 판사가 네이딘 콜리어의 가족에게 할 말이 있는지 물었을 때 놀라운 일이 일어났습니다. 네이딘의 딸 에델 랜스가 일어나, 자신의 어머니를 죽인 남자를 쳐다보며 눈물을 글썽이며 이렇게 말했습니다.

"나는 당신을 용서합니다. 당신은 나에게서 가장 소중한 것을 빼앗았어요. 나는 엄마와 다시는 이야기할 수도, 다시는 안길 수도 없게 되었어요. 하지만 나는 당신을 용서하고 당신의 영혼에 자비를 베풀겠습니다. 당신은 나와 많은 사람에게 엄청난 상처를 입혔습니다. 하지만 만약 하나님이 당신을 용서하신다면, 나도 당신을 용서합니다."[5]

다음으로 발언한 사람은 총격으로 살해된 성경공부 교사 마이라 톰슨의 남편인 앤서니 톰슨 목사였습니다. 더 자세한 이야기는 톰슨 목사가 쓴 책 『용서의 부름: 찰스턴 교회 총격 사건』(Called to Forgive: The Charleston Church Shooting)에서 찾아볼 수 있습니다. 다음은 그 운명적인 순간에 대해 그가 기술한 내용입니다.

고스넬 판사가 나를 '마이라 톰슨 교사의 가족 대표'로 부르면 어떤 말도 하지 않겠다고 마음먹었다.

나는 얼어붙었다.

말하고 싶지 않았다.

무슨 말을 해야 할지도 몰랐다.

딜런 루프를 힐끔 쳐다본 순간, 나는 내 이름을 부르는 익숙한 목소리를 들었다. 전에도 들어본 적이 있는 목소리였다. 의심할 여지 없이 하나님 아버지라는 것을 알았다.

'앤서니, 할 말이 있다'고 음성이 속삭였다.

나는 즉시 순종하고 일어섰다. 무슨 일이 일어날지 전혀 알 수 없었다.

재판관은 나를 쳐다보며 "선생님, 이 법정에서 할 말이 있습니까?"라고 물었다.

"네, 재판관님." 나는 대답했다.

"앞으로 나오세요." 고스넬 판사가 법정 앞으로 오라고 손짓했다.

내 아이들의 눈썹이 올라가고, 입이 벌어지는 게 보였다. 법정은 쥐 죽은 듯 조용하고, 방 안에 흐르는 생생한 고통과 긴장감이 거의 만져질 정도였다. 법정 앞에 다다랐을 때 나는 걸음을 멈추고 모니터로 딜런 루프의 얼굴을 바라보았다. 나는 그를 볼 수 있지만, 딜런은 구치소의 카메라 렌즈를 통해 고스넬 판사만 볼 수 있었다. 그러나 그는 법정에서 하는 모든 말을 분명히 들을 수 있었다.

심호흡을 하자, 하나님이 할 말을 입에 넣어주셨다.

"난 당신을 용서합니다"라고 딜런에게 말했다.

"그리고 우리 가족도 당신을 용서합니다."

나는 잠시 멈추고, 다음 말을 어떻게 이어갈지 망설였다.

"하지만 우리는 당신이 이 기회를 통해 회개하길 바랍니다. 회개하세요. 고백하세요. 당신의 삶을 가장 중요한 분인 예수 그리스도께 바치세요. 그래서 그분이 당신의 삶과 태도를 변화시킬 수 있도록 하세요. 그러면 무슨 일이 일어나더라도 당신은 괜찮을 겁니다. 그렇게 하면, 지금보다 더 나아질 겁니다."[6]

그날 법정에서 발언한 모든 가족은 오직 복음에서만 찾을 수 있는 은혜를 표현했습니다. 그리고 전 세계가 주목했습니다. 일부 사람은 너무 빨리 용서한 것을 비판했지만, 대부분은 유족들이 용서를 선택한 것에 경외감을 느꼈고, 찰스턴 지역 사회는 그들을 지지하고 그들의 모범을 따랐습니다. 그들은 증오와 분노를 증오와 분노로 되갚는 대신 사랑과 자비를 베풀었습니다. 그 결과, 인종 분열에 관한 이성적이고 직관적인 대화가 본질적인 대화와 결정으로 이어지는 동안 이 학살 사건을 모든 측면에서 비난할 수 있는 분위기가 조성되었습니다. 살해된 다니엘 시먼스 목사님의 손녀인 완다 시먼스가 청문회에서 감동적으로 말한 것처럼 인종 전쟁 대신 치유와 화해가 일어났습니다.

"제 할아버지와 다른 희생자분들이 증오로 목숨을 잃었습니다. 하지만 당신의 영혼을 위한 우리 모두의 탄원은 그분들의 삶에 대한 증거입니다. 그분들은 사랑 안에서 살았고, 그 사랑의 삶은 유산으로 살아있을 것입니다. 증오는 승리할 수 없습니다."7

비탄의 아픔 속에서도 용서하기를 선택한 이 신실한 가족들의 반응은 미국 전역을 충격에 빠트렸습니다. 정의를 외치는 분노의 목소리를 뒤집었기 때문입니다. 이는 희생자 유족들이 분노하지 않았거나, 범인이 사법 체계의 처벌에서 벗어나기를 원했다는 뜻도 아닙니다. 톰슨 목사의 책에는 그 끔찍한 범행의 여파로 느꼈던 모든 감정과 그것이 어떻게 표현되었는지가 자세히 설명되어 있습니다. 유족들은 너무 빨리 용서한 것에 대해 많은 비판을 받았습니다. 하지만 희생자 가족들은, 자신의 죄를 덮어준 복음이 그들에게 상처를 준 사람들의 죄를, 딜런 루프가 그 운명의 밤에 저지른 죄까지도 덮어준다는 믿음을 보여주었습니다. 톰슨 목사는 다음과 같이 표현했습니다.

나는 딜런을 너무 빨리 용서했다는 비판을 아직도 종종 듣습니다. 그의 폭력적인 범죄를 처리하거나 완전히 이해할 시간이 부족했다는 지적입니다. 어느 비평가는 '용서를 너무 단순화한 것은 이 사건의 심각성을 이해하지 못했기 때문'이라고 말하기도 했습니다. 그는 내가 어떻게 살인 사건이 발생한 지 이틀 만에 루프를 용서할 수 있었는지, 마이라의 죽음이 너무도 생생하고 고통스러워서 충격과 슬픔으로 멍한 상태였을 때 어떻게 용서할 수 있었는지 의아했을 겁니다.

하지만 나는 이 사건의 끔찍한 의미, 즉 내 가장 친한 친구이자 삶의 동반자를 그렇게 폭력적으로 빼앗겨버린 애통함, 슬픔 그리고 깊은 외로움을 정확히 알고 용서하기로 선택했습니다. 용서하겠다는 결정은 지나치게 단순화한 것이 아닙니다. 하늘 아버지께서 나에게 자비를 베풀어주신 것처럼, 나는 딜런의 끔찍한 죄를 용서하기로 했습니다.

나는 또한 '용서만이 비난과 고통의 순환을 멈추고 은혜를 베풀지 않는 사슬을 끊을 수 있다'는 것을 알고 있었고, 신약성경에 나오는 '용서'를 뜻하는 헬라어 단어가 문자 그대로 '풀어주다, 멀리 던지다, 자유롭게 하다'를 의미한다는 것도 알고 있었습니다. 사도 바울은 그리스도를 믿는 교인들에게 골로새서 3장 13절에서 "주께서 너희를 용서하신 것 같이 너희도 서로 그리하고"라고 명령하지 않았습니까? 나는 바울의 어려운 교훈을 따르려고 노력했습니다.

사람들은 살인 사건, 특히 인종주의라는 치명적인 질병으로 인한 살인 사건 이후, 이토록 빠르게 용서하겠다고 결정한 것에 충격을 받았습니다. 사람들은 묻습니다. "진정한 용서는 시간이 더 오래 걸리지 않나요? 용서는 길고 고통스러운 과정이고, 괴로운 여정이 아닌가요?"

저는 보통 성경이 가르쳐주는 용서는 하나님 말씀에 근거한 것이라고 대답합니다. 하나님의 약속이 참되다고 믿기 때문에 완전히 용서할 것을 의식적으로 선택했고,

많은 기도 끝에 용서했습니다. 만약 딜런 루프를 용서하지 않았다면 어떤 삶을 살게 될지 알고 있었습니다. 타락한 살인자의 악행에 상처받은 노예가 되어 영원히 피해자라는 고립된 존재로 남아 그의 악한 손아귀에서 벗어날 수 없을 것입니다. 그래서 은혜와 용서는 그토록 놀랍고 경이롭습니다. 용서와 은혜는 제 영혼을 자유롭게 하여 사랑과 자비 그리고 다른 사람을 향한 하나님의 사역으로 날아오를 수 있도록 해주었습니다. 네, 저는 용서를 선택했습니다.[8]

종종 "정의가 없으면 평화도 없다!"라는 외침을 듣습니다. 그러나 그들이 요구한 정의를 찾은 사람 중에 평화도 찾은 사람이 있었나요? **평화는 정의(justice)에서 오지 않습니다. 평화는 오직 십자가 불의(injustice)를 통해 옵니다. 불의한 이들이 의로워질 수 있도록 의로우신 분이 불의한 이를 위해 십자가 위에서 죽으셨습니다.** 진정한 정의와 참된 평화는 예수님이 대가로 치르신 보혈로, 우리가 받았거나 앞으로 받을 수 있는 상처를 온전히 치료할 때만 찾을 수 있습니다.

마더 이매뉴얼 교회 가족들이 빠르게 용서를 선택함으로써 십자가 복음의 능력이 세상에 드러났습니다. 그들이 보여준 것처럼 세상의 구원받은 모든 성도가 어떤 상처를 얼마나 깊이 받았는지에 상관없이 자동으로 용서를 선택하기를 바랍니다.

더 깊이 들어가기

1. **누가복음 24장 44-49절, 사도행전 26장 14-18절, 골로새서 1장 13-14절을 읽으세요.** 복음이란 무엇인가요? 용서는 복음과 어떤 연관이 있나요?

2. **사도행전 5장 29-32절을 읽으세요.** 우리는 복음의 증인으로 부름받았습니다. 예수님이 십자가에서 행하신 일을 본받지 못해 다른 사람을 용서하지 않는다면, 우리가 전하는 복음의 증거가 힘이 없다고 생각하나요? 이것이 사실이라고 깨달은 경험이 있나요?

3. **요한일서 2장 2절을 읽으세요.** 이 구절에서 "온 세상"은 무엇을 의미하나요? "온 세상"에서 제외되는 사람이 있나요?

4. 사도행전 13장 38-39절과 히브리서 9장 11절-10장 14절을 읽으세요. "예수 그리스도의 보혈이 모든 죄를 덮습니다. 우리에게 상처 입힌 죄들까지도." 이 문구가 당신에게 어떤 의미로 다가오나요?

5. **시편 51편을 읽으세요.** 모든 죄는 궁극적으로 하나님께 지은 것이라고 믿나요? 이 진리는 당신이 겪은 죄와 상처를 바라보는 시각을 어떻게 바꾸나요?

2부
예수님, 용서의 모델

4장

예수님은 용서하기로
미리 결정하셨습니다

적은 자본금으로 꽤 큰 성공을 거둔 제시는 워싱턴 D. C.를 본거지로 전 세계를 시장으로 삼아 통신 회사를 시작했습니다. 제시는 증명된 사업 모델을 무시하고 팀을 구성했습니다. 최고라고 평가받거나 통신 분야에서 잠재력이 큰 사람들을 고용하지 않고, 그야말로 사전 교육이 전무한 '어중이떠중이' 그룹을 선발했습니다. 그런데 제시를 제외한 모든 사람이 놀랄 만큼 사업이 폭발적으로 성장해서 경쟁사들을 깜짝 놀라게 했습니다.

창립 3주년을 맞이하여, 제시는 팀원들의 헌신과 공로를 치하하고자 그에 걸맞은 근사한 점심 식사를 계획했습니다.

짧은 기간에 팀원들의 기술과 능력이 해당 산업의 표준을 뛰어넘는 수준까지 도달했습니다. 누구도 상상하지 못한 진보를 이룬 것입니다. 그래서 제시는 축하 파티를 열기로 했습니다. 목요일 정오에 열리는 파티에 의무적으로 참석하라는 이메일을 전 직원에게 보냈습니다. 모든 업무를 멈추고 전화는 자동응답 서비스로 전환하여 모두가 함께 파티를 즐길 수 있도록 했습니다. 음식을 먹으며 업적을 기념하고, 미래의 비전을 선포하며, 회사의 성공을 축하하려고 했습니다.

행사가 있기 하루 전 수요일 밤에 제시는 늦게까지 일했습니다. 평소처럼 사무실에 마지막까지 남았습니다. 그날의 일과를 정리하면서 마지막으로 이메일을 체크했는데, 자금 관리 이사인 저드가 보낸 메일이 있었습니다. 저드의 경력과 지식 때문에 제시는 그에게 회계 업무와 회사 장부를 맡겼습니다. 저드는 회사 안팎의 사정을 속속들이 알고 있었고, 회사 안에서 최고의 자격을 갖추었다고 해도 좋을 사람이었습니다. 그는 회사가 성공에 이른 강점과 비밀이 무엇인지 알고 있었습니다. 하지만 제시는 그 이메일이 자기에게 보낸 것이 아님을 알고 충격을 받았습니다. 저드는 경쟁사에 이메일을 보내면서 실수로 제시에게도 참조로 보냈던 겁니다. 이메일에는, 저드가 파티가 열리는 날 오후 1시 15분에 경쟁사 사장과의 미팅을 확인한 내용이 있었습니다. 또한 제시와 그의 번창하는 사업을 비방하고 파괴하는 데 이용될 수도 있는 민감한 회사 서류를 넘기는 대가로 상대방이 제시한 보상금을 받아들이겠다고도 했습니다. 제시가 불법을 저지른 것은 아니지만, 이런 내부 정보가 조작되고 왜곡되면 범법 행위로 간주되어 제시의 명예가 훼손될 수 있었습니다. 게다가 경쟁사는 정치권과 연결되어 있기에 제시는 감옥에 갈 수도 있었습니다.

제시는 가까운 동료의 배신을 알고는 어찌할 바를 몰랐습니다. 저드는 왜 그랬을까요? 제시가 먼저 손 내밀어 기회를 주었는데 말입니다. 제시는 저드가 어려움을 겪을 때 도와주었기에 그를 믿고 있었는데, 이제 제시는 어떻게 해야 할까요?

제시는 몇 가지 방안을 떠올렸습니다. 첫 번째로 고려한 것은, 보안요원을 시켜 저드의 물건을 모두 챙겨 들고 문 앞에서 기다리다가 그가 도착하면 그의 자동차까지 에스코트 하는 것입니다. 두 번째 방안은 저드가 사무실에 도착했을 때 아무 말도 하지 않는 것입니다. 그러고 나서, 오찬이 한창 진행 중인 적절한 시점에 그의 추악한 배신을 세세하게 폭로하여 동료들 앞에서 궁지로 모는 겁니다. 보안 요원이

와서 저드를 건물 밖으로 데리고 나가게 조치를 취할 수도 있습니다. 사람들 대부분은 이 두 가지 방안 중 하나를 선택할 것입니다. 그러나 제시는 달랐습니다.

제시는 세 번째 방안을 선택했습니다. 다음 날 오찬에 저드가 도착했을 때 제시는 이메일에 대해 아무 말도 하지 않았습니다. 오히려, 그와 인사하고 포옹한 뒤 자리까지 안내하면서 극진히 맞이했습니다. 마음 편히 즐기라는 말도 해주었습니다. 마실 것도 가져다주었습니다. 그리고 오후 1시가 되자, 제시는 저드의 귀에 대고 속삭였습니다. "자네가 가야 할 미팅이 있다는 것을 아네. 지금 가게나. 자네의 빈자리는 내가 채우겠네." 저드가 자리를 뜰 때 사람들은 그가 사장에게 업무 지시를 받고 가는 줄 알았습니다. 제시는 회계담당자의 배신이 자신과 회사에 어떤 비용을 요구할지 너무나 잘 알았지만, 그가 가도록 두었습니다.

당신이라면 제시처럼 했을 것 같나요? 누군가 당신을 배신할 것을 미리 알게 되면 어떻게 하겠습니까? 모두 다 용서하고 배신으로 초래되는 불이익을 감당할 건가요? 예수님(제시)은 유월절 밤에 예루살렘에서 꼭 그렇게 하셨습니다. 그분(제시)은 유다(저드)의 발을 씻겨주셨습니다. 유다가 군인들을 이끌고 겟세마네 동산으로 그분을 잡으러 왔을 때, 예수님은 그를 친구라고 부르셨습니다. 당신이라면 유다의 배신 때문에 겪게 될 잔인한 고통을 미리 알았을 때 어떻게 했을까요? 예수님이 용서하신 것처럼 용서할 건가요? 미리 용서하기로 선택할 건가요?

이 책이 전하려는 메시지는 용서입니다. 책 제목을 '내리 용서'라고 정했는데, 독자가 용서하는 방법뿐 아니라 다른 사람이 용서하도록 돕는 방법도 배우길 바라기 때문입니다. 그러나 책 제목이 암시하는 것이 또 있습니다. '내리 용서'는 또한 용서하기로 미리 마음먹은 태도를 의미합니다. 예수님은 하나님 나라의 목적을 이루시기 위해 유다의 배신이 있어야 한다는 것을 아셨습니다. 사실, 유다는 그에게 할당된 사역, '배신의 사역'이 있었습니다. 예수님이 부당하게 체포되시려면 배신당하셔야 했습니다. 죽음에 이르시기 위해 부당하게 유죄 판결을 받으셔야 했습니다. 죽음에서 부활하시기 위해 죽으셔야 했습니다. 우리를 죄에서 구속하시기 위해 부활하셔야 했습니다. 유다는 배신의 대가를 크게 치렀지만, 누군가는 그 일을 해야 했습니다. 잊지 마십시오. **예수님은 성부 하나님을 온전히 신뢰하셨기에 유다가 배신하기 훨씬 이전에 미리 용서하실 수 있었습니다.** 이것이 '내리 용서'의 본질적인 특성입니다. 이것이 예수님이 용서하신 방식입니다.

우리가 따라야 할 모델

하나님은 용서'받은' 자가 용서'하기'를 기대하신다고 앞서 말했습니다. 선택사항이 아닙니다. 2장에서 살펴보았듯이, 마태복음 18장 말씀에 따르면 성부 하나님은 용서하지 않는 죄를 매우 무겁게 보십니다. 용서하되 올바르게 용서하는 것도 중요하므로 "어떻게 용서할 것인가?"라는 질문의 답이 필요합니다.

다행히 하나님은 우리에게 모델을 주셨습니다. 그 모델은 바로 예수님입니다. 바울은 이렇게 말했습니다.

"무릇 더러운 말은 너희 입 밖에도 내지 말고 오직 덕을 세우는 데 소용되는 대로 선한 말을 하여 듣는 자들에게 은혜를 끼치게 하라 하나님의 성령을 근심하게 하지 말라 그 안에서 너희가 구원의 날까지 인치심을 받았느니라 너희는 모든 악독과 노함과 분냄과 떠드는 것과 비방하는 것을 모든 악의와 함께 버리고 서로 친절하게 하며 불쌍히 여기며 서로 용서하기를 하나님이 그리스도 안에서 너희를 용서하심과 같이 하라"(엡 4:29-32).

다시 말해, 우리는 죽이는 말이 아니라 살리는 말을 해야 합니다. 다른 사람을 무너뜨리지 말고 세워주어야 합니다. 바울은 이어서 "하나님의 성령을 근심하게 하지 말라"라고 합니다. 거친 말을 할 때와 용서하지 않을 때, 악독과 악의를 가지고 살 때 우리는 성령을 근심하게 합니다. 악의는 보상을 원합니다. 악의는 복수하려고 합니다. 그러나 우리는 "서로 친절하게 하며 불쌍히 여기며 [굳은 마음을 갖지 말며] 서로 용서하기를 하나님이 그리스도 안에서 너희를 용서하심과 같이" 해야 합니다.

예수님이 용서하신 방식의 핵심 요소 중 하나는 이것입니다. "예수님은 절대 죄에 따라서 용서할지 말지를 결정하지 않으셨습니다." 사람과 죄를 분리해서 보셨습니다. 행위보다 사람에게 훨씬 더 많이 마음을 쓰셨습니다. 예수님은 죄는 미워하시지만, 죄인은 사랑하신다고 합니다. 반면에, 우리는 행위에 초점을 맞추고 죄의 정도를 따져서 용서할지 말지를 결정하는 경향이 있습니다. 그래서 이렇게 말합니다. "그것만은 절대 용서할 수 없어." "이번에는 정도가 지나쳤어. 그 행동은 용서받을 수 없어." 이것은 예수님이 가르쳐주신 용서의 방식이 아닙니다. 죄 자체보다 사람 그리고 그 사람의 자유가 주님께 훨씬 더 중요합니다. 예수님은 우리의 죄를 미워하시는 것보다 더 많이 우리를 사랑하십니다. 하지만 우리의 죄를 심히 미워하셨기 때문에 이 땅에 오셔서 우리의 죗값을 치르기 위해 죽으셨습니다.

예수님의 용서는 관계적인 개념입니다. 관계 회복을 위해 용서해야 합니다. 대부분 사고방식을 근본적으로 바꾸어야 가능한 일입니다. 그러나 일단 이 진리를 이해하게 되면 용서하는 능력에 혁명이 일어날 것입니다.

우리를 용서하시려고 예수님이 극단적인 방법을 취하셨음을 성경은 분명하게 밝힙니다. 예수님이 용서하신 방식을 특징짓는 중요한 세 가지 원칙이 있습니다. 앞으로 세 장에 걸쳐서 이 세 가지 혁신적인 방법을 살펴보겠습니다. 이번 4장에서는 '예수님은 용서하기로 미리 결정하셨습니다'라는 첫 번째 원칙을 분석하겠습니다. 5장은 어떻게 '예수님이 의도적으로 빚을 갚기로 결정'하셨는지 알려줍니다. 그리고 6장에서 어떻게 '예수님이 화해의 결정을 우리에게 위임'하셨는지 살펴보겠습니다. 이 원칙을 따르는 것은 매우 어렵습니다. 쉽지 않습니다. 단순하지만 쉽지 않습니다. 여러 가지 면에서 우리의 이해를 넘어섭니다. 그러나 하나님의 진리는 원래 그렇지 않나요? 하나님의 방법은 우리의 방법과 다릅니다. 그분의 생각은 우리의 생각보다 높지만, 우리가 이 새로운 패러다임을 이해하고 적용한다면 기적과 같은 변화가 일어날 것입니다.

아만다 이야기

용서와 관련하여 사람들의 흔한 오해 중 하나는 '용서하는 데 시간이 오래 걸린다'입니다. '용서는 과정이다'는 말을 신앙이 없는 상담가뿐 아니라 기독교 상담가들도 보편적으로 믿습니다. 논리는 이렇습니다. "상처가 깊을수록 회복되는 시간은 길어진다." "사소한 죄는 금방 용서할 수 있지만, 중대한 죄는 처리하고 용서하는 데 여러 해가 걸릴 수 있다." 심지어 어떤 죄는 "용서할 수 없다"라고 말하는 사람도 있습니다. 정말 그럴까요? 용서하는 속도는 상처의 깊이에 좌우될까요? '용서할 수 없는' 죄가 있는 걸까요?

얼마 전에 어떤 친구가 제 아내에게 15세 소녀 아만다를 만나줄 수 있는지 물었습니다. 아내는 아만다를 만나자마자 무표정하고 냉담한 아이의 눈을 보았습니다. 아만다의 사연을 들어보니 그 이유를 알 수 있었습니다. 몇 달 전에 먼 친척 한 명이 아만다를 잔인하게 폭행하고 강간한 것입니다. 아만다는 큰 고통으로 몸부림치며 이렇게 고백했습니다. "가족은 제가 이 모든 일을 견뎌내도록 사랑으로 감싸주며 애쓰고 있지만, 저는 그 사랑을 받을 수도 없고 사랑을 줄 수도 없어요. 제 속은 그냥 캄캄해요. 제 모든 것이 죽은 것 같아요." 그러나 제 아내가 20분 동안 하나님의 용서 프로토콜을 진행하고 나자 아만다는 가해자를 비롯해서 하나님이 생각나게 하시는 몇 사람을 용서하기로 선택했습니다. 가해자를 포함해 몇 사람을 위해 축복기도를 함으로써 그들을 용서했음을 입증했습니다. 그리고 기적 같은 일이 일어났습니다.

어두웠던 아만다의 눈에 기쁨이 가득했습니다. "마음이 가벼워요. 새사람이 된 것 같아요. 기분이 얼마나 좋은지 믿기지 않네요. 엄마한테 빨리 가서 말씀드려야겠어요." 처음 만났을 때 보았던 상처받은 사람의 모습이 아니었습니다. 15세 소녀가 감당하기 어려운 최악의 사건을 겪었지만, 아만다는 자유로워졌습니다.

용서는 결심입니다. 과정이 아닙니다. 용서는 감정이 아닌 결정입니다. 용서를 과정으로 보면, 용서를 죄와 연결 짓게 됩니다. 용서를 죄와 연결하면 범죄의 정도를 따지게 되고, 그 결과 범죄에 초점을 맞추게 됩니다. 그러나 용서를 결단으로 보면, 죄에 맞추었던 초점을 거두게 되어 상처는 우리를 붙들고 있던 힘을 잃습니다.

아만다는 용서에 숨겨진 핵심을 발견했습니다. 용서하는 결단력이 크면 클수록, 더 빨리 자유를 찾는다는 것입니다. 더 빨리 용서할수록, 그만큼 더 예수님처럼 용서하기 때문입니다. 앞에서 살펴본 것처럼 예수님은 일이 일어나기 전에 이미 용서하셨습니다. 용서하기로 미리 선택하셨습니다. 예수님은 우리가 그분께 죄를 짓기도 전에 우리를 용서하셨습니다. **예수님은 절대 죄에 따라서 용서할지 말지를 결정하시지 않았습니다.** 우리가 회개할 때까지, 심지어 우리가 죄를 지을 때까지 기다리시지 않았습니다. 그분은 우리가 태어나기도 전에 용서하기로 선택하셨습니다.

미리 용서하기

제가 성경에서 좋아하는 구절 중 하나는 에베소서 1장 3-14절입니다. 이 구절은 본래 바울이 헬라어로 썼을 때는 한 문장이었습니다. 그는 이 본문에서 하나님이 언제 용서하기로 선택하셨는지에 대한 답을 줍니다.

"찬송하리로다 하나님 곧 우리 주 예수 그리스도의 아버지께서 그리스도 안에서 하늘에 속한 모든 신령한 복을 우리에게 주시되 곧 창세 전에 그리스도 안에서 우리를 택하사 우리로 사랑 안에서 그 앞에 거룩하고 흠이 없게 하시려고 그 기쁘신 뜻대로 우리를 예정하사 예수 그리스도로 말미암아 자기의 아들들이 되게 하셨으니 이는 그가 사랑하시는 자 안에서 우리에게 거저 주시는 바 그의 은혜의 영광을 찬송하게 하려는 것이라 우리는 그리스도 안에서 그의 은혜의 풍성함을 따라 그의 피로 말미암아 속량 곧 죄 사함을 받았느니라 이는 그가 모든 지혜와 총명을 우리에게 넘치게 하사 그 뜻의 비밀을 우리에게 알리신 것이요 그의 기뻐하심을 따라 그리스도 안에서 때가 찬 경륜을 위하여 예정하신 것이니 하늘에 있는 것이나 땅에 있는 것이 다 그리스도 안에서 통일되게 하려 하심이라 모든 일을 그의 뜻의 결정대로 일하시는 이의 계획을 따라 우리가 예정을 입어 그 안에서 기업이 되었으니 이는 우리가 그리스도 안에서 전부터 바라던 그의 영광의 찬송이 되게 하려 하심이라 그 안에서 너희도 진리의 말씀 곧 너희의 구원의 복음을 듣고 그 안에서 또한 믿어 약속의 성령으로 인치심을 받았으니 이는 우리 기업의 보증이 되사 그 얻으신 것을 속량하시고 그의 영광을

내리 용서

찬송하게 하려 하심이라"(엡 1:3-14).

하나님은 우리를 용서하기로 언제 선택하셨습니까? 세상을 지으시기 전에 우리를 용서하기로 선택하셨습니다. 세상이 창조되기 전에, 물질이나 시간 또는 공간이 있기도 전에, 하나님은 우리가 죄지을 것을 아셨고, 이미 그때 우리를 용서하시고 우리를 거룩하고 흠 없게 하기로 정하셨습니다. 그저 "그 기쁘신 뜻대로" 우리를 자녀 삼으시기로 미리 작정하셨습니다. 우리를 그분과의 관계로 이끄신 것은 그분의 뜻이었습니다. 우리의 뜻이 아니었습니다. 그분의 생각이었지 우리가 내린 결정에 반응하신 것이 아니었습니다. 우리가 간구할 수 있기 오래전에 하나님이 결정하셨습니다. **그분 자신의 영광을 위하여 우리를 용서하시고 우리와의 관계가 회복되길 바라셨습니다.** 위에 언급한 성경 본문의 모든 내용이 하나님의 영광을 위하여 그분의 은혜로 정하신 선택이었으며, 하나님의 뜻과 결정이었음에 주목하십시오.

하나님은 세상의 기초를 놓으시기 전에, 그 어떤 것을 창조하시기도 전에, 당신과 제가 무엇을 할지 아셨습니다. 우리가 지을 모든 죄와 그분의 거룩하심을 침해할 우리의 모든 행위를 아셨습니다. 그 모든 것을 사전에 다 아셨지만,

"내가 그 대가를 지불하겠다. 내가 속량하겠다. 내가 그 모든 것을 용서하고 그들과 나의 관계가 회복되는 데 필요한 것이라면 무엇이라도 행하겠다"라고 선포하셨습니다. 다시 말하지만, 모든 것이 그분의 선택이고 뜻이며, 그분의 은혜로, 그분이 하신 일입니다. 우리가 죄지을 때까지 기다리셨다가 혼잣말이라도 "어라? 용서해줘야 하나? 용서가 가능한 죄 목록에 있는지 모르겠네. 처리하는 데 시간이 걸릴 수도 있어"라고 하지 않으셨습니다. 아닙니다! 하나님의 선택은 이미 오래전에 결정되었습니다. **우리를 향한 그분의 사랑은 우리의 죄를 미워하시는 것보다 더 큽니다.**

바울이 에베소 교인들에게 쓴 편지에 기록된 이 놀라운 구절은 태초에 천국에서 나누셨던 대화의 요약본입니다. 성부 하나님은 죄 많은 인간을 입양하기로 결심하셨습니다. 사람이 에덴동산에서 범죄하여 깨트린 관계를 하나님은 회복하기 원하셨습니다. 그러나 입양에 걸림돌이 있었습니다. 우리의 죗값이 문제였습니다. 누군가 그 값을 치러야 우리가 용서받을 수 있었습니다. 이때 예수님이 말씀하셨습니다. "아버지, 아버지께서 그들을 입양하실 수 있도록 제가 그 값을 치르겠습니다. 제가 그들의 빚을 탕감하는 데 필요한 비용을 감당하겠습니다."

그러자 성령님이 말씀하셨습니다.

"저도 이 일에 참여하고 싶습니다. 변호사 역할을 하겠습니다. 제가 서류 작업을 맡아서 빚이 탕감되었음을 보증하고 입양이 영원하다는 것을 확증하는 취소 불가한 계약서를 작성하겠습니다."

하나님이 우리의 죄를 용서하셔야만 우리가 입양될 수 있다는 것을 아시고, 이 모든 일이 이루어졌습니다. 우리가 태어나 첫 숨을 내쉬기도 전에 결정되었습니다.

예수님의 용서 모델은 '미리 용서하기'(pre-forgiveness)라는 개념을 포함합니다. 그분은 우리가 용서의 필요를 인정하기 오래전에 우리를 용서하기로 하셨습니다. 그분은 우리가 무엇을 할지 아셨습니다. "유다야, 네가 하려는 일을 어서 하여라." 나중에 겟세마네 동산에서는 이렇게 말씀하셨습니다. "친구여, 네가 하려는 일을 그대로 행하라." 충격적이지 않나요? 당신은 어떤지 모르지만, 저는 감정적으로 도저히 이해가 안 됩니다. 이 개념을 이해하려고 많은 시간을 씨름했습니다. 저의 신학교 교수님 한 분의 말씀처럼 "알고 있다고 해서 다 이해하는 것은 아닙니다." 하지만 진실이라는 것을 저는 압니다. 예수님이 당신과 저를 미리 용서하셨다는 증거는 확실합니다. 에베소서 2장을 계속 읽어보면 그 증거가 더 나옵니다.

"긍휼이 풍성하신 하나님이 우리를 사랑하신 그 큰 사랑을 인하여 허물로 죽은 우리를 그리스도와 함께 살리셨고 (너희는 은혜로 구원을 받은 것이라) 또 함께 일으키사 그리스도 예수 안에서 함께 하늘에 앉히시니 이는 그리스도 예수 안에서 우리에게 자비하심으로써 그 은혜의 지극히 풍성함을 오는 여러 세대에 나타내려 하심이니라 너희는 그 은혜에 의하여 믿음으로 말미암아 구원을 받았으니 이것은 너희에게서 난 것이 아니요 하나님의 선물이라 행위에서 난 것이 아니니 이는 누구든지 자랑하지 못하게 함이라 우리는 그가 만드신 바라 그리스도 예수 안에서 선한 일을 위하여 지으심을 받은 자니 이 일은 하나님이 전에 예비하사 우리로 그 가운데서 행하게 하려 하심이니라"(엡 2:4-10).

우리가 그 가운데서 행하게 하고자 선한 일이 언제 준비되었나요? 하나님이 미리 예비하셨습니다. 어떤 일이 있기 전에 준비되었나요? 우리가 화목하게 되기 전입니다. 죽음은 하나님과 분리됨을 뜻하고, 생명은 하나님과 연결됨을 뜻합니다. 우리가 하나님과 분리되어 있었을 때 하나님은 용서하기로 선택하셨습니다.

어떻게 그것이 가능할까요? 우리가 용서받는 데 필요한 모든 준비와 필요조건들이 예수님 안에서 완전히 충족될 수 있고, 또 우리가 그 하나님의 은혜를 믿음으로써 그분과 화목하게 될 것을 하나님이 아셨기 때문입니다. 사전에 계획이 있었던 것 같습니다. 예수님은 용서하시는 성품을 지니시고 이 땅에 오셨습니다. 구하는 자 누구에게라도 미리 값을 치른 용서 보따리를 풀기로 이미 결정하신 것입니다. 예수님은 우리도 미리 용서하기를 기대하십니다

몇 달 전, 친구 두 명과 점심 식사를 했습니다. 이야기를 나누던 중 스티브가 저에 대해 불편했던 마음을 고백했습니다. 저는 그런 갈등이 있는지 전혀 몰랐습니다. 스티브가 저를 잘못 판단하고 화를 품었던 것이었습니다. 그는 성령의 책망을 받고 회개했습니다. 회개했다는 것은 화난 일에 대해 '마음을 바꾸었다'는 뜻입니다. 친구는 저를 비판했다면서 용서해줄 수 있는지 물었습니다. "글쎄, 잘 모르겠어. 생각을 좀 해봐야 할 것 같아. 내가 연락할게." 예전 같으면 이렇게 말했을 수도 있지만, 그러지 않았습니다. 대신 이렇게 말했습니다. "당연히 용서하지. 나는 전혀 몰랐고, 이제 끝난 일이야." 이처럼 주님은 남들이 제게 행한 모든 일을 용서

하면서 살아가도록 가르쳐주십시오. 오해하지 마십시오. 저도 아직은 때때로 허우적거립니다. 그러나 상처를 안고 살기보다 용서하는 편이 훨씬 더 자유롭게 한다는 것을 알게 되었습니다. 스티브의 고백에 대해 용서한 후, 그날 모인 저희 세 명은 근사한 식사를 했습니다. 친구는 자유로워졌고, 저도 자유로웠으며, 웨이트리스는 팁을 후하게 받았습니다.

마이크와 조나단 이야기

마이크도 미리 용서하기의 능력과 자유를 체험으로 알게 된 사람입니다. 마이크 회사의 직원이었던 조나단은 또래 청년들처럼 자신의 신앙에 대해 고군분투한 젊은이로서, 오랫동안 영적 싸움을 했습니다. 겉으로는 괜찮아 보였지만, 지난날 은밀히 관여했던 여러 가지 좋지 않은 일을 속으로 감춘 채 겉으로는 아닌 척했습니다. 하지만 범상치 않은 일들이 연이어 일어나는 가운데, 주님이 그의 마음을 만지셨고, 그는 그리스도를 인격적으로 만나서 놀랍게 변화되었습니다. 어느 날, 조나단이 찾아와 이렇게 말했습니다. "제게 문제가 있는데 어떻게 해야 할지 모르겠습니다. 저 좀 도와

주시겠어요?" 그는 이전에 마이크의 회사에서 일할 때 회사에 손해를 입히고도 그냥 넘어갔다고 고백했습니다. 감쪽같이 속인 겁니다. 그는 지금 그 회사 직원이 아니고, 재고용되지 않은 이유도 그 범법 행위와는 관련이 없었습니다. 회사는 그가 무슨 일을 저질렀는지 몰랐으며, 찾아낼 방법도 없었습니다. 그러나 조나단 자신이 알고 있었고, 주님도 알고 계셨습니다.

"그래서 어떻게 해야 할 것 같나?" 제가 물었습니다.

"바로잡아야지요. 사장님께 말씀드려야 합니다. 용서를 구하고 저의 잘못에 대해 보상해야 합니다." 그가 말했습니다.

"보상액이 얼마나 되겠나?"라고 물으니 그가 액수를 말했습니다. "그만한 돈이 있나?"

"딱 그 정도 있습니다. 다 갚고 나면 빈털터리가 되겠지만, 바로잡아야 합니다." 그는 확고했습니다.

"동감일세."

여기서 끝이 아닙니다. 더 훈훈한 이야기는 나중에 조나단이 마이크를 만났을 때 일어났습니다. 두 사람이 만난 자리에서 조나단이 자기 죄를 고백하자 마이크는 크게 놀랐습니다. 그 일에 대해 전혀 몰랐기 때문입니다. 조나단이 마이크에게 배상금을 건네며 물었습니다. "저를 용서해주시겠습니까?" 그 후에 엄청난 일이 전개되었는데, 예수님도 기뻐하며 웃으셨을 겁니다. 마이크가 말했습니다. "조나단, 당연히 용서하네. 나는 누구든지 무슨 일이든지 즉시 용서하며 살기로 결심했네. 그래서 오늘 아침 이 자리에 오기 전에, 자네가 무슨 말을 하더라도 용서하기로 이미 작정했다네. 자네는 용서받았네." 그들은 부둥켜안고 화해했습니다. 굉장합니다! 그런데 잠시만요, 더 있습니다. 당시에 조나단은 계획한 바가 있어서 다른 지역으로 이사하려던 중이었습니다. 마이크가 몇 군데 전화를 걸어서 이 젊은이가 절실히 필요로 하는 새 직장을 얻도록 도와주었습니다. 또한 그가 이사하기 전까지 자기 집과 관련한 몇 가지 일을 맡기고 보수를 주었습니다. 조나단을 용서하고 축복함으로써 마이크는 '미리 용서하기'의 태도로 하나님의 마음을 보여주었습니다. 이것이 바로 예수님이 우리에게 따르라고 보여주신 모델입니다.

당신은 어떤가요? 미리 용서하기로 결정한 '결정용서자'(pre-forgiver)가 될 준비가 되었습니까? 용서하기 힘든 조나단 같은 사람이 당신에게도 있습니까? 또는 앞으로 유다같이 될 가능성이 있는 사람이 당신 눈에 보입니까?

예수님이 바로 지금, 과거의 상처뿐 아니라 장래에 받을 상처도 용서하기로 결단하라며 우리를 부르고 계십니다. 고통을 느끼지 않는다거나 상처가 아프지 않을 것이라는 뜻은 아닙니다. 예수님은 말할 수 없는 고통을 겪으셨습니다. 고통을 예상하셨지만, 그래도 미리 용서하셨습니다. 정말 급진적인 일입니다. 그러나 모든 혁명은 이처럼 급진적인 리더를 본받아 급진적인 생각과 급진적인 결정으로 일어나지 않나요?

내리 용서 플러스

마리카 이야기

2016년, 우리는 이스라엘 예루살렘에 있는 나르키스 스트리트 교회에서 강연할 예정이었습니다. 우리는 아직 인사를 나누지 못한 그 교회 목사님을 한 친구의 소개로 만났습니다. 교회에 들어서자 로비에 있던 여성 두 명이 우리를 맞아주었습니다. 한 명은 교회 안내자로 커피를 준비하고 있었고, 다른 한 명은 모임 시간보다 일찍 도착한 마리카였습니다. 저(토니)는 가져온 자료들을 테이블에 놓으며 준비하기 시작했습니다. 『내리 용서』의 히브리어와 아랍어 번역본도 있었습니다. 우리가 왜 여기 있는지, 무엇을 가르칠 계획인지 마리카가 물었습니다. 테이블 위에 놓인 『내리 용서』 책을 보더니 이렇게 말했습니다. "오, 저는 용서를 정말 좋아해요! 용서는 제가 좋아하는 주제 중 하나예요. 저는 용서에 관한 큰 이야깃거리를 가지고 있어요. 들어보실래요?"

우리는 언제나 용서 이야기를 듣고 싶어 하기 때문에 제가 대답했습니다. "듣고 싶어요!" 그날 마리카가 나눠준 이야기는 다음과 같습니다.

마리카는 네덜란드 출신의 76세 독신 여성입니다. 30년 전, 고아원에 있는 아랍 아이들을 돌보고 예수님께로 인도하기 위해 하나님이 그녀에게 네덜란드에서 이스라엘로 오라고 말씀하셨습니다. 그녀는 지난 수년 동안 30명 이상의 고아를 양육했습니다.

우리가 대화를 나눴던 때로부터 약 18개월 전, 마리카는 예루살렘에서 버스를 타고 업무를 보러 가는 중이었습니다. (버스는 예루살렘에서 주요 교통수단입니다.) 마리카는 버스 중앙 유리문 옆에 자리를 잡았습니다. 버스가 출발하기 직전, 아랍 남성 두 명이 버스에 올라탔습니다. 한 명은 버스 앞쪽에 앉았고, 다른 한 명은 그녀의 맞은편 중간에 앉았습니다. 버스가 움직이기 시작하자, 앞에 앉아 있던 남자가 자리에서 일어나 총을 쏘기 시작하자 사람들이 비명을 지르며 쓰러졌습니다. 마리카 옆에 있던 남자는 그녀 위로 뛰어올라 그녀를 다섯 번 찔렀습니다. 그녀가 죽었다고 생각하자 그는 다른 사람에게 달려들었습니다. 마리카는 큰 충격을 받았습니다. 그녀는 어떻게 해야 할지 몰랐습니다. 앞쪽에 있던 남자가 그녀를 향해 걸어오고 있었습니다. 그녀는 '죽은 척해야 하나? 도망가야 하나?' 하고 망설였습니다. 그러다 그녀 옆의 유리문이 총알로 산산조각 난 것을 알아챘습니다. 그녀는 도망치기로 했습니다.

마리카는 비틀거리며 문 밖으로 탈출해 거리로 달리면서 하나님께 외쳤습니다. "주님, 도와주세요!" 하나님의 응답은 충격적이었습니다. 그녀가 들었다고 생각한 하나님의 말씀은 이러했습니다. "주님께서는 저에게 '너를 죽이려 한 그 남자를 용서하기 전에는 너에게 도움의 손길을 보내지 않을 것이다'라고 말씀하셨습니다." 마리카는 저를 바라보며 말했습니다. "아시다시피, 방금 나를 죽이려 한 사람을 용서하는 것은 어렵습니다."

"상상도 할 수 없지요!" 제가 할 수 있는 말은 그것뿐이었습니다.

그녀는 계속 말했습니다. "주님께서 저에게 말씀하셨습니다. '방금 너를 죽이려 한 남자를 용서하면 모든 것이 잘될 것이다.'" 그래서 그녀는 용서했습니다.

그녀는 저에게 용서는 선택이며, 즉시 해야 한다고 말했습니다. "그것이 예수님이 하신 일이죠, 그렇죠?"

그를 용서한 직후, 한 유대인 남자가 벤츠 승용차를 타고 와서 차에서 내린 다음, 셔츠를 벗어 그녀의 상처를 감쌌습니다. 그리고 그녀를 차에 태워 병원으로 데려갔습니다. 그녀가 응급실로 실려 들어가면서 고맙다는 말을 하려고 돌아봤을 때, 그는 사라지고 없었습니다. 마리카는 응급실에서 가해자 중 한 남자와 커튼 몇 개만 치면 닿을 수 있는 곳에서 치료를 받았습니다.

이 총격 사건으로 몇 명이 목숨을 잃었습니다. 살아남은 사람 중에서 그녀가 입은 부상이 가장 심각했지만, 가장 빨리 회복되었습니다. 회복되는 동안 병원의 위기 대응팀은 상담사를 여러 명 보내서 그녀를 만났습니다. 마지막 상담을 하는 날, 그들이 그녀에게 물었습니다. "질문을 하나 드리겠습니다. 이해되지 않는 부분이 있습니다."

"뭐가 이해되지 않으시죠?" 그녀가 물었습니다.

"다른 환자들은 아무도 당신만큼 회복하지 못했어요. 당신만 이렇게 잘 회복된 이유가 있을까요?"

그녀가 대답했습니다. "저는 용서했답니다."

마리카의 이야기는 우리가 그날 아침 집회에서 무엇을 가르쳐야 하는지 확증해주었습니다. 용서는 과정이 아니라 결심입니다. 하나님이 용서하라고 말씀하신 즉시 마리카는 용서했습니다. 기다리지 않았고, 죄와 죄인을 구분하여 생각했으며, 하나님이 요청하신 대로 즉각 용서했습니다. 이는 하나님이 우리 각자에게 요구하시는 것입니다.

더 깊이 들어가기

1. **에베소서 4장 29-32절을 읽으세요.** 예수님이 가르쳐주신 용서를 배우는 데 이 구절은 왜 중요한가요?

2. "예수님은 절대로 죄에 따라서 용서할지 말지를 결정하지 않으셨습니다." 때로는 우리가 받은 상처를 뒤로하고 우리를 해친 사람의 본질적 가치(intrinsic value)를 보는 것이 어렵습니다. 왜 우리는 사람의 존재 가치(who they are)보다 그의 행동을 더 중요하게 여기는 걸까요? 하나님의 관점은 무엇이라고 생각하나요?

3. "예수님은 용서하기로 미리 결정하셨습니다." 제시의 이야기는 예수님과 유다의 관계를 비유적으로 표현한 것입니다. 예수님은 유다가 자신을 배신할 것을 아시면서도 핵심 그룹에 들어오게 하셨습니다. 이는 용서에 대한 당신의 태도에 어떤 영향을 미칩니까?

4. **에베소서 1장 3-14절을 읽으세요.** 예수님은 우리가 죄를 짓기 전인 "창세 전에" 우리를 용서하기로 결정하셨습니다. 우리가 예수님의 본을 따른다면, 잘못한 사람이 뉘우칠 때까지 기다렸다가 용서해야 할까요?

5. "용서는 결심입니다. 과정이 아닙니다." 용서를 감정이 아니라 결정하는 행위로 본다면 용서하는 방식이 어떻게 달라질까요?

5장

예수님은 우리의 빚을 갚기로 작정하셨습니다

성경에 나오는 인물들과 마주 앉아서 이야기할 수 있으면 좋겠습니다. 성경을 읽다 보면 등장 인물에게 묻고 싶은 게 많습니다. 모세에게는 그가 강연자로서 대중 강연의 불안과 두려움을 어떻게 극복했는지 묻고 싶습니다. 말을 더듬는 문제가 있던 모세는 당시 최고 권력자인 바로 앞에서 담대하게 말하는 사람으로 바뀌었고, 민족 전체를 대표하는 대변인이 되었습니다. 이런 놀라운 삶을 살았던 당사자에게서 어떻게 그런 일이 일어날 수 있었는지 듣고 싶습니다.

리더인 나단 선지자에게는 간음과 살인을 도모한 다윗 왕의 음모를 책망하는 게 어땠는지 묻고 싶습니다. 왕을 대면해서 질책할 수 있는 용기가 생길 때까지 그는 왕실 밖에서 얼마나 오래 서성거렸을까요? 왕의 '과오'를 못 본 체하고픈 유혹은 또 얼마나 강했을까요? 사도 바울을 만난다면 정말 멋질 것 같습니다. 한때 그가 죽이려고 하던 사람들에게, 하나님이 자기를 지도자로 세우려고 하신다는 것을 어떻게 납득시킬 수 있었을까요? 베드로의 위선을 책망할 용기는 어디서 나왔을까요?

다윗과의 대화도 재미있을 것 같습니다. 압살롬이 반역해서 왕좌를 빼앗으려 했을 때 기분이 어땠는지 묻고 싶습니다. 형제간 경쟁에 대해 뭐라고 조언할지, 솔로몬은 얼마나 똑똑했다고 말할지도 궁금합니다. 하지만 제가 스타벅스 한쪽에 자리 잡고 차이티라떼를 마시며 오래도록 이야기를 나누고 싶은 사람은 바로 누가복음 15장에 나오는 탕자의 아버지입니다. 사실, 이 이야기는 불량한 아들이 아닌 아버지가 주인공인 것 같습니다. 이 자비로운 분과 마주할 수 있다면 묻고 싶은 질문이 정말 많습니다.

이야기 줄거리는 이렇습니다. 어느 부유한 사람에게 아들이 두 명 있었습니다. 둘째 아들이 아버지에게 말했습니다. "아버지, 제 몫의 유산을 주세요. 돌아가실 때까지 기다리지 않고 지금 받고 싶어요. 제 몫을 주시면 제 갈 길로 가겠습니다." 제가 이 아버지에게 묻고 싶은 질문 중 하나는 아들의 노골적인 무례함에 어떻게 대처했는가입니다. 아들의 말은 "아버지, 당신은 제게 죽은 사람과 다름없어요"라는 의미입니다. 아들이 아버지에게 할 수 있는 최악의 모욕입니다. 아버지라면 누구든 탕자 아버지의 마음에 차올랐을 감정에 공감할 것입니다. 그분께 묻고 싶습니다. "아들이 유산을 미리 달라고 했을 때 마음이 어떠셨나요? 어떤 생각이 드셨어요? '그래'라고 대답하시기까지 시간이 얼마나 걸렸나요?"

보통의 아버지들은 이렇게 말했을 겁니다. "어림없는 소리다, 아들아. 유산은 바라지도 마라. 유언장에서 네 이름을 빼버리겠다." 하지만 이 아버지는 그렇게 하지 않았습니다. 아들을 사랑하고 긍휼히 여기는 마음이 있었기에 아들이 원하는 대로 해주었습니다. 어떻게 그럴 수 있었는지 그 이유를 알고 싶습니다.

둘째 아들은 받은 돈을 가지고 뛰쳐나갔습니다. 자기 물건을 모두 싸 들고 사라졌습니다. 아버지는 수개월 동안 아들을 보지 못했습니다. 카페에서 그런 아버지를 인터뷰하는 모습을 상상해봅니다. 아들이 돌아오기를 기다리는 동안 마음이 어땠고, 또 어떻게 지냈는지 말씀하실 때는 아마

저도 모르게 몸이 테이블 쪽으로 기울어졌을 것 같습니다. "혹시 '내가 무슨 생각을 한 거지? 그 돈을 다 주다니!'라고 생각하신 적이 있나요?" "현관 앞을 서성거리신 시간이 얼마나 됩니까?" "아들이 집으로 돌아올 것을 어떻게 아셨나요?" 호기심으로 가득 차 이런 질문들을 할 것 같습니다.

이야기의 결말로 가보겠습니다. 청년은 유산을 다 탕진하고 돼지가 남긴 음식을 먹는 신세가 되었습니다. 유대인 청년이 할 수 있는 가장 천한 일이었습니다. 인생의 밑바닥에서, 자신의 아버지가 얼마나 자애로운 분인지 생각했을 것입니다. 결국 그는 아버지 집으로, 아들이 아닌 종의 신분이 되어 돌아가기로 결심했습니다. 아버지가 종을 어떻게 대하시는지 알기 때문에 종으로 있더라도 잘 대해주실 거라고 생각했던 겁니다. 아들이 집으로 돌아가면 안전할 거라고 생각한 이유가 궁금합니다. 아버지의 어떤 점 때문이었을까요?

아버지에게 받은 상처로 괴로워하는 사람을 많이 만났습니다. 이런 상처를 받은 사람은 나이와 상관없이 자신이 아버지의 기대에 미치지 못했다고 생각합니다. 그래도 많은 경우, 사람들이 인생에서 바닥을 쳤을 때 마지막으로 가는 곳은 집입니다. 엉망진창이 된 후에라도 마지막으로 마주하고 픈 사람이 아버지이기 때문입니다.

'뭔가 잘못하면 대가를 치러야 한다' 혹은 '감옥에 가기 싫으면 죄를 짓지 말아야지'라고 흔히 생각합니다. 누가복음 15장에 나오는 자애로운 아버지와 같은 상황에 있다면, 과연 우리도 집 앞에 서서 아들이 돌아오기만 기다릴까요? 글쎄요, 의구심이 듭니다. 어쩌면 진짜 뉘우치는지 보려고 아들이 하는 말에 귀 기울이지 않을까 싶습니다. 솔직히 말해서 우리 대부분은 종으로 여겨달라는 아들의 요청대로 종으로 지내며 대가를 치르게 한 뒤 아들을 제자리로 돌아오게 할 것입니다. 짧은 동안이라도 종살이를 시킨 뒤에 말입니다. 일반적으로는 체험을 통해 교훈을 얻게 하고, 그것을 확인하는 것이 맞다고 생각합니다. 이때 십자가는 거의 고려하지 않습니다.

본문의 아버지는 달랐습니다. 아들이 그토록 깊은 상처를 주었는데도 아들에게 달려간 이유는 무엇일까요? 정말 궁금합니다. 아들에게 달려가 안아주고, 집으로 데리고 와서는 자기 방을 다시 쓰게 하고, 새 옷과 반지를 주었으며, 환영 잔치를 열었습니다. 아버지는 그를 아들로 다시 받아들이는 데 필요한 모든 것을 베풀었습니다. 한마디로, 아버지는 이 모든 일을 하면서 아들의 빚을 청산하고 있었던 겁니다. 왜 그랬을까요? 제 생각에 아버지는 이렇게 대답할 것 같습니다. 아들을 용서하고 회복을 위한 대가를 치르겠다는 결심은 아들이 돌아온 날이 아니라 아들이 떠나던 날, 이미 했기 때문이라고. 탕자의 아버지는 아들을 용서할 것을 미리 결정했고, 아들의 빚을 감당하기로 작정했다고 말할 것입니다. 즉, 아버지는 아들이 진 빚이 얼마든 간에 그 이상으로 아들을 사랑했던 것입니다.

반란(Rebellion)은 언제나 빚을 남깁니다. 상처는 언제나 흔적을 남깁니다. 몸이든 감정이든, 타인에게 받은 상처는 상흔이 남을 수 있습니다. 죄는 관계의 문제를 야기합니다. 탕자 아버지의 경우에도 그러했고, 오늘날도 마찬가지입니다. 이미 살펴본 여러 이야기도 동일합니다. 제 아버지가 거절이라는 상처를 받으셨을 때, 가깝게 지내던 두 친구와의 관계가 단절되었습니다. 사라가 겨우 세 살 때 당한 성폭행의 상처는 56년이 지난 뒤에도 없어지지 않았습니다. 남자 친구가 자기를 떠나 다른 남자에게로 간 것을 알았을 때, 엠마는 깊은 상처를 받았습니다. 필은 불순종의 대가로 가족을 잃었습니다. 딸 다섯 명을 잃은 아미시 공동체는 사건이 일어나기 전으로는 절대 돌아갈 수 없을 것입니다. 사연은 끝이 없습니다. 죄는 그런 식입니다. 이 세상에 죄가 처음 들어온 뒤로 지금까지 그래왔습니다.

실낙원

하나님은 아담과 하와가 완벽한 삶을 살도록 에덴동산에 모든 것을 갖춰주셨습니다. 하나님과의 관계를 유지하는 조건은 그분을 예배하고 믿는 것 외에는 아무것도 없었습니다. 바꿔 말하면, 모든 만물의 주인이신 주님이 받으시기에 마땅한 반응으로 그분께 영광을 돌려야 했습니다. 영광과 찬송은 하나님이 인간에게 요구하신 유일한 것입니다. 사람이 하나님을 영광의 하나님으로 여기는 것은 당연했습니다. 그러나 사람이 죄를 지었을 때, 하나님은 사람의 삶에서 찬양받으시는 자리를 빼앗기셨습니다. 한마디로 사람은 하나님께만 속한 것, 즉 그분의 영광을 하나님에게서 훔치고 말았습니다. 그리하여 영원한 빚이 생겼습니다. 사람이 스스로 갚을 수 없는 빚을 하나님께 지게 되었습니다.

조나단 에드워즈(Jonathan Edwards)는 자신의 대표 논문인 『하나님의 천지창조 목적』(*The End for Which God Created the World*, 솔로몬 역간)에서 하나님이 세상과 세상의 모든 것(사람을 포함하여)을 창조하신 목적은 그분 자신이 영광을 받으시기 위해서라는 논지를 확고하게 주장합니다. 웨스트민스터 교리문답의 첫 번째 질문은 이렇습니다. "사람의 첫째 되는 목적은 무엇입니까? 사람의 첫째 되는 목적은 하나님을 영화롭게 하는 것과 영원히 그를 즐거워하는 것입니다." **우리는 하나님을 영화롭게 하기 위해 창조되었습니다.** 창조주 하나님께 최고의 영광을 올려드리는 것은 우리의 의무입니다. 영광이란 어떤 사람이나 물건에 그가 마땅히 받아야 할 명예와 가치를 부여하는 것을 의미합니다. 아담이 하나님을 믿지 않고 하와의 말을 듣기로 선택했을 때 하나님의 명예가 손상되었습니다. 하나님을 믿지 않기로 선택함으로써 아담은 하나님이 '가치 없다' 또는 '영광스럽지 않다'는 뜻을 내비친 것입니다. 아담은 하나님이 신뢰할 만하지 않다고 말한 셈입니다. 하나님과 그분의 거룩하심을 믿고 신뢰하지 못했기에 아담은 하나님께 영광을 '빚지게' 되었습니다. 사람이 타락해서 빚을 졌다는 것은, 우리의 궁극적인 목적을 이룰 수 없게 되었음을 의미합니다. 하나님께 온전한 신뢰와 명예와 영광을 올려드려야 하는데, 우리가 완전하지 않으니 '부족한 자원'으로 하나님의 의로우신 요구를 충족시킬 수 없기 때문입니다. 이로 인해 천국은 심각한 딜레마에 빠졌습니다.

하나님의 궁극적인 목적은 온전한 영광을 받으시는 것이었습니다. 이 목적이 성취되려면, 사람이 하나님의 영광을 드러내야 했습니다. 하나님의 공의는 채무의 변제를 요구했습니다. 하나님의 사랑과 자비는 화해를 요구했습니다. 하지만 갚을 수 없는 빚을 어떻게 갚겠습니까? 용서받을 수 없는 빚을 어떻게 용서받을 수 있겠습니까? 이것이 지난 장에서 살펴본 에베소서 1장의 대화가 이루어진 배경입니다.

세상이 창조되기 전에 하나님은 사람이 죄지을 것을 이미 아셨습니다. 또한 죗값을 해결하기 위해 사람이 아무것도 할 수 없음도 아셨습니다. 하나님의 아들이 나서서 말씀하셨습니다. "아버지, 아버지의 영광이 찬양받으시도록, 아버지께서 사람과 화해하시도록, 제가 인류를 대신하여 죄의 빚을 갚겠습니다." **예수님은 이렇게 우리의 빚을 갚기로 작정하셨습니다.** 우리가 태어나 우리의 죄 문제를 해결하기 위해 무엇인가 행동을 취하기도 전에 예수님이 확실하고 세심한 결정을 하셨다는 사실에 주목해야 합니다. 성경에는 이를 증거하는 구절이 많습니다.

"우리가 아직 연약할 때에 기약대로 그리스도께서 경건하지 않은 자를 위하여 죽으셨도다 의인을 위하여 죽는 자가 쉽지 않고 선인을 위하여 용감히 죽는 자가 혹 있거니와 우리가 아직 죄인 되었을 때에 그리스도께서 우리를 위하여 죽으심으로 하나님께서 우리에 대한 자기의 사랑을 확증하셨느니라"(롬 5:6-8).

"만일 우리가 그리스도와 함께 죽었으면 또한 그와 함께 살 줄을 믿노니 이는 그리스도께서 죽은 자 가운데서 살아나셨으매 다시 죽지 아니하시고 사망이 다시 그를 주장하지 못할 줄을 앎이로라 그가 죽으심은 죄에 대하여 단번에 죽으심이요 그가 살아 계심은 하나님께 대하여 살아 계심이니 이와 같이 너희도 너희 자신을 죄에 대하여는 죽은 자요 그리스도 예수 안에서 하나님께 대하여는 살아 있는 자로 여길지어다"(롬 6:8-11).

"너희 안에 이 마음을 품으라 곧 그리스도 예수의 마음이니 그는 근본 하나님의 본체시나 하나님과 동등됨을 취할 것으로 여기지 아니하시고 오히려 자기를 비워 종의 형체를 가지사 사람들과 같이 되셨고 사람의 모양으로 나타나사 자기를 낮추시고 죽기까지 복종하셨으니 곧 십자가에 죽으심이라"(빌 2:5-8).

"그리스도께서는 장래 좋은 일의 대제사장으로 오사 손으로 짓지 아니한 것 곧 이 창조에 속하지 아니한 더 크고 온전한 장막으로 말미암아 염소와 송아지의 피로 하지 아니하고 오직 자기의 피로 영원한 속죄를 이루사 단번에 성소에 들어가셨느니라 염소와 황소의 피와 및 암송아지의 재를 부정한 자에게 뿌려 그 육체를 정결하게 하여 거룩하게 하거든 하물며 영원하신 성령으로 말미암아 흠 없는 자기를 하나님께 드린 그리스도의 피가 어찌 너희 양심을 죽은 행실에서 깨끗하게 하고 살아 계신 하나님을 섬기게 하지 못하겠느냐"(히 9:11-14).

"이 뜻을 따라 예수 그리스도의 몸을 단번에 드리심으로 말미암아 우리가 거룩함을 얻었노라 제사장마다 매일 서서 섬기며 자주 같은 제사를 드리되 이 제사는 언제나 죄를 없게 하지 못하거니와 오직 그리스도는 죄를 위하여 한 영원한 제사를 드리시고 하나님 우편에 앉으사 그 후에 자기 원수들을 자기 발등상이 되게 하실 때까지 기다리시나니 그가 거룩하게 된 자들을 한 번의 제사로 영원히 온전하게 하셨느니라"(히 10:10-14).

이 외에도 예수님이 우리 죄를 어떻게 대속하셨는지를 보여주는 성경 구절은 많습니다. 이 진리가 성경 전체에 녹아 있습니다. 이유가 뭘까요? 죄사함은 하나님의 거룩하심을 위한 필수요소이기 때문입니다. 그것이 성경의 주제입니다. 하나님의 거룩하심은 사람이 지은 죗값을 청산하라고 요구하는데, 사람이 갚을 능력이 없기 때문에 예수님이 갚으셨습니다.

하나님은 거룩하시며, 그분의 존재, 생각, 말씀, 행동은 본질적으로 그리고 영원히 선하고 옳습니다. 또한 하나님의 존재, 생각, 말씀, 행동은 본질적으로 그리고 어떠한 종류의 악에서도 영원히 자유로우십니다. 하나님은 선함과 의로움 바로 그 자체이시며, 영원히 어떤 잘못도 없는 분입니다.

창세기 1장 31절을 보면 하나님은 자신이 창조하신 모든 것을 살펴보시고 사람을 포함한 모든 것이 매우 좋았다고 선포하셨습니다. 당연히 좋았겠지요. 하나님이 창조하셨으니까요.

99.9퍼센트는 순수한 것이 아닙니다

아담이 하나님을 신뢰하지 않고 하와와 뱀을 신뢰하기로

선택했을 때 사람은 "좋았더라"라고 하신 위치를 잃어버렸습니다. 하나님의 형상대로 창조되었으니 이미 '하나님과 같은'데도, 금지된 나무 실과를 먹으면 '하나님같이' 될 수 있다고 뱀이 하와를 유혹한 대목은 아주 흥미롭습니다. 창세기 1장 27절은 "하나님이 자기 형상 곧 하나님의 형상대로 사람을 창조하시되 남자와 여자를 창조하시고"라고 말씀합니다. 아담의 옆구리에서 빚어진 바로 그 순간부터 하와는 하나님과 같았습니다. 그런데도 사탄은 사람을 유혹하여 하나님이 이미 선포하신 모습이 되기 위해 무언가를 더 시도하게 합니다. 하나님의 원수가 사용하는 흔한 수법입니다. 아담과 하와가 하나님을 믿지 않고 신뢰하지 않기로 선택한 순간, 죄에 물들어 "좋았더라"라고 하신 그들의 정체성을 잃어버렸습니다. '하나님과 같이' 되려는 시도는 오히려 '하나님과 다르게' 되는 결과를 낳은 겁니다.

그리하여 최초의 부부는 하나님과 동행하고 하나님과 교제하는 특권을 잃어버렸습니다. 왜냐고요? 하나님은 어떤 모양이라도 악이 없으시기 때문입니다. 그분은 악과 함께하실 수 없습니다. 100퍼센트 순도를 요구하십니다. 100퍼센트가 아니면 순수한 것이 아닙니다. 99.9퍼센트 순수함은 순수한 것이 아닙니다. 99.9퍼센트 순도의 물에 0.1퍼센트

쥐약을 탔다면 그 물을 편하게 마실 수 있을까요? 저는 못 마십니다. 일단 죄에 물들면, 100퍼센트 순전하지 않으면, 사람은 절대로 하나님의 거룩하심과의 간극을 극복할 수 없습니다. 우리에게는 도움이 필요했고, 이것이 그리스도가 오신 이유입니다. 이것이 십자가가 의미하는 전부입니다.

이 시점에서 중요한 점은, 예수님의 모델 중 우리가 따를 수 없는 부분은 빚을 갚겠다고 선택하는 것입니다. 왜일까요? 두 가지 이유가 있습니다. 첫 번째 이유는, 우리는 우리 자신의 죄를 갚을 능력이 없기 때문입니다. 다른 사람의 죄를 갚을 능력은 말할 것도 없습니다.

죄의 빚을 갚으려면 거룩하고 의로운 희생이 있어야 합니다. 오직 예수님만 그런 자격이 있으십니다. 앞에서 읽은 히브리서 9장 말씀대로, 오직 예수님의 보혈만이 세상의 죗값을 치를 수 있을 만큼 순수했습니다. 그래서 예수님이 우리를 위해 우리 스스로 할 수 없는 일을 해주시러 오셔야 했습니다. 이것이 복음의 메시지입니다. 두 번째 이유는 이미 다 갚은 빚을 다시 갚을 수 없기 때문입니다. 로마서 6장 8-10절 말씀에 따르면, 예수님의 희생은 단번에 행하신 온전하고 완벽한 대속이었습니다. 십자가 위에서 모든 빚이 완전히 청산되었습니다. 그것은 단번에 이루어진 거래였고, 절대 다시 반복하지 않아도 됩니다. 만약 당신이 제게 빚을 졌다면, 저는 빚을 갚으라고 할 권리가 있습니다. 하지만 당신의 형이 저에게 그 빚을 모두 갚았다면, 저에게는 더 이상 당신에게 빚을 청구할 권리가 없습니다. 돈을 받고도 당신에게 빚을 갚으라고 한다면 사기입니다. 우리의 형이신 예수님이 십자가에서 죗값을 치르셨습니다. 따라서 아무도 우리에게 빚진 것이 없습니다. 이 책에는 그리스도의 모델을 따라 자신에게 상처 준 사람들을 용서한 많은 사람의 이야기가 나옵니다. 용서는, 우리 각자가 상처 입힌 사람들에게 행하는 매우 현실적인 결심이라고 믿습니다. 에베소서 4장 32절과 골로새서 3장 12-13절은 용서하는 방식에서 예수님의 본을 따르라고 가르칩니다.

우리는 빚이 이미 청산되었음을 인정해야 합니다. 단순한 것 같지만, 아주 중요한 마음가짐입니다. 내리 용서의 핵심 원칙 중 하나는 이것입니다. '예수님의 보혈은 나에게 상처 준 죄까지 포함해 세상의 모든 죄를 덮으신다.' 즉, 그리스도가 모든 사람이 지은 죄의 빚을 십자가에서 갚으셨다는 뜻입니다. 더 많은 대가를 원하는 것은 세상의 모든 죄를 대신하여 그리스도가 치르신 희생을 무가치하게 만드는 것입니다. 또한 당신의 기준이 성부 하나님의 기준보다 더 높다고 하나님께 말하는 것입니다. 예수님의 보혈 이상을 기대하는 것은 예수님과 그분의 보혈이 무언가 잘못되었으며, 그분의 희생이 당신에게 충분하지 않다고 말하는 것입니다.

> "하물며 하나님의 아들을 짓밟고 자기를 거룩하게 한 언약의 피를 부정한 것으로 여기고 은혜의 성령을 욕되게 하는 자가 당연히 받을 형벌은 얼마나 더 무겁겠느냐 너희는 생각하라"(히 10:29).

사실, 우리에게 상처를 준 어떤 죄라도 그 죗값은 우리와 상관이 없습니다. 모든 죄는 궁극적으로 하나님께 지은 것이기에(시 51편), 죗값은 하나님께 지불해야 합니다. 이렇게 말하니 간단해 보이지요? 우리가 죄를 지어 하나님이 채권자가 되셨고, 예수님이 그 빚을 갚으셨습니다. 간단해 보이지만, 그대로 믿고 살아내기는 어려울 수 있습니다. 그러나 우리는 믿어야 합니다. 이 진리를 더 깊이 받아들일수록 용서하기가 더 쉽고, 다른 사람이 또 다른 사람을 용서하도록 도울 때 더 객관적인 태도를 취할 수 있습니다.

그렇다면 이것을 우리 각자의 삶에 어떻게 적용해야 할까요? 다음의 세 가지를 하기 바랍니다.

첫째, 믿으십시오. 예수님이 십자가에 달려 돌아가심으로, 당신에게 상처 준 죄를 포함해 모든 죄가 덮였음을 믿기로 선택하십시오. 하나님이 만족하셨으니 당신도 만족하기로 결심하십시오. 정말 간단합니다. 우리는 믿기만 하면 됩니다. 복잡하지 않습니다.

둘째, 어디를 가든지 '예수님 완불'이라는 가상의 도장을 들고 다니십시오. 잉크가 닳지 않는 만년 도장 말입니다. 항상 그 도장을 가지고 다니십시오. 그리고 언제, 누구라도 당신을 해롭게 하거나 상처를 주면, 거기에 '예수님 완불' 도장을 찍으세요. 예수님이 전액 지불하셨습니다.

친구 목사가 이 원칙을 자기 교회 성도들과 나누던 중 "누군가 우리에게 상처를 줄 때, 그냥 휙 긁기만 하면 되는 선불 직불카드 같은 '용서 카드'가 있었으면 좋겠어요"라고 말했다고 합니다. 그다음 주에 교인 한 명이 자신이 만든 '용서 카드'를 한 묶음 가져와서 회중에게 나누어주었습니다. 얼마 지나서 교회 업무 회의를 하던 중 갈등이 생기자, 친구는 "자, 모두 용서 카드를 꺼내서 공중에 긁어보세요"라고 말했습니다. 모두가 웃었고, 갈등은 해결되었습니다. 이런 마음가짐을 지키면 당신은 용서하기가 얼마나 쉬운지 깨닫고 놀랄 것입니다.

셋째, 기회가 있을 때마다, 우리에게 상처 준 죄를 포함해 세상 모든 죄를 대속하시려고 예수님이 치르신 값비싼 대가를 다른 사람들이 이해하도록 도우십시오. 빚이 청산되기를 바라는 것은 당연하고 마땅합니다. 다른 사람이 또 다른 사람을 용서하도록 도울 때 반대하지 마십시오. 다만, 죄에는 대가가 따른다는 것을 기억하십시오. 그래서 예수님이 오셨다는 것을 받아들이도록 도우십시오. 그분은 빚을 청산하러 오셨습니다. 모든 죗값은 십자가에서 해결되었습니다. 이것이 용서 코칭할 때 사람들에게 이해시키기 어려운 부분입니다. 하지만 이해만 한다면 누군가를 용서하겠다는 결심이 폭발적으로 커질 것입니다.

용서는 예수 그리스도의 보혈로 내가 받았거나 앞으로 받을 수 있는 모든 상처에 대해 완전한 대가를 치르는 것입니다. 다음의 말을 전하십시오. 오늘 누군가를 용서하십시오. 그러고 나서 다른 사람들이 자신에게 상처 준 누군가를 용서하도록 도우십시오. 혁명은 이렇게 시작됩니다.

내리 용서 플러스

복음 중심의 용서

"범죄와 육체의 무할례로 죽었던 너희를 하나님이 그와 함께 살리시고 우리의 모든 죄를 사하시고 우리를 거스르고 불리하게 하는 법조문으로 쓴 증서를 지우시고 제하여 버리사 십자가에 못 박으시고"(골 2:13-14).

"예수님을 믿지 않고 다른 종교를 따르는 사람들에게 어떻게 용서를 가르치나요?"라는 질문을 받은 적이 있는데, 저는 이렇게 대답했습니다.

"제 친구 마이크 웰스는 이렇게 말했어요. '유일한 길(The Way)이 있는데, 믿지 않는 이에게는 그 길이 없습니다. 예수님만이 길이고 그 밖의 다른 길은 길이 아닙니다.' 제 총에는 단 한 발의 총알만 있는데, 그것은 예수님의 십자가입니다(제 소망의 유일한 원천은 예수님의 십자가입니다—옮긴이). 유일한 길이신 예수님을 받아들이지 않는 이에게 예수님의 길에서 멀어지게 하는 다른 길을 알려줄 이유가 있을까요? 예수님의 십자가를 받아들이지 않는 이에게 제가 줄 것은 아무것도 없습니다."

'내리 용서' 메시지의 토대는 예수 그리스도의 십자가입니다. 그곳에서 예수님이 우리의 빚을 탕감하셨으므로 우리는 용서받았고

하나님과 회복되었습니다. 진정한 용서는 복음 중심이어야 합니다. 왜냐하면 오직 십자가에서만 죄 문제가 해결되기 때문입니다. 이것은 성경 이야기 전반에 흐르는 복음의 주제입니다.

골로새서 2장 6-15절은 복음의 변화시키는 능력을 설명하는 주요 구절 중 하나입니다. 본문에서 바울은, 그리스도 안에 뿌리박고 세움을 받았으니 인간의 철학이나 인간 중심의 전략에 속아 넘어가지 말라고 경고합니다. 그 이유는 무엇일까요? 그리스도 안에는 신성한 능력의 충만함과 구원자의 구속하시는 은혜가 거하시기 때문입니다. 그리스도는 인간의 몸을 입고 오신 하나님의 완전한 표현입니다. 오직 그분 안에서만 우리는 완전해집니다! '완전하다'(complete)는 단어는 '채우다'(fill), '충만하게 하다'(make full)를 의미합니다. 바울은 "너희가 그 안에서 충만해졌느니라"(You are made full in Him)라고 말하는 것이 아니라 "너희가 그 안에 있어, 충만해졌느니라"(You are in Him, made full)라고 말합니다. 이는 미묘하지만 중요한 차이입니다. 강조점은 우리가 그리스도 안에 있다는 것입니다. 하나님의 충만함이 그리스도 안에 거하시고, 우리도 그분 안에 있기 때문에 하나님의 충만함이 우리를 채우시고 우리는 그분으로 인해 완전해집니다.

인간은 하나님과의 관계 안에 존재하도록 창조되었습니다.

이 관계는 우리 존재의 본질적인 부분입니다. 하나님과의 관계 없이는 우리는 설계된 대로 존재할 수 없습니다. 아담과 하와가 죄를 범하자 우리를 포함하여 인류는 죽었고, 이는 하나님과 분리되었음을 의미합니다. 이로 인해 우리 각자 안에는 하나님 크기의 빈 공간이 생겼습니다. 그 공간은 하나님과의 관계로만 채울 수 있습니다. 예수님이 인간이 되신 것은 그분의 의로움으로 인류가 지은 죄의 빚을 완전히 갚으시기 위해서였습니다. 예수님은 완전한 하나님이시면서 동시에 완전한 인간이셨기 때문에 우리를 하나님 아버지와 다시 화목하게 하는 길을 여실 유일한 분이었습니다. 우리는 '그리스도에 의해' 충만해지는 것이 아니라, '그리스도 안에서' 충만해집니다.

"그리스도 안에[서]"는 바울이 쓴 글의 주요 주제입니다. 바울은 믿음으로 구원받은 자들과 관련해서 "그리스도 안에" 또는 "그의 안에서"와 같은 표현을 164회 사용했습니다(이 문단에서만 7회 사용). 우리는 그리스도 안에서 완전합니다. 우리는 그리스도 안에서 할례를 받았습니다. 우리는 그분과 함께 장사되었고, 또한 그분과 함께 부활했습니다. 그분은 우리를 그분과 함께 살게 하셨고 승리하게 하셨습니다. 우리의 죗값을 치르실 때 우리는 그분 안에 있었습니다. 우리를 위해 십자가에 못 박히시고 우리가 받은 유죄 판결을 없애셨습니다. 하나님과 맺은 관계의 모든 기초는 우리가 그리스도 안에 있다는 정체성에서 비롯됩니다. 우리의 채무는 예수님의 채무가 되었고, 예수님이 십자가에서 이를 해결하셨으며, 우리도 용서할 수 있는 근거를 마련해주셨습니다.

주목할 점은 우리와 주님의 관계가 과거로 소급된다는 점입니다. 그리스도가 세상의 죄를 용서하셨을 때 우리는 이미 그분 안에 있었습니다. 이것이 우리와 그리스도의 위대한 상관관계입니다. 우리가 그리스도 안에 있었기 때문에, 예수님이 우리 죄를 대신해서 죽으실 때 우리도 함께 죽었습니다. 우리가 그리스도 안에 있었기 때문에, 그분이 부활하실 때 우리도 함께 부활했습니다. 우리의 죄는 용서받았습니다. 왜냐하면 예수님이 우리가 지은 빚의 대가를 치르시고 차용증서를 말소하셨기 때문입니다. 차용증서는 없어졌고, 사라졌으며, 마치 사라지는 잉크로 쓰인 것처럼 말끔히 지워졌습니다. 채권자 되신 분이 자신 안에서 의무를 충족시켜서 차용증서를 삭제하셨습니다. 우리가 그리스도 안에 있기 때문에 우리에게는 빚이 없습니다. 우리는 용서받았습니다.

여기서 한 걸음 더 나아가 봅시다. 우리가 그리스도 안에 있기 때문에 용서받았을 뿐만 아니라 실제로 그리스도 안에서 용서할 수 있지 않을까요? 그리스도가 우리를 용서하셨을 때 우리는 그리스도 안에 있었습니다. 그리고 그분이 우리에게 상처 준 사람을 용서하셨을 때도, 우리는 그리스도 안에 있었습니다. 따라서 용서를 선택할 때, 우리는 십자가에서 이미 일어난 일을 선포하는 것입니다. 용서를 선택하지 않을 때는, 그리스도 안에 있는 우리 자신과 반대되는 행동을 하는 것입니다.

"그[예수님]는 우리 죄를 위한 화목제물[완전한 만족]이니 우리만 위할 뿐 아니요 온 세상의 죄를 위하심이라"(요일 2:2).

분명히 말하지만, 누군가를 용서했다고 해서 그 사람과 화해한 것은 아닙니다. 예수님이 대속하신 모든 사람이 하나님과 화해한 것은 아닙니다. 마찬가지로, 우리가 용서한 모든 사람과 화해하지 못할 수도 있습니다. 그러나 변화를 일으키는 진리는 여전히 남아 있습니다. 그리스도가 세상의 죗값을 치르셨을 때 우리가 그분 안에 있었다는 진리 말입니다.

오직 복음만이 '누가 대가를 치르는가'라는 문제를 해결합니다. 예수님이 대가를 치르셨고, 우리는 그분 안에 있었습니다. 다른 사람을 용서한다는 것은 이미 있는 진리와 일치시켜 예수님이 대가로 치르신 보혈로 우리가 받았거나 혹은 받을 수 있는 모든 상처를 완전히 치료하는 것입니다.

더 깊이 들어가기

1. **누가복음 15장 11-32절을 읽어보세요.** "일반인들은 십자가를 거의 생각하지 않습니다." 본문에서 아버지가 아들에게 보인 반응은 십자가의 메시지를 어떻게 반영하나요? 우리를 배신하는 사람들을 어떻게 대하라고 가르쳐주나요?

2. "예수님은 우리의 빚을 갚기로 작정하셨습니다." 죄는 언제나 빚을 남깁니다. 우리의 죗값으로 예수님은 어떤 비용을 치르셨나요? 왜 그렇게 하셔야 했을까요?

3. "빚을 대신 갚기로 선택하는 것은 우리가 그대로 따라 할 수 없는 용서의 모델입니다." 이 말이 사실인 이유는 무엇이며, 우리가 다른 사람을 용서하는 데 어떤 영향을 미치나요?

4. **시편 51편 3-4절을 읽으세요.** 다윗은 자기가 행한 간음과 살인이 누구에게 지은 죄라고 했나요? 이것을 깨닫는 것이 왜 중요한가요?

5. 용서의 정의는 '예수님의 보혈로 내가 받았거나 앞으로 받을 수 있는 모든 상처에 대해 완전한 대가를 치르다'입니다. 우리가 미리 용서하는 삶을 추구할 때 이러한 용서의 정의를 어떻게 적용할 수 있을까요?

6장

예수님은 화해의 문제를
우리에게 맡기셨습니다

아내가 문을 열고 엘리자베스를 맞이했습니다. 며칠 전 아내의 강연장에 왔던 엘리자베스가 부탁을 하나 했는데, 자신의 아버지를 용서할 수 있도록 도와달라고 했기 때문입니다. 엘리자베스는 수년 동안 아버지에게 받은 깊은 상처를 안고 살아왔습니다. 엘리자베스의 아버지는 상처를 주는 데서 멈추지 않고 분노를 쏟아냈습니다. 이런 사례가 많습니다. 잘못을 저지른 사람이 오히려 상처받은 사람을 비난합니다. 이는 수치심과 불안감 때문입니다. 가해자가 피해자를 멸시하는 경우도 있는데, 피해자를 보면 자기의 잘못이 떠오르기 때문인 것 같습니다. 엘리자베스의 경우가 그랬습니다. 그녀의 아버지는 자신의 잘못을 인정하지 않았습니다. 조금도 뉘우치지 않고 계속해서 그녀에게 상처를 주었습니다.

엘리자베스의 이야기를 다 들은 후, 토니는 상처로 남은 아버지의 행동들을 용서하는 프로토콜을 진행했습니다. 프로토콜을 마쳤을 때 엘리자베스의 마음이 자유로워졌습니다. 자신을 괴롭히던 것들이 떠나갔기 때문입니다. 고통에서 벗어나 자유함에 이르는 기적을 볼 때마다 우리는 전율합니다. 그녀의 얼굴과 눈빛이 달라졌습니다. 그러나 여전히 질문 하나가 남습니다. 잘못했다고 생각조차 하지 않는 아버지와 앞으로 어떻게 관계를 맺어야 할까요?

용서가 회개나 화해와 어떻게 관련되는지에 대해서 많은 사람이 혼란스러워합니다. 목사인 제 친구 하나는 가해자가 뉘우치지 않으면 용서할 필요가 없다고 말합니다. 상대방이 용서해달라고 요청하지 않는데 굳이 용서하는 것은 적절치 않다고 생각합니다. 어떤 저자는 용서를 "모든 후유증이 다 없어지지는 않겠지만, 도의적인 책임을 진다는 차원에서 상처 입은 사람이 자기 잘못을 뉘우치는 사람을 자비한 마음으로 사면하고 그 사람과 화해하는 헌신"[9]이라고 정의합니다. 이 정의에 따르면, 가해자가 뉘우치느냐에 따라 용서 여부가 결정되므로 용서와 화해는 동일한 것입니다. 회개하면 용서한다고 합니다. 가해자가 피해자를 통제합니다. 상처를 입힌 사람이 자신의 잘못을 인정하지 않으면, 상처 입은 사람은 용서하지 않는 상태에 갇히게 됩니다. 앞에서 살펴본 것처럼, 하나님은 용서하지 않는 것을 다른 죄만큼 엄하게 다루십니다. 만약 이 생각이 옳다면, 두 가지 죄가 있습니다. 원래 지은 죄와 상처받은 사람이 용서하지 못해 고통에 붙잡혀 있게 하는 죄. 이것은 하나님의 속성과도 다르고, 예수님이 남겨주신 모델과도 분명히 다릅니다.

4장과 5장에서 예수님이 어떻게 우리를 용서할 것을 예정하시고 우리의 빚을 갚기로 작정하셨는지 살펴보았습니다. 예수님이 보여주신 용서 모델의 세 번째 특징은 예수님이 '화해에 대한 결정을 우리에게 맡기셨다'는 사실입니다. 예수님은 결정하셨고, 우리가 용서받는 데 필요한 모든 것을 주셨습니다. 우리와 화해하시기 전에 우리가 필요를 깨달을 때까지 기다리셨습니다. 예수님은 온 세상의 죄를 사하셨지만, 온 세상이 하나님과 화해한 것은 아닙니다. 왜냐하면 예수님은 어느 누구에게도 용서를 받아들이라고 강요하지 않으시기 때문입니다. 그분은 절대로 자신과의 관계를 회복하라고 강요하지 않으십니다.

성부 하나님은 우리를 너무나 사랑하셔서 우리 없이 살기를 원하시지 않습니다. 여기서 '우리'는 모든 사람을 말합니다. 하나님은 우리의 죗값을 치르도록 예수님을 보내셔서 온 세상이 죄를 사함받게 하셨습니다. 그렇습니다. 죄 사함은 온 세상을 향한 것입니다. "나의 자녀들아 내가 이것을 너희에게 씀은 너희로 죄를 범하지 않게 하려 함이라 만일 누가 죄를 범하여도 아버지 앞에서 우리에게 대언자가 있으니 곧 의로우신 예수 그리스도시라 그는 우리 죄를 위한 화목 제물이니 우리만 위할 뿐 아니요 온 세상의 죄를 위하심이라"(요일 2:1-2). 하나님이 모든 사람과 화해하기를 바라시는 것은 분명하지만, 모든 사람이 하나님과 화해하지는 않았습니다. 왜 그럴까요? 그건 모든 사람이 회개하지는 않기 때문입니다. 회개가 열쇠입니다. 용서는 화해라는 동전의 한 쪽 면입니다. 동전의 다른 면은 회개입니다. "주의 약속은 어떤 이들이 더디다고 생각하는 것 같이 더딘 것이 아니라 오직 주께서는 너희를 대하여 오래 참으사 아무도 멸망하지 아니하고 다 회개하기에 이르기를 원하시느니라"(벧후 3:9).

하나님과 사람이 화해하려면 용서와 회개, 둘 다 있어야 합니다. 용서는 하나님께 달려있습니다. 회개는 우리의 몫입니다. 용서와 회개가 다 있을 때 그때 화해가 가능합니다.

사람과 사람 사이도 마찬가지입니다. 용서와 회개가 없으면, 화해에 이를 수 없습니다. **상처 입은 쪽과 상처 입힌 쪽이 화해하려면 용서와 회개, 둘 다 필요합니다.** 엘리자베스의 경우, 그녀의 아버지가 자신의 죄를 깨닫고 회개하지 않으면 화해한 관계로 살 수 없습니다.

화해 = 용서 + 회개

저는 여러 해에 걸쳐서 회개에 대한 설교를 많이 들었습니다. 회개를 '돌이켜서 방향을 바꾸는 것'으로 정의하는 것을 셀 수 없이 많이 들었습니다. 이런 정의는 회개를 행동의 변화로 봅니다. 과거에 저도 그렇게 믿었고, 심지어 그렇게 가르치기도 했습니다. 그러나 회개는 그런 뜻이 아닙니다. 회개는 헬라어로 메타노이아(metanoia)입니다. 노이아(noia)가 중심 단어인 복합어로서, 명사로는 '생각'(mind), '이해'(understanding)를 뜻하고, 동사로는 '생각을…로 향하다', '인지하다', '생각하다', '이해하다', '알다'는 뜻이 있습니다.[10] 메타노이아(metanoia)의 접두사 메타(meta)에는 '나중에'(after) 또는 '변화'(change)라는 의미가 있습니다. 따라서 이 단어의 뜻은 '나중에 인지하거나 믿다' 또는 '생각을 바꾸다'입니다. 그러므로 회개는 '생각을 바꾸다', '다르게 믿다', 즉 '재고하고 다른 결론에 도달하는 것'을 의미합니다. 흥미롭게도 성경은 회개가 인지의 문제만은 아니라고 합니다. 이는 마음의 문제이기도 합니다. 성경에서 마음(heart)은 사상과 가르침을 믿고 간직하는 곳입니다.

"너는 귀를 기울여 지혜 있는 자의 말씀을 들으며 내 지식에 마음을 둘지어다"(잠 22:17). 솔로몬이 통치를 잘하기 위해 지혜를 구했을 때, 하나님은 "네게 지혜롭고 총명한 마음[heart]을 주노니"(왕상 3:12)라고 말씀하셨습니다. 하나님을 향한 진실한 회개에도 마음이 관여합니다. "사람이 마음[heart]으로 믿어 의에 이르고 입으로 시인하여 구원에 이르느니라"(롬 10:10). 우리는 머리로 진리를 이해하고, 마음으로 믿고 간직합니다. 이는 회개가 머리로 이해하는 것 이상이라는 의미입니다. 그것은 마음에서 우러난 믿음입니다.

우리는 믿는 바를 행합니다. 믿음은 항상 행위로 드러납니다. 종교생활에서는 규율을 얼마나 지키느냐로 성공('영성')을 결정합니다. 행동을 고치고 죄를 다스리는 일에 초점을 맞출 때 모두가 따라야 할 규정과 기준이 있습니다. 이런 종교관 안에서, 행동은 마음에서 비롯된 것이 아니라 두려움 때문에 일어납니다. 다른 사람의 마음에 영향을 주지 않고도 행동을 통제할 수 있다는 것이 증명되었습니다. 역사를 살펴보면, 폭력적인 리더들이 외부 환경으로 압박해서 자신이 원하는 대로 사람의 행동을 조종했던 것을 볼 수 있습니다. 통제하는 환경과 압박이 없어지면 새로 형성된 행동은 지속되지 않습니다. 그러나 믿음 체계가 바뀌면 행동은 변화됩니다. 왜 그럴까요? 무엇을 믿느냐가 행동을 결정하기 때문입니다. 따라서 신앙인에게 회개란 '행동을 바꾸는 것' 또는 '방향을 바꾸는 것'이 아니라 '생각을 바꾸는 것'입니다. 회개의 초점은 행동이 아닙니다. 생각이 바뀌면 행동으로 드러납니다.

행동이 항상 회개의 증거가 될 수는 없습니다. 로마서 7장에 이 중요한 사실이 기록되어 있습니다. 로마서 7장 14-25절에서 바울은 이런 마음을 토로합니다. 제가 의역해 보았습니다. "내가 원하는 것들은 하지 않고, 원하지 않는 것들을 하고 있습니다. 나는 얼마나 비참한 사람입니까? 누가 이 몸에서 나를 구해줄 수 있을까요?" 로마서 7장은 해야 할 옳은 일은 알지만, 그것을 자신의 능력으로 행하려는 사람을 묘사합니다. 하나님은 우리가 성령의 능력과 상관없이 내 의지대로 살려고 할 때 항상 우리를 막으십니다. 우리 힘으로 살아내려고 할 때 하나님은 성공하지 못하게 하십니다. 성령의 능력에 의지하여 살아갈 때에만 죄의 권세를 이길 수 있습니다. 많은 경우, 사람들은 죄를 향해 가는 삶의 패턴에 대해 진정으로 회개하지만, 자신의 힘으로 그것을 관리하려다가 참패하곤 합니다. 문제는 회개의 부족이 아닙니다. 자신의 행동이 잘못되었다는 것을 이미 압니다. 그들이 이해하지 못하는 것은, 그리스도 안에 거하고 로마서 8장에서 바울이 밝힌 대로 성령 안에서 행할 때만 승리할 수 있다는 점입니다.

예수님은 제자들에게 회개의 복음을 선포하여 하나님의 용서를 받게 하라고 명령하셨습니다. 회개는 하나님과 삶에 대한 신념을 바꾸기로 선택하는 것입니다. "나는 내 힘으로 내 삶을 살아갈 수 있으므로 하나님이 필요 없다"라는 믿음 체계의 핵심을 다시 생각하거나 바꾸는 것입니다. 구원에 이르게 하는 회개는 하나님이 옳으시고 우리가 틀리다고 선언하는 것입니다. 우리가 하나님을 믿기로 선택하고, 그분이 예수님의 죽음과 부활로 우리를 거룩하게 하시는 것을 믿을 때 우리는 그분과 관계를 맺을 수 있습니다. 하나님의 용서와 우리의 회개가 합하여 우리는 하나님과 화해하게 됩니다. 지금까지 살펴본 것처럼, 우리를 용서하시겠다는 하나님의 결정은 세상의 기초가 놓이기 전에 이미 내려졌고, 그 첫

값은 십자가에서 지불되었습니다. 저는 어렸을 때 죄를 회개하고 하나님을 믿는다고 선포하며 예수 그리스도가 베푸신 용서를 받아들여 하나님과 화해하게 되었습니다.

화해는 소원했던 관계가 좋은 관계로 회복되는 것입니다. 하나님과 사람 사이의 관계가 회복되려면, 적대감을 일으킨 요인들을 제거해야 합니다. 양측 모두에게 책임이 있습니다. 신학자들은 이때 하나님이 하신 일을 속죄라고 지칭합니다. 속죄는 우리의 죗값을 치르기 위해 예수님이 죽으시고 부활하신 일입니다. 신학자들이 수세기 동안 논쟁해온 속죄에 관한 문제를 제가 해결하려는 것은 아닙니다.

제가 아는 것은 다만 하나님이 세상을 창조하시기 전에 예수님이 사람의 죄를 대속하시기 위해 값을 치르실 것을 이미 결정하셨다는 점입니다. 그분은 우리가 태어나기도 전에, 우리가 죄를 짓기도 전에, 우리가 회개하기도 전에 결정을 내리셨습니다. 자기 죄를 자백하고 예수님을 하나님의 아들, 즉 세상의 구원자로 믿는다고 시인하는 사람이라면 하나님은 누구든지 받아주셨습니다. 우리가 회개하기 전에 하나님이 용서하겠다는 결정을 내리셨습니다. 만일 이와 다른 견해를 가진 사람이라면, 예수님을 온 세상의 죄를 대신하는 화목제물이라고 한 요한의 말(요일 2:2)이 무슨 뜻인지 알아내기 위해 씨름해야 할 것입니다. 성경에는 화해 없이도 용서하는 것이 가능하고, 또 실제로 그런 일이 일어난다고 분명하게 기록되어 있습니다.

용서하는 사람이 먼저 화해의 테이블로 나오기

예를 들어 설명해보겠습니다. 높은 테이블에 의자 다섯 개가 있다고 상상해보세요. 이를 '화해의 테이블'이라고 부르겠습니다. 의자 세 개에는 하나님 아버지, 독생자 예수님, 성령님이 앉아 계십니다. 이는 하나님의 테이블입니다. 나머지 두 개의 의자 중 하나는 상처받은 사람이 앉는 자리입니다. 상처받은 사람은 테이블에 무엇을 가져올까요? 용서를 가져옵니다. 용서했다고 가해자가 한 일이 괜찮았다거나 별일이 아니었다는 말은 아닙니다. 이들이 한 일이 잘못되었음을 인정합니다. 괜찮지 않았지만, 예수님이 그 값을 대신 갚으셨습니다. 화해의 테이블 마지막 의자는 상처를 준 사람이 앉는 자리입니다. 이들은 무엇을 가져올까요? 회개를 가져옵니다. 회개하는 사람은 "내가 한 일이 잘못되었습니다. 이전에는 괜찮다고 생각했지만, 이제는 잘못된 줄 압니다. 어떻게 하면 바로잡을 수 있을까요?"라고 말합니다. 그때 용서한 사람은 "정말 감사합니다. 마음을 표해주셔서 감사합니다. 그런데 이미 예수님이 당신을 대신해서 갚으셨습니다"라고 말합니다. 이처럼 화해는 양쪽 모두가 테이블에 나와야만 이루어집니다.

사람이 하나님께 죄를 지은 경우는 어떨까요? 우리가 회개의 자리로 나오기 아주 오래전에 먼저 예수님이 용서하며 테이블로 오셨습니다. 그분은 화해의 테이블에 앉아서 우리가 나오기를 한참 동안 기다리셨습니다. 같은 방식으로 하나님은 언제나 회개할 자를 부르시기 전에 용서할 자를 먼저 테이블로 부르십니다. 이유가 뭘까요? 용서는 믿음의 문제이며, **상처 준 사람보다는 하나님과의 관계에 더 많이 관련되어 있기 때문입니다.** 만약 상처받았을 때 상처를 준 사람이 먼저 회개하고 화해의 테이블로 나와서 앉는다면, 상대방의 회개 때문에 용서하게 되는 겁니다.

그렇다면 우리의 용서는 무엇을 기반으로 해야 할까요? 바로 우리 죄를 위해 십자가에서 흘리신 예수님의 피입니다. 기억하세요! 용서하지 않으면 고통이 따라옵니다. 따라서 용서하기 전에 상대방이 회개하기를 기다린다면, 우리가 고통 속에 있을지 말지를 회개하지 않는 자에게 결정하게 하는 셈입니다. 믿음의 눈으로 보면 이런 상황에 빠지는 것은 말이 되지 않습니다. 이런 사람은 한마디로 '어리석은 자'입니다. 용서하는 마음으로 먼저 화해의 테이블로 나오는 것은 우리의 믿음을 드러내고 하나님을 영화롭게 합니다.

브래드와 몰리의 이야기

어느 날, 전화가 왔습니다. "제 이름은 브래드입니다. 친구가 목사님의 전화번호를 주며 통화해보라고 했습니다. 제가 몇 가지 크게 잘못한 일로 아내가 깊은 상처를 받았습니다. 지금 아내와의 관계가 매우 좋지 않습니다. 이제는 별 희망도 없는데, 제 친구는 목사님이 도와주실 수 있을 거라고 하네요. 저를 만나주실 수 있으신가요?" 약속한 시간에 브래드와 몰리가 우리 집에 왔습니다. 브래드는 크게 혼이 난 강아지 같았고, 몰리는 남편과의 사이에 눈에 보이지 않는 거대하고 차가운 얼음 방패를 들고 있는 것 같았습니다. 사연을 듣고 나니, 어떤 상황인지 이해가 되었습니다.

3주 전에 몰리는 브래드가 포르노에 중독되었다는 것을 알았습니다. 아내가 추궁하자, 그는 습관적으로 일주일에

20-30시간씩 포르노물을 본다고 고백했습니다. 또한 부적절한 관계도 여러 번 맺었는데, 윤락여성, 아내의 가장 친한 친구 그리고 가장 친한 친구의 아내도 포함되어 있었습니다. 남편이 포르노를 보고 있는 장면을 목격하기 전까지 몰리는 전혀 몰랐습니다. 말할 필요도 없이 몰리는 엄청난 충격에 빠졌습니다. 세 딸을 이혼 가정에서 자라게 하고 싶지 않기에 이혼은 하지 않겠지만, 다시는 자기 몸에 손대지 말라고 말했습니다.

"아이들을 생각해서 결혼 관계는 유지하겠지만, 남편과 아내로서의 관계는 끝났습니다."

남편의 죄 때문에 부부가 둘 다 비탄에 빠진 겁니다. 이 일이 발각된 지 이틀 뒤에 브래드는 거실 책장에서 성경책을 꺼냈습니다. 성경을 펼쳐서 처음으로 읽은 구절이 내면의 무엇인가를 두드렸습니다. 뒷문으로 나가 언덕으로 올라가서 나무들이 우거진 곳에 앉아 성경을 계속 읽었습니다. 두 시간 동안 읽으면서 십자가의 보혈로 자기를 용서하신 하나님의 은혜를 처음으로 깨달았습니다. 남편은 극적으로 변화되었습니다. 마음이 깨끗해졌고 갈망하던 것이 달라졌습니다. 욕정이 사라졌습니다. 몰리도 남편이 변했다는 것을 알았지만, 받은 상처를 극복할 수 없었습니다. 브래드가 이야기를 마치자, 제 아내가 몰리를 바라보며 물었습니다.

"당신은 어떻게 지내고 있나요?"

그녀가 울음을 터뜨리며 말했습니다.

"저는 저희 부부 사이가 아주 좋다고 생각했어요. 전혀 몰랐습니다. 저는 엄마처럼 살지 않으리라 다짐했는데, 결국 저는 엄마처럼 되어버렸고, 남편은 제 아빠같이 되었네요."

"무슨 뜻이지요?"

몰리에게 물었습니다.

"아빠는 엄마 몰래 불륜을 저지르셨는데, 저를 알리바이로 이용하시곤 했어요. 저를 데리고 가서는 다른 여자와 집 안에 있는 동안 저만 차에 남겨두셨지요. 어느 날 아빠를 찾으러 갔다가 창문으로 아빠가 무엇을 하고 있는지 보고 말았습니다."

이 기억이 그녀를 괴롭히고 있는 것이 분명했습니다.

이번에는 브래드를 바라보며 어린 시절에 그에게 상처 준 사람이 누구인지 물었습니다. 그러자 브래드는 몰리를 쳐다보았고, 그녀도 남편을 바라보았습니다.

"당신이 말했어요?"

남편이 대답했습니다.

"난 아무 말도 안 했소."

두 사람 모두 '목사님이 어떻게 알고 있지?' 하는 표정이었습니다. 저는 아무것도 들은 바 없고, 우리 부부가 사람들을 코치할 때 성령님이 동역하신다고 말하며 안심시켰습니다. 제가 거듭 물었습니다.

"어렸을 때 누가 당신에게 상처를 주었나요?"

"누나입니다. 제가 다섯 살 때였어요."

그가 대답했습니다.

"누나라고요? 누나는 몇 살이었나요?"

제가 물었습니다.

"저보다 열 살 많습니다."

그의 대답을 듣고 조심스럽게 다시 물었습니다.

"누나가 어떻게 했지요?"

그는 다섯 살부터 열한 살 때까지 누나에게 성적으로 학대받은 일을 털어놓기 시작했습니다. 이야기를 들으면서 우리는 그가 견뎌야 했던 일에 대해 애통하고 격노했습니다. 그 상처로 인한 고통이 어떻게 역기능적인 행동으로 빠져들게 했는지 설명해주었습니다. 지인들과 저지른 위험하고도 거의 근친상간과 같은 불륜 행위를, 과거의 상처와 연결해서 설명해주었습니다. 두 사람 모두 이해할 수 있도록 도왔습니다. 그리고 브래드에게 그 일이 초래한 고통에서 벗어나고 싶은지를 물었습니다. 그가 대답했습니다.

"네."

그에게 부드럽게 말했습니다.

"누나를 용서해야 합니다."

그러자 그는 누나가 더는 성적으로 학대하지는 않지만, 여전히 정서적으로 학대하고 있다고 말했습니다. 그리고 자기가 상처받은 몇 가지를 더 말해주었습니다. 분명한 것은 누나가 뉘우치지 않았다는 점이었습니다.

일반적으로 생각하면 이 부부의 결혼이 유지될 가능성은 없었습니다. 하지만 통념은 용서의 힘을 이해하지 못합니다. 브래드가 누나를 용서하는 프로토콜을 하도록 도왔습니다. 그가 소파에서 내려와 무릎을 꿇자, 몰리도 소파의 다른 쪽 끝으로 내려와 무릎을 꿇었습니다. 두 사람은 여전히 커피 테이블을 사이에 두고 떨어져 있었습니다. 그가 누나에게 받은 상처를 열거하며 용서하기 시작하자, 몰리는 주체하기 어려울 정도로 울기 시작했습니다. 제 아내가 몰리 옆에 무릎을 꿇고 앉아 두 팔로 그녀를 부드럽게 안았습니다. 브래드가 누나에게 받은 상처에 대해 용서하기를 마쳤을 때, 이어서 자기 자신을 용서하는 프로토콜을 하도록 했습니다. 그 과정을 마치고 두 사람이 소파에 앉았을 때 물었습니다.

"지금 마음이 어때요?"

그러자 그 어느 때보다 지금이 가장 좋다고 말했습니다. 예전 같으면 주님을 믿은 날보다 더 좋을 수 있다는 말을 절대로 믿지 않았을 테지만, 누가 보아도 그는 자유로워 보였습니다.

그러자 몰리가 말했습니다.

"방금 일어난 일이 이해되지 않아요. 브래드가 누나의 잘못을 하나하나 용서할 때 그가 견뎌야 했던 일들, 저라면 견디지 못했을 그 일들이 엄청나게 고통스럽고 슬펐어요. 하지만 남편이 자기 자신을 용서했을 때는 더는 고통이 느껴지지 않았어요. 아무 느낌도 없었어요. 이해가 안 돼요."

"좋은 느낌이에요? 나쁜 느낌이에요?"

제가 물었습니다.

"좋은 느낌이에요. 남편이 관계를 맺었던 여자들을 나열하며 기도할 때 저는 상처받지 않았어요. 남편이 저지른 일이 고통스럽게 느껴지지 않은 것은 3주 만에 처음입니다. 도리어 남편의 누나가 남편을 얼마나 아프게 했는지 알게 되었습니다."

그때 제 아내가 말했습니다.

"몰리, 당신도 용서하는 과정을 거치기 전에는 과거의 고통에서 완전히 자유롭지 못할 거예요. 남편이 준 상처에 대해 남편을 용서할 뿐 아니라 친정아버지가 준 상처에 대해서도 용서해야 합니다."

몰리도 내 말에 동의하고 브래드와 친정아버지, 두 사람을 용서했습니다. 그 과정을 모두 마쳤을 때 그녀의 안색이 눈에 띄게 달라졌습니다. 돌아가려고 일어섰을 때 몰리는 브래드를 오랫동안 안아주었습니다. 3주 만에 처음으로 남편 몸에 손을 댄 겁니다. 뿐만 아니라, 집으로 돌아가는 길에도 뒷좌석에서 안전벨트를 풀고 앞으로 몸을 내밀어 남편을 껴안았습니다. 아내의 스킨십 때문에 브래드는 트럭과 부딪힐 뻔했다고 합니다. 한 달쯤 지나 다시 만났을 때, 몰리는 결혼 생활이 이처럼 좋은 적이 없었다고 했습니다. 그들은 구원의 기쁨도 함께 누리고 있었습니다.

브래드와 몰리의 결혼관계는 용서함으로 구원받았습니다. 브래드의 누나, 몰리의 친정아버지가 회개했거나 화해를 원하지 않았다는 것에 주목해야 합니다. 그런데도 이 두 사람은 용서했고, 용서함으로써 자신들을 짓누르던 고통에서 벗어났음을 부인할 수 없습니다.

대부분의 경우, 용서하는 사람이 가해자를 찾아가 용서를 선언하는 것을 권장하지 않습니다. 왜냐하면 만약 상대방이 회개하지 않았다면, 용서를 거부할 것이고, 이는 또 다른 상처가 될 것입니다. 게다가 만약 가해자가 회개하지 않았다면, 그의 자존심이 개입되어 더 멀어질 가능성이 많습니다. 그렇다면 우리는 어떻게 해야 할까요? 용서하고 테이블에 앉아서 멋진 교제를 즐기면 됩니다. 때가 되면 하나님 아버지가 성령을 보내셔서 상대방이 회개하도록 인도하실 겁니다. 그러니 테이블에 앉아, 하나님이 가해자의 마음속에 역사하시기를 믿고 기다리세요. 용서하는 쪽이 아무 말도 하지 않았는데도 하나님이 회개하도록 이끄시는 장면을 셀 수 없이 많이 보았습니다.

서두에 소개한 엘리자베스의 경우가 그랬습니다. 아버지를 용서하라고 코치한 지 몇 주 지나서 그녀와 연락이 닿았습니다. 그녀가 말했습니다.

"무슨 일이 있었는지 상상도 못하실 거예요. 목사님 부부를 만나고 두 주 뒤 부모님 댁으로 가서 아빠가 어떠신지 살펴보았어요. 제가 어떤 말을 꺼내기도 전에, 아빠가 저에게 잘못했다고 하시며 용서해줄 수 있냐고 물어보셨어요. 이미 용서했다고 말씀드렸지요. 놀라운 일이었습니다. 아빠와의 관계가 이렇게 좋았던 적이 없어요."

엘리자베스가 아버지를 용서한 뒤 하나님이 아버지의 마

음에 일하셨음이 분명합니다. 말로 설명하기는 어렵지만, 우리가 용서할 때 초자연적인 영역에서 가해자에게 무슨 일인가가 일어납니다.

사실입니다. 예수님은 우리를 용서하시지만, 화해의 결정은 우리에게 맡기셨습니다. 주님은 용서를 베푸시고 우리가 회개하기를 기다리십니다. 이때 회개하는 사람은 언제나 주님과 함께 있어 평안합니다. 대단하지 않습니까? 진짜 평안합니다. 십자가에 달렸던 강도보다 더 좋은 예가 없습니다. 예수님은 중범죄를 저지른 두 강도 사이의 십자가에 달리셨습니다. 두 강도 중 한 명이 예수님을 조롱했습니다. 그러나 다른 강도가 그를 꾸짖었습니다. "네가 동일한 정죄를 받고서도 하나님을 두려워하지 아니하느냐 우리는 우리가 행한 일에 상당한 보응을 받는 것이니 이에 당연하거니와 이 사람이 행한 것은 옳지 않은 것이 없느니라 하고 이르되 예수여 당신의 나라에 임하실 때에 나를 기억하소서 하니"(눅 23:40-42).

이 사람은 자기의 죄를 인정하고 예수님을 하나님의 아들, 세상의 구원자로 믿는다고 분명하게 선언했습니다. 예수님이 어떻게 대답하셨습니까? "내가 진실로 네게 이르노니 오늘 네가 나와 함께 낙원에 있으리라"(눅 23:43). 즉, "너는 나와 함께 있어 안전하다. 천국에 온 것을 환영한다"라고 말씀하신 것과 같습니다.

회개하는 사람은 언제나 예수님과 함께 있어 평안합니다. 그것은 예수님이 회개하는 사람을 죄에서 떼어놓으시기 때문입니다. 그분은 우리를 사랑하시지만, 우리가 지은 죄는 미워하십니다. 그래서 주님은 미리 용서하셨습니다. 우리를 너무나 긍휼히 여기셔서, 성부 하나님과 우리가 다시 관계를 회복할 수 있도록 우리의 죄를 처리하셨습니다.

예수님은 절대로 죄에 따라 우리를 용서할지 말지를 결정하지 않으십니다. 성부 하나님과 우리를 향한 예수님의 사랑 때문에 회개하는 사람은 그분과 함께 있어서 평안해집니다.

우리에게 남은 질문이 있습니다.

"회개하는 사람이 하나님과 함께 있을 때 평안한 것같이 나와 함께 있어도 평안한가?"

우리에게 상처 주었던 사람이 예수님과 함께 있을 때 평안한 것처럼 우리와 함께 있을 때도 평안해야 합니다. 회개의 진정성을 판단하는 일은 우리 역할이 아닙니다. 우리가 할 일은 회개하는 사람을 용서하고 다시 맞이하는 것입니다.

하지만 예수님과의 관계가 그러하듯, 모든 사람이 회개하고 화해를 바라는 것은 아닙니다. 우리에게 깊은 상처를 준 사람을 용서했어도, 상대방은 여전히 자기가 한 일에 대해 생각을 바꾸지 않는 경우가 있습니다. 우리에게 가한 상처에 대해 회개하지 않습니다. 화해하지 않은 상태 그대로입니다. 화해를 간절히 원하나요? 물론입니다. 사실 우리는 언제나 화해를 위해 기도합니다. 그러나 화해는 우리가 결정하는 것이 아닙니다. 그것은 우리의 통제권 밖에 있습니다. 아모스 3장 3절은 이렇게 말씀합니다. "두 사람이 뜻이 같지 않은데 어찌 동행하겠으며." 회개하지 않는 사람에게는 신뢰의 문제가 남습니다. 잘못을 인정하지 않는 사람은 반복해서 상처를 줄 것입니다. 특히 신체적이고 정서적인 학대의 경우, 피해자가 가해자와 단 둘이 있는 것은 안전하지 않습니다. 누군가를 용서한다는 것이 가해자에게 또다시 상처 줄 권리를 주는 것은 아닙니다. 예수님은 바리새인의 의도를 아셨기에 자신의 몸을 그들에게 의탁하지 않으셨습니다(요 2:24-25). 우리 마음이 더 상처받지 않도록 하는 것이 지혜입니다. 그러나 용서하면 일어난 일을 이전과 다르게 생각하게 됩니다. 십자가의 렌즈로 바라보게 됩니다.

만약 가해자가 우리에게 다가와 회개한다면 어떻게 할까요? "지난 일에 대해 정말 죄송합니다. 제가 잘못했습니다. 용서해주시겠습니까?"라고 말한다면 어떻게 할까요? 이렇게 답할 수 있겠지요. "물론입니다. 이미 해결되었습니다. 오래전에 결정했습니다." 저희 부부도 그렇게 했습니다. 용서를 구하는 사람이 누구든 즉시 "네!"라고 대답하기로 하나님께 약속했습니다. 예수님이 그렇게 하셨기 때문입니다. 회개하는 사람은 주님과 함께 있어 평안합니다. 우리와 함께 있을 때도 평안하기를 바랍니다. 당신과 함께 있을 때도 평안할까요? 당신이 용서하기를 배우고 기다리면 그들도 평안할 수 있습니다. 그들이 회개할 때까지, 온전한 화해에 이르는 마지막 단계에 이를 때까지 기다리십시오.

내리 용서 플러스

브래드와 몰리, 그 이후 이야기

우리는 이 장에 나오는 브래드와 몰리에 대한 이야기를 수년 동안 여러 번 공유했습니다. 많은 사람이 성(性) 중독은 끊을 수 없는 것으로 생각하기 때문에, "그래서 지금은 어떻게 지내고 있나요?"라고 물어보기도 합니다.

최근에 우리 집에서 브래드와 몰리를 만났습니다. 그 부부와 처음 만난 지 14년 만이었습니다. 그들의 근황을 물으니 브래드가 바로 답했습니다. "하나님이 모든 것을 새롭게 만드십니다! 세상에서 가장 놀라운 일입니다. 저희 부부의 결혼 관계를 지탱하는 기반은 하나님께 영광을 돌리는 것이며, 오직 용서를 통해서만 가능합니다. 저희는 함께 일하기 때문에 하루 24시간, 일주일 내내 함께 시간을 보내고 있는데, 그것이 늘 기쁩니다. 누구나 그렇듯이 저희에게도 고난과 시련은 여전히 있지만, 우리는 언제 주님께 돌아가야 하는지 알아가고 있습니다." 몰리는 이렇게 덧붙였습니다. "저희는 상상 이상으로 잘 지내고 있습니다. 용서를 가르쳐주셔서 감사합니다. 용서는 저희의 결혼 생활을 완전히 바꾸어놓았습니다."

일반적으로 중독은 끊기 어렵고, 배우자를 그렇게 빨리 용서할 수도 없습니다. 하지만 그런 통념은 항상 십자가의 능력을 과소평가합니다. 브래드와 몰리가 그 증거입니다!

경계하기보다는 축복하기

여러 면에서, 화해의 공식에 대한 가르침은 '내리 용서' 메시지의 핵심 부분 중 하나였습니다. 용서와 화해가 종종 동일한 것으로 간주되기 때문에, 용서의 개념에는 불필요한 두려움과 불안이 많이 따릅니다. 많은 사람이 상처를 준 사람과 화해하지 않고도 용서할 수 있다는 사실에 안도합니다. 화해하려면 상처 입은 사람의 용서와 상처 준 사람의 회개가 필요합니다. 우리가 전하는 용서는 상처 준 사람의 회개와 연결되어 있는 것이 아닙니다. 하지만 화해는 회개와 연결되어 있습니다. **우리는 상처 준 사람이 회개하든 안 하든, 용서하도록 부름받았습니다.** 세미나에서 중요한 패러다임의 전환이 되는 이 메시지를 전할 때마다, 방 안의 모든 사람이 안도의 한숨을 내쉽니다.

이 안도의 한숨은 보통 '경계선'(boundary)에 대한 다양한 생각으로 이어집니다. (경계선이란 다른 사람과의 관계에서 한 사람이 설정한 신체적, 정서적, 정신적 또는 영적 선입니다.) 대부분 이러한 경계선은 상처를 주는 행동이 반복되지 않도록 하려고 세워집니다. 이 경계선은 부정적인 관계를 제한하거나 제거하기 위한 보호 장벽으로 설정됩니다. 따라서 경계선은 건강한 관계를 유지하는

데 매우 적절할 수 있지만, 설정되는 시점이 매우 중요합니다.

용서하기 전에 사람들은 경계선에 대해 묻곤 합니다. "용서하면 반드시 그 사람과 관계를 유지해야 하나요? 그럼 그 관계는 어떻게 될까요?" 진짜 묻고자 하는 질문은 "다시 상처받지 않도록 보장하기 위해 어떤 경계선을 설정할 수 있나요?"입니다. 우리는 이렇게 답합니다. "중요한 질문입니다. 하지만 용서하고 나서 다룹시다. '용서 프로토콜'의 단계를 다 마친 후 이 문제를 다시 알려주세요." 놀라운 사실은, 사람들이 이 질문을 다시 제기하는 경우가 거의 없습니다. 왜 그럴까요? 용서하기 전에 경계선을 설정하면 그 선은 자기중심적이고 자기 보호를 위한 것입니다. **그러나 용서한 후 경계를 설정하면 그 경계는 회복에 중심을 두게 되어, 문제가 되는 죄의 패턴을 반복하지 않도록 보호하는 데 더 중점을 두게 됩니다.**

그리스도를 믿는 사람들은 문화와 직관에 반하는 사고방식을 지녀야 합니다. 예수님은 "너희 원수를 사랑하며 너희를 박해하는 자를 위하여 기도하라"(마 5:44)라고 가르치셨습니다. 또한 "너희를 저주하는 자를 위하여 축복하며 너희를 모욕하는 자를 위하여 기도하라"(눅 6:28)라고 말씀하셨습니다. 바울은 "박해하는 자를 축복하라 축복하고 저주하지 말라"(롬 12:14)라고 말했습니다. 또한 "사랑하는 자들아 너희가 친히 원수를 갚지 말고 하나님의 진노하심에 맡기라 기록되었으되 원수 갚는 것이 내게 있으니 내가 갚으리라고 주께서 말씀하시니라 네 원수가 주리거든 먹이고 목마르거든 마시게 하라 그리함으로 네가 숯불을 그 머리에 쌓아 놓으리라 악에게 지지 말고 선으로 악을 이기라"(롬 12:19-21)라고 말씀하십니다. 하나님은 우리를 너무나 사랑하셔서 우리가 그분께 공개적으로 적대적인 태도를 취하고 있을 때에도, 우리의 죄를 속량하시려고 예수님을 보내셔서 우리가 하나님과 화해할 수 있도록 하셨습니다. 우리를 회개로 이끄신 것은 하나님의 인자하심이었습니다(롬 2:4). **하나님은 그분의 진노에서 우리를 구원하시려고 경계선을 설정하시고, 우리를 은혜롭게 구속하셨습니다.** 이것이 우리가 지녀야 할 사고방식입니다.

용서하기로 선택하면, 상처 준 사람을 대하는 태도가 극적으로 변합니다. **상처받은 사람은 종종 자신이 상처받은 방식대로 다른 사람에게 상처를 줍니다.** 우리는 용서한 사람의 마음속에 가해자에 대한 공감이 생겨나는 것을 보았습니다. 이때 축복의 기도가 자연스럽게 흘러나오기 시작합니다. 정말 아름다운 광경입니다.

더 깊이 들어가기

1. 당신은 화해하지 않고도 누군가를 용서할 수 있나요? 설명해보세요.

2. '회개'로 번역된 헬라어 단어는 '마음의 변화'를 의미합니다. 이전에 들었던 회개의 정의와 어떻게 다른가요?

3. "하나님은 가해자가 회개하기 전에 우리가 먼저 용서하기를 요구하십니다." 왜 이 말이 사실이라고 생각하나요?

4. 화해하지 않고도 용서하는 사람을 본 적이 있나요?

5. **누가복음 23장 39-43절과 베드로후서 3장 8-9절을 읽어보세요.** "회개하는 사람들은 언제나 예수님과 함께 있을 때 평안하고, 우리와 함께 있을 때도 평안해야 합니다." 이것이 왜 중요한가요? 실제로 어떤 모습일까요?

3부

성경이 알려주는 용서의 방법

7장

용서와 믿음

1부에서 우리는 용서에 대한 명령을 살펴보았습니다. 하나님은 용서받은 사람이 다른 사람을 용서하기를 기대하시며, 그분이 베푸신 용서와 우리가 베푸는 용서를 연결하십니다. 우리가 용서하지 않을 때 하나님은 우리를 고통받도록 내버려두십니다. 그러나 우리가 용서하는 순간, 하나님은 우리를 보호하시며 고통을 주는 것들을 향해 떠나라고 명령하십니다. 하나님은 왜 이렇게 용서하지 않는 것을 엄하게 다루시는 것일까요? 용서가 복음의 핵심이기 때문입니다. 복음의 어느 곳을 들춰봐도 용서에 대한 이야기가 나오지 않는 곳이 없습니다. 예수님의 보혈은 모든 죄를 덮습니다. 우리에게 상처를 준 죄들도 그 안에 포함됩니다.

간단히 말해서, 용서는 예수 그리스도의 보혈로 내가 받았거나 앞으로 받을 수 있는 모든 상처에 대해 완전한 대가를 치르는 것입니다.

이어서, 2부에서는 용서의 모델을 살펴보았습니다. 예수님은 어떻게 용서하셨습니까? 우리는 예수님이 누군가를 용서할지 여부를 절대 그의 잘못에 근거하여 결정하지 않으셨다는 원칙을 발견했습니다. 이 대원칙 아래 세 가지 큰 요점이 있습니다. (1) 예수님은 용서하기로 미리 결정하셨습니다. 세상이 창조되기 전부터 우리를 용서하기로 선택하셨습니다. (2) 예수님은 우리의 빚을 갚기로 의도적으로 선택하셨습니다. 우리를 용서하기 위해 극단적인 조치를 취하셨습니다. (3) 예수님은 화해의 결정을 우리에게 맡기셨습니다. 우리는 화해하기 위해서 용서와 회개가 모두 필요하다는 것을 배웠습니다. 가해자가 회개하는지와 상관없이 용서할 때 우리는 하나님과 평화를 누릴 수 있습니다.

용서의 방법, 즉 '용서 프로토콜'로 넘어가기 전에, 용서를 뒷받침하는 마지막 신학적 토대를 한 가지 더 다루고자 합니다. 용서의 근거이자 견고한 토대는 바로 '믿음'입니다.

만약 교회, 가정 또는 사무실 벽에 걸려 있는 성경 구절의 순위를 매긴다면, 아마도 로마서 8장 28절은 상위 10위 안에 들 것입니다. "우리가 알거니와 하나님을 사랑하는 자 곧 그의 뜻대로 부르심을 입은 자들에게는 모든 것이 합력하여 선을 이루느니라." 이 구절은 하나님이 모든 일을 일으키신다고 말하나요? 아니요, 그렇지 않습니다. 하나님은 죄를 일으키시지 않습니다. 기억하십시오, 하나님은 거룩하시며, 그분의 모든 존재, 생각, 말씀, 행동은 온전히 선하고 옳습니다. 또한 그분의 모든 존재, 생각, 말씀, 행동은 어떤 종류의 악으로부터도 완전히 자유롭습니다. 하나님은 악을 시작하지 않으셨습니다.

이 구절이 말하는 바는 하나님이 모든 것을 합력해서 선을 이루신다는 것입니다. 하나님은 사람들이 죄를 짓게 하시지는 않지만, 그들의 죄를 사용하셔서 그분의 더 큰 영광과 우리의 더 큰 선을 이루십니다. 하나님은 사람의 실수나 의도적인 잘못까지도 사용하셔서 미리 정하신 목적을 성취하십니다.

가장 잘 알려진 용서 이야기 중 하나가 창세기 37-50장에 나옵니다. 요셉과 그의 형제들 이야기지요. 야곱에게는 열두 명의 아들이 있었습니다. 요셉은 열한 번째로, 아버지가 가장 아끼는 아들이었습니다. 네, 저도 아버지는 편애하면 안 된다는 것을 잘 압니다. 전문가에게 물어보면, 부모는 모든 자녀를 똑같이 사랑해야 한다고 말합니다. 하지만 자녀는 대부분 자기 부모가 편애한다고 생각하며, 누구를 편애하느냐고 물어보면 언제나 자기가 아닌 다른 형제자매라고 합니다. 요셉의 경우, 그는 정말 아버지가 편애한 아들입니다. 야곱은 요셉에게 특별한 옷을 주어서, 요셉뿐 아니라 다른 사람들에게도 편애한다는 사실을 드러냈습니다. 확실히, 하나님도 요셉을 많이 좋아하셨습니다. 하나님이 요셉에게 꿈을 두 번 꾸게 하셨는데, 두 번 다 훗날 요셉의 형제들이 그에게 절할 거라고 해석되니 말입니다. 하나님이 한 아이에게 형제가 모두 자기에게 굴복하고 복종하게 될 거라고 말씀하신다면 아이는 정말 신이 날 것입니다. 형들의 입장만 아니라면, 정말 '끝내주는' 일이겠지요.

요셉은 형들에게 자기가 꾼 꿈과 그 의미를 말해주었습니다. 엄청난 실수를 저지른 것입니다. 아버지가 편애하는 상황에서 형제들에게 그 사실을 드러내놓고 말한다면 분위기가 좋을 리가 전혀 없습니다. 형들이 어떤 반응을 보일 거라고 요셉이 기대했는지는 모르겠습니다. 어찌 되었든, 그들은 조금도 기뻐하지 않았습니다.

얼마 후 요셉이 일하고 있는 형들을 살피러 갔을 때, 형들은 골칫거리를 영원히 없앨 기회를 잡았습니다. 요셉을 붙잡아 구덩이에 던져 넣고는 어떻게 처리할지 논쟁을 벌였습니다. 형들은 대부분 그를 죽이고 싶어 했습니다. 하지만 죽이지 않고 이집트로 가는 이스마엘 후손들에게 팔았습니다. 이스마엘 족속은 어떤 사람들이었을까요? 그들은 요셉의 증조부인 이스마엘의 후손으로, 관계가 소원해진 상태였습니다. 즉, 형들이 요셉을 감정이 안 좋은 사촌 무리에게 팔았다는 것을 의미합니다. '멋진' 일은 아니었습니다. 형들은 요셉의 옷에 피를 묻혀서 야곱에게 보여주었습니다. "아버지, 저희가 이 옷을 찾았어요. 요셉이 입던 옷 같아요. 살펴보시겠어요?" 형들이 의도한 대로 야곱은 자기가 특별히 사랑하던 아들이 죽었다고 믿었습니다. 수색팀을 보내 요셉을 찾아볼 생각도 하지 않았습니다. 형들은 성가신 꼬마 녀석을 이제부터는 영원히 안 봐도 된다고 생각했을 겁니다.

 파란만장한 이야기가 이어집니다. 사촌들이 요셉을 이집트 군대의 고관 보디발에게 팔았습니다. 요셉은 단숨에 보디발의 총애를 받는 사람이 되었고, 보디발 집안의 일과 재산을 관리하는 사람이 되었습니다. 그는 보디발의 전 재산을 관리했고, 모든 하인이 그에게 보고했습니다. 불행하게도, 보디발의 아내도 요셉을 총애했습니다. 그녀가 요셉을 유혹했으니 말입니다. 여러 번 거절했습니다. 여러 번! 하지만 그녀는 요셉을 붙잡았고, 요셉은 도망쳤습니다. 그녀가 "강간이다!"라고 소리치자, 요셉은 체포되어 왕실 감옥에 던져졌습니다.

하나님의 은혜가 여전히 요셉과 함께했고, 요셉은 짧은 시간에 간수의 총애를 받았습니다. 자기가 하지도 않은 일로 감옥살이를 하는 동안, 간수장은 요셉에게 모든 것을 맡겼습니다. 요셉은 감옥에서 죄수 두 명의 꿈을 해석해주었고, 꿈은 다 그대로 이루어졌습니다. 여러 해가 지난 뒤 바로가 두 가지 꿈을 꾸었는데 아무도 해석하지 못했습니다. 그때 감옥에서 풀려난 사람 중 한 명이 바로에게 요셉의 꿈 해석 능력을 말해주었습니다. 바로는 요셉을 불렀고, 요셉은 꿈을 해석했습니다. 그 꿈은 이집트에 임할 7년의 풍년과 뒤이어 닥칠 7년의 흉년을 예고하는 것이었습니다. 바로는 풍년이 든 7년 동안 곡식을 비축했다가 7년의 흉년에 대비할 수 있었습니다. 전 세계에 기근이 들자 이집트는 식량이 없는 나라에 곡식을 팔아서 많은 돈을 벌 수 있었습니다. 이 일로 깊이 감동받은 바로는 요셉을 총리로 세웠습니다. 이집트에서 두 번째로 높은 자리였습니다. 그 당시 이집트는 초강대국이었기에, 요셉은 한순간에 세계에서 두 번째로 높은 권력자가 되었습니다. 하나님은 형들이 노예로 팔아넘긴 요셉을 세우셔서 세계 식량 공급의 책임자로 삼으신 겁니다.

모든 일은 요셉이 예측한 대로 일어났습니다. 여러 해 동안 기근이 이어져서 세계 모든 나라에서 식량이 고갈되었습니다. 하지만 이집트에는 식량이 풍족했습니다. 이제, 굶주리고 있는 누군가가 보이는 것 같습니까? 네, 요셉의 형들입니다. 아버지 야곱은 형들을 이집트로 보내 식량을 사 오게 했습니다. 누구한테 식량을 사야 했을까요? 네, 동생 요셉입니다. 하지만 형들은 요셉을 알아보지 못했습니다. 어떻게 알아볼 수 있겠습니까? 생각해보세요. 동생을 구덩이에 던져 넣었다가 노예로 팔았는데, 몇 년 후 그가 전 세계 식량 공급 책임자가 되었을 거라고는 상상도 할 수 없었을 것입니다. 르우벤이 요셉을 보았을 때 "요셉인가?"라고 레위에게 물어보았다면, 레위는 "아니야, 그럴 리가 없어. 닮은 사람이겠지"라고 서로 속삭이는 모습을 상상할 수 있습니다. 게다가 동생을 서로 감정이 좋지 않던 사촌들에게 팔았다면 그런 일이 일어날 리가 없지 않습니까? 하나님이 개입하시지 않는다면 말입니다.

결국 요셉은 형들에게 자기가 누구인지 밝히고, 필요한

식량을 모두 주었습니다. 요셉은 바로의 권유를 따라 자기 아버지와 가족 모두를 이집트로 데려와서 고센 땅에 살게 했는데, 그 땅은 이집트 전역에서 가장 좋은 땅이었습니다. 가족 모두와 그들이 소유한 가축과 양 떼가 살기에 넉넉한 공간이었습니다. 요셉은 가족에게 필요한 모든 것을 넘치게 주었습니다.

마침내 아버지 야곱이 죽자 형들은 두려움에 휩싸였습니다. 요셉이 지금까지 긍휼을 베푼 이유가 오직 아버지 때문이 아니었을까 싶었던 겁니다. 이제 아버지가 안 계시니 결국 요셉이 복수할 거라며 두려워했습니다. [영화 "대부"(The Godfather)의 마지막 장면에 나오는 마이클 코를레오네를 생각해보세요.] 형들은 지레짐작으로 큰일났다고 생각하고 겁을 냈습니다. 그렇게 생각하지 않을 사람이 누가 있겠습니까?

"요셉에게 말을 전하여 이르되 당신의 아버지가 돌아가시기 전에 명령하여 이르시기를 너희는 이같이 요셉에게 이르라 네 형들이 네게 악을 행하였을지라도 이제 바라건대 그들의 허물과 죄를 용서하라 하셨나니 당신 아버지의 하나님의 종들인 우리 죄를 이제 용서하소서 하매 요셉이 그들이 그에게 하는 말을 들을 때에 울었더라 그의 형들이 또 친히

와서 요셉의 앞에 엎드려 이르되 우리는 당신의 종들이니이다"(창 50:16-18).

무슨 일이 일어났는지 보입니까? 형들은 아버지의 이름을 앞세우고 나아와 수년 전에 요셉에게 행한 자신들의 행위가 잘못이었다고 인정했습니다. 회개하는 것 같지 않습니까? 요셉은 감정이 차올랐습니다. 목놓아 울었습니다. 왜 울었을까요? 아마 당신도 이미 용서하고 오랜 세월 기다려온 가해자가 회개하는 것을 본다면, 마음속에서 해방감이 북받쳐 올라오는 것을 느끼게 될 겁니다. 그리고 가해자가 당신을 두려워하는 것을 알게 되면, 마음이 찢어질 겁니다.

형들이 회개할 때 요셉이 보인 반응에서 용서하는 방법에 대한 중요한 통찰을 얻게 됩니다. "요셉이 그들에게 이르되 두려워하지 마소서 내가 하나님을 대신 하리이까"(창 50:19). 요셉은 우리가 꼭 알아야 할 매우 중요한 진리를 알고 있었습니다. 엄밀히 말하면, 사람은 '우리에게' 죄를 짓는 것이 아닙니다. 그는 '하나님께' 죄를 짓습니다. 그의 죄는 우리에게 상처를 주지만, 그 죄는 실제로 하나님께 지은 것입니다. 다윗도 이 점을 이해하고 있었습니다. 시편 51편은 다윗이 나단의 책망을 받고 밧세바와 불륜을 저지르고 그녀의 남편을 살해한 일을 회개하는 기도입니다. 다윗이 말합니다. "내가 주께만 범죄하여 주의 목전에 악을 행하였사오니"(시 51:4). 상상해봅니다. 그 기도가 하늘에 도달했을 때 보좌실 한 구석에 있던 우리아라는 사람이 손을 들고 "여기요, 여기요. 그는 제 아내를 빼앗고 제 목숨도 앗아갔어요. 그가 저에게 조금이라도 죄를 지은 것 같지 않나요?"라고 말했을 것 같습니다. 그러나 분명히 하나님은 "아니다!"라고 말씀하셨습니다. 왜냐하면 다윗이 성령의 감화를 받아 쓴 수백 편의 시편은 하나님이 우리를 위해 영원히 성경에 기록해두신 것이기 때문입니다. 사람들은 우리에게 죄를 짓는 것이 아닙니다. 죄는 하나님께 짓고, 우리는 그 죄로 상처를 받습니다.

요셉은 덧붙여 말했습니다. "당신들은 나를 해하려 하였으나…."

요셉이 "괜찮습니다, 형님. 큰일 아니에요. 아무래도 상관없어요"라고 말하지 않았다는 점에 주목하십시오. 괜찮은 것이 아니었습니다. 어떤 맥락에서도 형제를 감정이 안 좋은 사촌들에게 팔아넘기는 것은 절대 괜찮은 일이 아닙니다. 형들의 행동은 잘못된 것이었습니다. 용서한다고 해서 상처나 피해의 정도가 축소되지는 않습니다. 오히려 용서는 일어난 일의 고통과 잘못을 그대로 인정하는 것입니다. 다만 용서는 그 일에 대해 하나님을 신뢰하기로 선택하는 것을 의미합니다. 요셉은 이렇게 말했습니다. "당신들은 나를 해하려 하였으나 하나님은 그것을 선으로 바꾸사 오늘과 같이 많은 백성의 생명을 구원하게 하시려 하셨나니 당신들은 두려워하지 마소서 내가 당신들과 당신들의 자녀를 기르리이다 하고 그들을 간곡한 말로 위로하였더라"(창 50:20-21).

따라서 우리에게 중요한 질문은 이것입니다. 형제들이 요셉을 노예로 팔아넘기지 않았더라도 하나님은 요셉을 사용하셔서 이스라엘 민족을 기근에서 구해내실 수 있었을까요? 답은 "예!"입니다! 어떻게 알 수 있을까요? 왜냐하면 죄가 있기 전에 이미 약속이 있었고, 하나님은 사람의 죄가 자신의 약속을 좌지우지하게 두지 않으십니다. 그러나 하나님이 종종 사람들이 저지른 죄를 통해 마지막 결과를 나타내시기 때문에, 모든 일을 하나님이 계획하신 것처럼 보입니다. 하나님은 사탄과 싸우시지 않습니다. 하나님은 사탄을 사용하십니다. 하나님은 막으실 수 있는 것을 사람들이 저지르도록 허용하셨다가 그것을 이용하여 그분의 크신 영광과 우리의 큰 선을 이루도록 하십니다. 그리고 똑같은 이유로 하나님은 허용하실 수 있는 것을 막기도 하십니다. 때로는 하나님이 허용하시거나 막으시지 않은 일로 인해 우리는 상처를 입습니다. 그러나 그럴 때에도 우리는 믿음으로 말합니다. "나는 여전히 하나님을 믿습니다."

고인이 된 미카엘 웰스(Michael Wells) 형제는 인생의 모든 문제에 대해 두 단어로 답할 수 있다고 말했습니다. 최고의 일이든 최악의 일이든 똑같은 두 단어입니다. 사지도 않은 복권에 당첨되었든, 폭풍으로 모든 것을 잃었든 말입니다. 그 두 단어는 "네, 아멘"입니다. 히브리어로 아멘은 '하나님은 신실하시다. 하나님은 신뢰할 만하며 믿을 수 있다'는 뜻입니다. 다시 말해, 하나님이 어떤 상황에서도 당신을 지키신다는 뜻입니다. 당신은 그분을 믿을 수 있습니다.

용서의 기초가 되는 초석은 믿음입니다. 이는 하나님의 주권 안에서, 하나님이 우리에게 일어나는 최악의 상황도 그분의 영광과 우리의 선을 위해 사용하신다는 것을 이해하는 것입니다. 만약 누군가 우리 부부에게 미리 물어보았다면, 우리는 배신, 비방 그리고 버림의 고통을 선택하지 않았을 것입니다. 그러나 우리는 그 모든 고통을 통해 얻은 축복과 성장을 소중히 여깁니다. 인생의 가장 어두운 시기에 하나님의 신비로운 구속의 능력을 거듭 목격했고 경험했습니다. 뿐만 아니라, 하나님이 우리에게 가르쳐주신 메시지를 통해 전 세계 많은 사람의 삶을 변화시키는 데 우리가 겪은 고통을 그분이 어떻게 사용하셨는지도 목격했습니다. 그래서 우리는 자신 있게 말할 수 있습니다. 하나님은 모든 일이 일어나게 하시지는 않지만, 모든 것이 합력하여 그분의 영광과 우리의 선을 이루게 하셔서 모든 것을 구원하십니다. 하나님께 초점을 맞추면, 우리는 보복으로 반응하는 대신 고통 속에서도 축복을 받아들일 수 있게 됩니다. 믿음은 용서의 기초가 되는 초석입니다.

내리 용서 플러스

내리 용서 믿음 이야기

'내리 용서' 사역은 공식적으로는 2009년 3월에 시작되었지만, 실제로는 토니와 제가 대학에 다닐 때부터 시작되었습니다. 우리가 다니던 교회에 브루스 윌킨슨 목사님이 강사로 오셔서 역대상 4장 9-11절에 나오는 야베스의 기도를 가르쳐주셨습니다. 야베스는 하나님께 자신을 축복해주시고, 영향력을 넓혀주시며, 그 손길로 지켜주시고, 악에서 보호해주시기를 간구한 존경받는 인물이었습니다. 우리 부부는 그 당시 약혼한 상태였고, 적극적으로 미래를 계획하고 있었습니다. 우리는 목사님의 메시지에 깊이 감동받아 함께 단으로 나아가, 우리가 하는 사역이 모두 하나님이 하시는 일인 것을 알 수 있도록 우리를 사용해달라고 기도했습니다. 우리는 매일 함께 야베스의 기도를 드리기 시작했습니다.

토니와 저는 결혼을 하고, 대학을 졸업한 후, 댈러스 신학교에 진학하여 더 많은 훈련과 멘토링을 받았습니다. 우리는 야베스와 같은 큰 비전과 희망을 품고 전임 사역에 뛰어들었습니다. 그러나 여러 해 동안 우리는 깊은 상처를 받았고, 매우 어려운 상황을 겪었습니다.

결국, 위기에 빠진 저는 상담을 받았습니다. 그리고 호숫가의 집을 빌려 개인적으로 리트릿을 하며 오랜 세월 저를 괴롭혔던 깊은 상처를 용서하기로 선택했습니다.

집에 돌아온 저는 하나님이 마음속에서 행하신 일을 아내에게 이야기했습니다. 우리는 온 가족이 함께 모여 하루 11시간 동안 오래된 상처를 용서하는 시간을 가졌습니다. 그날은 우리 가족 역사상 가장 큰 변화가 일어난 날이었습니다. 3주 후, 저는 아버지가 인생의 깊은 상처를 용서하시도록 도울 수 있었고, 아버지가 자유를 찾으시는 모습을 바로 제 눈앞에서 보았습니다. 사람들이 용서하는 것을 돕고, 용서받은 사람이 다른 사람들을 용서하도록 돕고 싶은 열정이 우리 안에 생겨났습니다. 저는 성경이 말씀하는 용서의 명령에 대해 깊이 연구하기 시작했고, 하나님은 '내리 용서'의 핵심 메시지가 될 요소들을 제게 알려주기 시작하셨습니다.

결국 우리는 용서를 중심으로 하는 네 가지 메시지를 품고 작은 교회를 세웠습니다. 하나님은 작은 교회를 통해 놀라운 일을 행하셨고, 그곳을 거쳐 간 사람들의 삶에 놀라운 돌파구가 생겼습니다. 제가 "그곳을 거쳐 간"이라고 말하는 이유는, 상처받고 부서진 상태로 온 사람들에게 우리가 용서하기를 가르치면, 그들은 자신이 소속된 교회로 돌아가 화해했기 때문입니다. 우리는 상처받은 영혼들을 위한 MASH(미국 육군의 이

동 외과병원) 부대와 같았습니다.

교회 사역 2년 차에 하나님은 우리를 브루스 윌킨슨 목사님과 다시 연결해주셨습니다. 우리는 그분이 집필 중인 새 책에 대해 몇 회에 걸쳐 강의를 열었습니다. 어느 날 점심 식사 중, 우리와 이야기를 나누던 윌킨슨 목사님이 이렇게 말했습니다. "여러분이 사역하면서 겪은 모든 일은 사역이 아닙니다. 그것은 진정한 사역을 위한 훈련이었습니다. 오늘날 교회에서 가장 큰 문제는 용서하지 않는 것입니다. 두 분은 지역 교회를 넘어 세상의 여러 교회로 나아가 용서하는 법을 가르쳐야 합니다. 그리고 용서에 관한 책을 써야 합니다. 하지만 내 말만 듣지 말고, 여러분의 멘토 중 한 분에게 가서 확인해보세요."

2009년 3월 19일, 저는 저의 멘토이자 아버지 같은 존재였던 톰 로우 목사님과 함께 아침 식사를 했습니다. 제가 윌킨슨 목사님의 제안에 대해 이야기하자 그분은 웃으며 말했습니다. "하나님이 3년 전에 이것이 네가 할 일이라고 이미 내게 말씀하셨단다. 또한 하나님은 네가 와서 물어볼 때까지 기다리고, 내게 찾아오면 너의 사명을 확인해주라고 하셨단다."

저는 집에 가서 로우 목사님의 말씀을 아내에게 전했습니다. 우리는 기도 자리로 구별해둔 거실 바닥에 무릎을 꿇고 기도하기 시작했습니다. 제가 기도하는 동안, 아내는 머릿속으로 '30'이라는 숫자가 스쳐 지나가는 것을 보고 '이게 무슨 뜻이지?'라고 생각했습니다. 아내는 하나님이 "나는 예수를 사역에 보내기 전에 30년 동안 훈련시켰다"라고 말씀하시는 것 같다고 했습니다. 제가 기도를 마치자 아내가 물었습니다. "우리가 처음 브루스 윌킨슨 목사님의 '야베스의 기도'에 대한 가르침을 듣고, 우리의 공로가 드러나지 않는 방식으로 우리를 사용해달라고 간구한 것이 언제였나요?" 서재로 가서 그날의 메모를 찾아보니 1979년 3월 19일이었습니다! 하나님이 '내리 용서' 사역을 확증해주신 날로부터 정확히 30년이 되는 날이었습니다.

그날 이후, 우리의 삶은 완전히 달라졌습니다. 하나님이 우리가 간구한 야베스의 기도에 응답하셨기 때문입니다. 우리는 지역 교회 사역을 그만두고 '내리 용서'의 메시지를 다듬기 시작했습니다. 세미나 형식을 개발하여 여러 교회에서 발표했습니다. 우리는 2011년에 책을 쓰고 출판했으며, 이 책은 현재 히브리어, 아랍어, 스페인어, 한국어, 러시아어로 번역되었습니다. 2012년에는 〈내리 용서-가정용 DVD 시리즈〉를 출시했고, 이를 통해 스무 곳이 넘는 감옥의 수감자를 포함해 수천 명의 사람이 용서 메시지를 접했습니다.

우리는 미국 전역과 다른 13개 나라에서 수십만 명의 사람을 현장에서 가르쳤습니다. 아내와 저는 집에서 개인적으로 천 명 이상을 코칭했으며, 많은 사람을 용서 코치로 훈련시켰습니다. 2020년 8월 1일에 '내리 용서 자유 센터'(Forgiving Forward Freedom Center)라는 이름의 코칭과 훈련을 위한 장소를 마련했습니다. 2022년 9월에는 업데이트된 동영상 강좌를 출시하여, 현재 웹사이트와 '라잇 나우 미디어'(Right Now Media)를 통해 전 세계에 제공하고 있습니다.

'내리 용서' 사역을 통해 하나님이 이루시는 놀라운 일에 대해 들은 친구 목사가 말했습니다. "에베소서 3장 20-21절 말씀대로, 하나님이 정말 자네에게 모든 것에 '더 넘치는' 사역을 주셨군. 자네가 겪은 일을 미리 알았다면, 절대 구하거나 생각하지도 못했을 일들을 하나님은 자네를 통해 이루고 계시네!"

예수님, 감사합니다!

더 깊이 들어가기

1. **로마서 8장 26-32절을 읽으세요.** 하나님이 모든 것을 주관하시나요? 왜 그렇다고, 혹은 왜 그렇지 않다고 생각하나요? 이 구절이 당신의 믿음을 어떻게 인도하나요?

2. 하나님은 그분의 더 큰 영광과 우리의 더 큰 선을 위해 (1) 막으실 수 있는 일을 허락하십니다. 혹은 (2) 더 큰 영광과 더 큰 선을 위해 허락하실 수 있는 일을 막으십니다. 이 진리를 받아들인다면, 삶에서 일어나는 어려운 일들을 어떻게 바라보게 될까요?

3. **창세기 37장 1-36절, 39장 1절-50장 26절을 읽으세요.** 요셉의 이야기는 당신의 믿음과 용서에 대한 개념에 어떤 영향을 주었나요?

4. 창세기 50장 15-21절에서 요셉이 형제에게 보인 반응을 보면, (1) 하나님을 바라보는 요셉의 시각에 관해 무엇을 알 수 있나요? (2) 그리고 그의 고난이 하나님의 계획에 어떻게 부합하는지에 대해 무엇을 말해주나요?

5. **베드로전서 2장 17-25절을 읽으세요.** "뭇 사람을 공경하며"는 무엇을 의미하나요? '뭇 사람'에는 당신에게 상처 준 사람도 포함되나요? 예수님을 본으로 삼아 우리가 따라야 할 것은 무엇인가요?

8장

용서 프로토콜

여러 해 동안 용서의 메시지를 전하면서 용서라는 주제와 관련해서 혼란을 야기하는 문제가 많다는 것을 알게 되었습니다. 그리스도인 중에서 용서가 나쁜 생각이라고 말하는 사람은 없었지만, 용서하는 방법을 모르는 사람은 많았습니다. "어떻게 용서해야 하나요?" 또는 "내가 정말로 용서했는지 어떻게 알 수 있나요?"와 같은 질문을 합니다. 하지만 이에 답하기 전에 먼저, 용서에 대한 가장 일반적인 오해 중 하나를 다루어야 합니다.

용서는 과정이 아닙니다. 결심입니다. 선택하는 결정입니다. 과정이란, 시간이 지나면서 결국 결과에 이르게 되는 일련의 사건을 의미합니다. 용서를 과정으로 볼 경우, 단순히 시간을 충분히 주기만 하면 결국 그 일에서 자유로워질 수 있다는 잘못된 가정을 하게 됩니다. 하지만 용서는 거래할 때 하는 결정 같은 것입니다. 용서는 감정이 아니라 선택입니다. 우리가 어느 시점에서 결단하고 내리는 선택입니다. 집을 산다고 생각해봅시다. 집을 사는 일이 과정처럼 느껴질 수 있지만, 실제로는 구매자가 계약서에 서명하고 돈을 이체하며, 판매자가 계약서에 서명하고 증서를 이전하는 일은 중개업자의 사무실에서 이루어지는 거래입니다. 용서는 일련의 상처를 용서해야 하는 경우가 많기 때문에 과정처럼 느껴질 수 있습니다. 우리가 겪은 여러 가지 상처를 하나하나 기억하고 다루는 데 시간이 오래 걸릴 수 있으며, 각각의 상처는 결단을 통해 용서해야 합니다. 그래서 우리는 "용서하기로 선택합니다"라고 표현하는 것입니다.

이번 장에서는 매우 간단한 '용서 프로토콜'을 알려드리겠습니다. 이 프로토콜을 따를 때 하늘에 계신 아버지는 우리가 용서했음을 보며 기뻐하실 것입니다. 프로토콜은 공식적인 또는 의식을 갖춘 행사에 따르는 올바른 행동 규칙 또는 규약입니다. 왕국과 정부는 어떤 일을 어떻게 수행해야 할지를 규정하는 일련의 공인된 절차를 가지고 기능적으로 움직입니다. 천국에는 용서와 관련된 프로토콜이 있습니다. 우리가 사용하는 어휘에 마법적인 요소가 있는 것은 아닙니다. 때에 따라서 성령님이 인도하시는 대로 순서를 바꿀 때도 있었지만, 가장 효과적인 결과를 이끌어내는 용서의 기본 순서가 있다는 것을 발견했습니다. 자발적이고 적극적인 마음으로 다음의 7단계 프로토콜을 따른다면 고통에서 벗어나 자유롭게 되는 기적이 일어납니다. 그렇다면, 용서 프로토콜은 어떻게 하는 걸까요?

우리가 발견한 바로는 7단계 용서 프로토콜은 '크게 소리 내어' 진행하는 것이 가장 효과적입니다. 야고보서 5장 16절은 "그러므로 너희 죄를 서로 고백하며 병이 낫기를 위하여 서로 기도하라 의인의 간구는 역사하는 힘이 큼이니라"라고 말합니다. 우리가 생각을 말하거나 글로 쓸 때 그 생각을 선언처럼 정립하게 됩니다. 또한 이 프로토콜을 누군가와 '함께' 진행하는 것이 중요합니다. 우리가 서로에게 자신의 죄를 고백할 때 영적인 영역에서 어떤 일이 일어납니다. 하나님의 적과 그의 악한 조력자들이 우리의 마음을 읽을 수 있는지 없는지는 성경에 명시되어 있지 않습니다. 그러나 그들이 당신의 목소리를 들을 수 있는 것은 분명합니다. 소리 내서 용서를 고백하면 6번 프로토콜을 할 때 도움이 될 것입니다.

용서 프로토콜

1. 당신을 용서해주신 하나님께 감사하십시오.

첫째, 감사의 프로토콜입니다. 1번 프로토콜은, 마태복음 18장의 이야기에서 우리가 두 번째 종이 아니라 첫 번째 종의 입장에 있다는 것을 인정하는 것입니다. 우리는 감당할 수 없는 빚을 진 사람이지, 사소한 빚을 진 사람이 아닙니다. 다른 사람이 우리에게 어떤 일을 했든 하나님이 우리를 용서해주신 것에 비하면 아무것도 아니라는 진실을 받아들이는 것입니다. 이 프로토콜은 우리에게 하나님의 은혜를 바라보게 합니다. 흥미로운 점은, 예수님의 삶을 보면 그분은 어떤 기적을 행하시기 전에 항상 하나님께 감사드리셨다는 것입니다. 예수님은 기적을 행하시기 전에 먼저 하나님께 감사드리셨습니다. 하나님이 우리를 용서해주신 모든 것을 인식하고 감사로 시작하면, 우리의 사고방식이 변합니다. 찬양하면 모든 것을 올바로 바라보게 되고 겸손해져서 용서의 문을 열게 됩니다.

2. 남을 용서하지 못하는 자신의 죄를 회개하십시오.

당신의 죄를 회개하십시오. 이제, 확실히 알아두세요. 용서하지 않는 것은 죄입니다. 그저 나쁜 생각이 아니라 죄입니다. 당신은 죄를 어떻게 다루나요? 회개해야 합니다. 당신의 생각을 바꾸어 하나님의 생각과 일치시키며, 하나님이 당신의 죄를 바라보시듯이 당신도 당신의 죄를 보십시오. "하나님, 제가 용서하지 않음으로써 주님의 보혈을 모독한 것을 회개합니다. 주님의 보혈이면 충분하다고 이제 선언합니다. 용서하지 못한 저의 죄를 용서해주세요."

사역 초기에 어떤 청년이 자기 아버지와의 문제로 면담을 요청했습니다. 그의 말을 들어보니 아버지와의 관계가 전형적인 역기능 관계였습니다. 상처가 너무 깊어서 청년은 '아버지' 또는 '아빠'라고 부르지 않았고, 제게도 아버지를 아버지의 이름인 마이크로 불러달라고 했습니다. 그의 얼굴과 몸짓에 고통이 묻어났습니다.

하나님께 용서가 얼마나 중요한지와 하나님은 우리의 용서하지 않는 마음을 죄로 여기신다고 말씀하는 성경 구절을 청년과 함께 살펴보았습니다. 그러나 그가 용서하지 않는 마음을 죄로 받아들이지 않았기에, 나중에 다시 말하기로 하고 계속 진행했습니다. 4번 프로토콜을 진행하기 시작했을 때 여전히 장애물이 있다는 것이 감지되었습니다. 청년이 입을 열었습니다. "저는 용서하기로 선택합니다. 마…." 그러나 문장을 끝내지 못했습니다. 그래서 제가 말했습니다. "아직도 용서할지 말지는 당신이 선택하는 거라고 생각하지요? 마이크를 용서하는 것이 마이크에게 호의를 베푸는 거라고 생각하고 있지 않나요? 용서는 해도 되고 안 해도 되는 옵션이 아닙니다. 마이크를 용서하지 않는 죄를 자백해야 합니다. 용서하지 않는 마음은 단순히 안 좋은 생각이 아니라 죄입니다. 그런 식의 생각을 회개하지 않으면 자유로워질 수 없습니다."

그러고 나서 일어난 일을 잊을 수가 없습니다. 청년이 말했습니다. "주님, 용서하지 않는 저의 죄를 회개합니다. 마…마…나의 아빠를요." 이렇게 말하면서 그는 울기 시작했습니다. 제가 아무 말도 하지 않았는데, 청년은 기억해낼 수 있는 모든 상처 하나하나에 대해 아버지를 용서하기 시작했습니다. 더 이상 '마이크'라는 이름도 사용하지 않았습니다. 그 이후로는, 자기 '아빠'에 대해 이야기했습니다. 고통으로 괴로워하던 청년이 아버지를 향한 사랑과 긍휼로 채워지는 모습이 경이로웠습니다. 사실, 용서하지 않는 마음이 죄라는 것을 깨닫기 전까지는, 용서가 선택의 문제라고 생각할 것입니다. 그리고 선택의 문제라고 생각하는 한, 용서하지 않는 마음이 정당하게 느껴질 것입니다. 용서하지 않는 마음이 정당하게 느껴지는 한, 회개하지 않을 것이고, 그로 인한 고통에 계속 묶여 있게 될 것입니다. 그러나 우리가 용서하지 않는 마음을 죄로 고백할 때 우리는 이 청년처럼 자유롭게 됩니다! 2번 프로토콜은 우리와 하나님 사이의 연결 통로를 깨끗하게 해줍니다. 이제 우리는 성령님과 같은 편이 되어 용서하는 길로 인도함을 받습니다.

3. 누구를 용서하고 무엇을 용서해야 하는지 하나님께 물으십시오.

엄밀히 말하면, 우리는 사람을 용서하지 않습니다. 상처를 용서합니다. 사람이 상처를 입혔지만, 우리는 사람을 용서하는 것이 아닙니다. 우리가 용서하는 것은 그들의 행동입니다. 예수님은 "아버지, 저들을 용서해주소서. 저들은 자기들이 하고 있는 일을 알지 못합니다"라고 말씀하셨습니다. "저는 아버지를 용서했어요"라고 말하지만, 여전히 고통스러워하는 사람을 많이 만납니다. 이들에게 묻습니다. "무엇을 용서했나요? 아버지의 존재인가요? 사람은 누구나 (당신에게 상처 준 당신의 아버지까지도) 하나님의 형상대로 창조된 존재랍니다!" 사람의 행동은 비난하더라도 사람의 존재는 존중해야 합니다. 우리는 사람이 아니라 상처를 용서합니다.

그러므로 "누구를, 무엇을 용서해야 하나요?"라고 하나님께 여쭤야 합니다. 사람의 마음속 깊은 곳에는 어릴 때부터 쌓인 상처가 있습니다. 대부분은 이 상처가 고통을 일으키는 '뿌리 상처'입니다. 위기에 처한 수백 쌍의 부부를 코칭해보니, 100퍼센트 모든 경우, 부부 갈등의 원인이 되는 상처는 결혼 전부터 존재한다는 것을 발견했습니다.

뿌리 상처를 처리하지 않으면 드러난 문제는 해결될 수 없습니다. 그렇다면 뿌리 상처가 어디에 있는지 어떻게 알 수 있을까요? 성령님께 물어보세요. 이런 것을 우리에게 알려주는 일이 그분의 역할이라고 예수님은 말씀하셨습니다. 꼭 알아야 할 점이 있습니다! 성령님은 자신의 일을 매우 잘하십니다. 그분께 여쭤보면 알려주실 것입니다. 코칭 도중에 누군가가 어떤 것을 용서하고 나서 "오랫동안 생각해본 적도 없는 일인데요!"라고 말하는 경우가 얼마나 많은지 모릅니다. 이것은 성령님이 일깨워주시는 것입니다. 성령님께 여쭤보십시오. "제가 누구를 용서해야 하고, 무엇을 용서해야 하나요?"

4. 마음에 있는 상처를 하나씩 용서하십시오.

이 프로토콜은 용서하기로 결심하고 결정하는 행위입니다. 우리는 상처 하나하나를 마음에서 용서합니다. 왜 마음에서 용서해야 하냐면, 그곳이 우리가 상처받는 곳이기 때문입니다. 머리로 용서하는 것은 도움이 되지 않습니다. 우리는 머리로 상처받지 않습니다. 하나님이 우리에게 용서하라고 부르시는 것은 마음의 상처입니다. 그렇기 때문에 우리는 사람을 용서하는 것이 아니라 상처를 용서해야 합니다. 예를 들어, "제 아버지를 용서합니다"라고 말하면, 그것은 머리로 용서하는 것입니다. 반면에, "술에 취해서 제 친구들 앞에서 저를 부끄럽게 하고, 무방비 상태로 불안하게 만든 아버지를 용서합니다"라고 말할 때 우리는 마음속으로 용서하는 것입니다. 상대방이 우리 감정이나 정체성에 입힌 상처는 마음에서 용서해야 합니다.

사람들이 우리에게 했거나 하지 않은 행동이나 말, 그리고 의도했거나 의도하지 않은 상처를 용서할 때 우리는 마음 안에 머물게 됩니다. 때로는 우리의 기대에 미치지 못한 사람을 용서해야 할 때도 있습니다. 어떤 방식으로 상처를 입었든지, 그것이 행동이든 말이든, 우리는 그 상처를 구체적으로 용서해야 합니다.

또 하나 중요한 사실은 한 번에 한 사람씩 용서하는 것입니다. 이 사람, 저 사람을 건너뛰지 마세요. 한 사람에 집중해서 그가 당신에게 준 모든 상처를 용서할 때까지 머물러야 합니다. 기억하세요. 용서는 과정이 아니라 결제 도장을 찍듯 결심하고 결정하는 것입니다.

1) "주님, 저는 _____가 _____한 것에 대해
   마음에서 용서하기로 선택합니다."

"제 마음 중심에서, 제 존재 깊은 곳에서, 저는 (아무개)가 (상처 목록)한 것에 대해 용서하기로 선택합니다." 토니는 용서하는 행위를 우리 마음에서 화살(상처)을 하나씩 끄집어내어 십자가 아래 놓는 것으로 비유합니다. 가능한 한 구체적이어야 합니다. 상처를 몇 개씩 묶어서 표현할 수도 있습니다. 예를 들어, "19___년 9월 14일 제 야구 시합에 나타나지 않았던 아버지를 용서합니다"라고 말한 후, "9월 21일 제 야구 시합에 오지 않았던 아버지를 용서합니다"라고 또 말할 필요는 없습니다. 대신, "아버지가 야구 시합에 오겠다고 약속하고도 나타나지 않은 모든 날에 대해"라고 묶어 말할 수 있습니다. "어머니가 '너는 절대 해낼 수 없어'라고 말씀하셨던 모든 경우"라고 묶어 말할 수 있습니다. 상처를 묶

어서 표현할 수 있지만, 당신이 무엇을 용서했는지 내용을 확실히 알 수 있도록 가능한 한 구체적으로 표현하세요. 같은 사람에게 받은 상처를 계속 용서하십시오. 어느 순간, 침묵이 찾아올 것입니다. 그 침묵을 두려워하지 마세요. 이때는 다음과 같이 질문하세요.

2) "주님, 제가 _____를 용서해야 할 또 다른 것이 있나요?"

그리고 그냥 들으십시오. 성령님이 말씀하실 것입니다. 많은 경우, 이런 조용한 시간에 성령님이 뿌리 상처를 드러내십니다. 성령님이 어떤 상처를 드러내시든지 용서하세요. 성령님이 침묵하셔서 더는 아무 소리도 들리지 않을 때, 그 사람과의 문제는 끝난 것입니다. 그때 이렇게 말하세요.

3) "_____는 저에게 더는 갚을 빚이 없음을 선포합니다. 모든 빚은 예수님이 대속하신 십자가로 옮겨졌습니다."

이 말은 이제 상처가 없다는 뜻이 아닙니다. 빚이 하나도 남아 있지 않다는 뜻도 아닙니다. 다만, 이제 나와 그 사람 사이에는 어떤 빚도 없다는 뜻입니다. 그 빚을 십자가로 옮겼기 때문입니다. 빚이 없어진 것은 아니지만, 우리 계좌에서 십자가 계좌로 이체된 것입니다. 마치 담보회사가 당신의 채권을 다른 사람에게 판매하는 것과 같습니다. 이제 당신은 첫 번째 담보권자에게 돈을 지불하지 않습니다. 새로운 담보권자에게 지불합니다. 당신은 그들의 빚을 예수님의 십자가로 넘기고 있는 것입니다. 이제 그 빚은 당신과 그 사람 사이에 존재하지 않습니다.

상대방을 용서하고 더는 갚을 빚이 없다고 선언하고 나면, '용서 검증기'(forgiveness validator)를 사용할 차례입니다. 당신이 이미 용서했는지를 어떻게 알 수 있나요?

5. 하나님께 _____를 축복해달라고 간구하십시오. 당신이 축복할 수 있는 방법을 찾아보십시오.

누군가를 축복할 수 없다면, 그를 용서하지 않은 것입니다. 축복은 용서의 증거입니다. 용서하지 않으면 당신은 복수를 원하게 됩니다. 그는 대가를 치러야 한다고 생각합니다. 그러나 진정한 용서는 그가 축복받기를 원합니다. 그것이 하나님이 우리와 관계를 맺는 방식이지 않습니까? 우리가 여전히 그분의 원수였을 때 하나님은 우리를 대신해 그분의 아들을 죽게 하셔서 가장 큰 복을 주셨습니다. 그러니 당신도 축복하십시오. 그리고 그들을 축복해달라고 하나님께 요청하십시오. 개인적으로 축복할 수 없는 경우에도, 그들을 축복해달라고 요청할 수는 있습니다. 그들을 어떻게 축복할까요? 그들이 당신에게 상처 준 방식대로, 하지만 저주가 아닌 축복으로 되돌려주기를 제안합니다.

어느 날, 친구 코니가 제게 물었습니다. "브루스, 몇 년 전에 사위가 우리 돈을 훔쳤어요. 증거가 있지만 사위는 인정하지 않아요. 그를 용서했다고 생각했지만, 같은 공간에 함께 있을 때마다 나도 정말 불편하고 사위도 불편해요. 뭔가 놓친 것이 있는 걸까요?"

잠시 생각하고 이렇게 물어보았습니다. "사위를 축복했나요? 당신이 사위를 기꺼이 축복한다면 정말 용서한 겁니다."

"그런 생각은 해본 적이 없어요. 어떻게 하면 좋을까요?"

저는 잠시 말을 멈추고 조용히 기도했습니다. 그랬더니 주님이 저에게 할 말을 주셨습니다. "사위가 당신에게 상처를 입힌 같은 영역에서 은혜를 베푸세요. 선물을 주세요."

"하지만 브루스, 이해를 못 하시는군요. 저는 그를 좋아하지 않아요. 사위가 무엇을 좋아할지 알 만큼 가깝지 않아서, 그에게 무엇을 줘야 할지 전혀 모르겠어요."

"그렇다면 현금을 주되, 아내나 아이들, 고지서 대금 등으로는 사용할 수 없다고 말하세요. 그 돈은 오로지 자신을 위해 써야 한다고요."

"어떻게 해야 할지 알겠습니다. 사위에게 500달러를 줘야겠어요."

"왜 500달러죠?" 제가 물었습니다.

"사위가 우리에게서 훔친 금액이니까요."

"저에게는 '하나님의 계획'처럼 들리네요. 결과가 어떻게 되는지 알려주세요."

며칠 뒤 코니를 만나서 어떻게 되었는지 물어보았습니다. 사위에게 500달러를 현금으로 주면서 그 돈을 가족을 위해 또는 고지서 대금으로는 사용하지 말라고 했답니다. 장모는 사위가 그 자신을 위해서 사용하기를 원했던 것입니다. 사위에게 사랑한다고 말하면서 멀어진 관계를 방치해서 미안하다고 말했습니다. 사위가 어떻게 반응했는지 궁금해서 물으니 코니는 이렇게 대답했습니다. "사위는 어깨를 으쓱하며 '감사합니다'라고 웅얼거리듯 말하고 나갔습니다."

저는 "미안해요"라고 말했습니다.

"아니에요, 브루스. 괜찮아요. 사위를 축복하는 것이 문제가 아니었어요. 제가 축복을 받았답니다. 제 마음이 자유로워졌어요!"

우리는 상처 준 사람을 축복해달라고 하나님께 요청하

고, 그들을 축복할 수 있는 방법을 찾습니다. 이때 우리에게 자유가 찾아오고, 하나님은 '고통을 주는 것'들에게 떠나라고 말씀하십니다. 우리의 내면이 모두 바뀔 것입니다. 이 시점에서 코칭받는 사람에게 "마음이 어때요?"라고 물으면 종종 이런 대답을 듣습니다. "마음이 자유로워졌어요." "마음이 가벼워졌어요." "다시 숨을 쉴 수 있어요." 한 남성은 이렇게 말했습니다. "저는 배낭 여행을 즐기는데, 긴 하루를 보내고 나서 배낭을 벗으면 그 없어진 무게를 조절하기 위해 균형을 잡아야 합니다. 지금 그런 기분이에요." 호주의 한 여성은 "전에는 마음이 바위로 가득 차 있는 것 같았는데, 지금은 솜사탕으로 가득 찬 느낌이에요"라고 말했습니다. 또 다른 어린 소녀는 "제 마음이 푹신해요"라고 말했습니다. 이런 반응은 '고통을 주는 것'들이 떠났다는 증거입니다. 자유로워졌습니다

상처 준 사람을 축복하는 것은, 그를 정말로 용서했음을 확증하고 우리가 그 일에서 벗어났다는 것을 증명합니다. 이는 복수하려는 욕망을 내려놓고 용서했다는 사실을 분명히 증거하는 것입니다. 용서하지 않는 마음이 있으면 복수하려고 합니다. 그러나 용서하면 축복하고 싶어집니다. 축복은 하나님을 영화롭게 합니다. 하나님은 축복을 귀하게 보십니다.

6. 상처를 '간직하지 않기'로 결단하십시오.

예전의 아픈 기억이 떠오른다면, 우리가 떠올리는 것이 아닙니다. 하나님이 하시는 것도 아닙니다. 사탄의 짓입니다. 우리의 원수는 우리가 용서하지 않는 마음으로 돌아가도록 유혹합니다. 이런 말을 속삭이며 이미 용서한 상처를 생각나게 하기를 좋아합니다. "어떻게 그 일을 잊을 수가 있어?" "그때 정말 상처받았지!" "그 일을 그냥 없는 것으로 할 수 있어?" 그는 '형제를 고발하는 자' 역할의 달인이며, 자주 우리를 서로 고소하게 합니다.

상처가 계속 '기억난다면' 용서한 것이 아니라고 생각하는 사람이 많습니다. 용서했다고 해서 일어난 사실 자체를 부인하거나 그 일이 중요하지 않다고 말하는 것이 아닙니다. 용서는 **이미 일어난 일 자체를 바꾸지는 않지만, 그것을 대하는 우리의 태도를 바꾸어놓습니다.** 우리는 무엇인가를 잊기로 선택할 수는 없지만, 마음에 머물게 하지 않도록 전략을 세울 수는 있습니다.

옛 기억이 떠오르면

1) "나는 이미 용서했다는 사실을 기억하고 있다"라고
   소리내어 말하십시오.

원수가 들을 수 있도록 큰 소리로 다시 말하십시오. 그것은 "내가 이미 용서한 일이다. 내가 기억하고 있다. (용서할 때) 나는 _____와 함께 있었다. 그가 증인이다." 이렇게 말할 수 있도록 누군가와 함께 있는 자리에서 소리내어 용서 프로토콜로 선포하는 것이 중요합니다.

2) 용서함으로 자유를 누리게 하신 하나님을 찬양하십시오.

용서했던 상황을 기억해보면, 그 당시 하나님이 우리 마음에서 하신 일이 떠올라서 하나님을 찬양하게 됩니다. "주님, 제가 용서하기로 선택했을 때 자유를 되찾게 해주셔서 감사합니다. 제 마음이 가벼워지게 해주시니 감사합니다." "다시 숨 쉴 수 있게 해주셔서 감사합니다." "어깨를 짓누르던 짐이 사라졌습니다. 정말 감사합니다." "용서했을 때 주신 자유에 감사합니다."

3) 용서한 사람을 다시 축복하십시오.

축복하는 마음은 복수심과 반대되는 태도입니다. 그 사람을 축복해달라고 다시 한번 하나님께 요청하세요. 축복

을 반복하면, 용서했을 때 그 사람에게 품었던 은혜의 마음에 초점을 맞추게 됩니다. 그러니 '크게' 축복해주세요. 그 사람에게 엄청나게 좋은 일을 해주시기를 하나님께 간구하세요. 사탄이 아픈 기억을 떠오르게 할 때마다 그것을 찬양과 축복으로 바꾼다면, 사탄의 계획에 역효과를 내기 때문에 그는 결국 당신을 내버려둘 것입니다.

그것을 어떻게 장담할 수 있을까요? 우리 영혼의 원수가 가장 싫어하는 것 두 가지가 사람들이 그분을 찬양하는 것과 자신에게 상처 준 사람들을 축복하는 것이기 때문입니다. "너희를 저주하는 자를 위하여 축복하며 너희를 모욕하는 자를 위하여 기도하라"(눅 6:28). 상처가 기억날 때마다 우리가 이렇게 행동한다는 것을 원수에게 보여주면, 그는 우리를 건드리지 못할 것입니다.

하지만 사탄은 한 가지를 더 시도할 것입니다. "하지만 당신은 _____를 용서하지 않았어!"라고 말하며, 당신이 아직 용서하지 못한 상처를 생각나게 할 것입니다. 그럴 때 이렇게 반응하십시오. "오, 고마워. 그 상처를 잊어버리고 있었네. '나는 _____가 _____ 한 것에 대해 용서하기로 선택합니다. 그리고 그 빚은 십자가로 옮겨졌습니다. 주님, 오늘 이 사람을 축복해주십시오.' 사탄아, 또 남은 게 있니?"

라고 물으면, 아마도 사탄은 "됐어"라고 말할 것입니다. 우리가 용서하는 것을 사탄은 싫어합니다.

4) 화해를 위해 기도하십시오.

6장에서 용서, 회개 그리고 화해의 차이점에 대해 논의했습니다. 화해를 위해 우리가 할 일은 용서입니다. 상대방이 회개의 자리로 나아올지 말지(즉, 문제가 되는 상황에 대해 그들의 마음을 바꿀지 말지)는 우리가 정할 수 없습니다. 우리가 이 일에 영향을 미칠 수 있는 유일한 방법은 기도와 축복뿐입니다. 개인적으로, 제 아내와 저는 많은 사람에게 상처를 받았는데, 그들은 자신이 한 일을 회개하지 않았습니다. 그중 몇몇은 아주 가까운 친구였습니다. 저희는 하나님이 그들을 축복하시도록, 하나님의 은혜로 그분의 때에 저희가 그들과 화해하도록 정기적으로 기도하기로 했습니다. 우리가 할 수 있는 최선은 기도하고 그 일을 하나님과 그들의 손에 맡기는 것이기 때문입니다. "하나님, 저희에게 상처 준 사람과 화해할 수 있다면 무엇이든 하겠습니다"라고 기도하고, 주님께 믿고 맡기십시오.

7. '미리 용서하기'를 생활화하십시오.

예방이 가장 좋은 약인 것처럼, 미리 용서하는 것이 가장 좋은 용서입니다. 7번 프로토콜을 따르면, 나머지 6가지 프로토콜을 할 필요가 없어지거나 급격히 줄어듭니다. 저희는 미리 용서하기의 비법을 배웠습니다. 미리 용서한다는 것은 상처받지 않기로 날마다 결단하고, 관계에서 생기는 모든 빚을 즉시 십자가로 옮기는 것입니다. 예수님의 보혈은 나에게 상처를 주는 죄까지 포함하여 모든 죄를 덮습니다. 아직 짓지도 않은 죄까지 포함합니다. 정말입니까? 네, 정말입니다!

매일 아침 눈을 뜨면 결혼한 지 30년 된 아내를 바라보고 이렇게 말하는 친구가 있습니다. "오늘 당신이 나에게 상처 주거나, 아프게 하거나, 어떤 식으로든 화나게 하는 모든 것에 대해 미리 당신을 용서합니다. 그리고 내가 이 약속을 잊는다면 언제든지 당신이 상기시켜주세요." 이 부부는 제가 아는 한 가장 멋지고 아름다운 관계를 유지하는 커플입니다. 용서하는 마음 자세를 기르고 계발하면 삶이 기쁨으로 가득할 것입니다. 미리 용서하기는 고통을 막는 예방접종입니다.

【 7단계 용서 프로토콜 】

1. 당신을 용서해주신 하나님께 감사하십시오.

2. 남을 용서하지 못하는 자신의 죄를 회개하십시오.

3. 누구를 용서하고 무엇을 용서해야 하는지 하나님께 물으십시오.

4. 마음에 있는 상처를 하나씩 용서하십시오.
    1) "주님, 저는 _____가 _____ 한 것에 대해 마음에서 용서하기로 선택합니다."
    2) "주님, 제가 _____를 용서해야 할 또 다른 것이 있나요?"
    3) "_____는 저에게 더는 갚을 빚이 없음을 선포합니다. 모든 빚은 예수님이 대속하신 십자가로 옮겨졌습니다."

5. 하나님께 _____를 축복해달라고 간구하십시오. 당신이 축복할 수 있는 방법을 찾아보십시오.

6. 상처를 '간직하지 않기'로 결단하십시오.
    옛 기억이 떠오르면
    1) "나는 이미 용서했다는 사실을 기억하고 있다"라고 소리내어 말하십시오.
    2) 용서함으로 자유를 누리게 하신 하나님을 찬양하십시오.
    3) 용서한 사람을 다시 축복하십시오.
    4) 화해를 위해 기도하십시오.

7. '미리 용서하기'를 생활화하십시오.

내리 용서 플러스

레나 이야기: 어떤 통역자의 간증

'내리 용서' 메시지를 전하면서 흥미진진한 사건 중 하나를 2016년 3월 예루살렘에서 경험했습니다. 우리는 종려주일에 아랍인 교회의 강사로 초대받았습니다. '며칠 있으면 2천 년 전의 십자가 사건에 대해 말씀을 나눌 수 있는 엄청난 주일을 맞이하겠구나!' 싶었습니다. 많은 사람이 '십자가의 길'(Via Dolorosa)에 있는 교회 앞을 지나가며 종려나무 가지를 흔들었습니다. 우리는 이 장면을 경이로운 마음으로 지켜보았습니다. 아주 환상적인 순간이었습니다.

우리가 교회에 도착했을 때 레나를 소개받았습니다. 그녀는 그날 아침 브루스의 통역을 맡게 되었습니다. 레나는 지금까지 우리가 만난 최고의 통역자입니다. 그녀는 브루스의 제스처와 억양을 흉내 내면서 거의 동시에 통역을 해냈습니다. 덕분에 브루스가 자신의 리듬을 유지하면서 처음 만난 아랍 친구들에게 메시지를 전할 수 있었습니다.

브루스와 레나는 잘 맞는 장갑을 낀 것 같은 느낌으로 일사천리로 설교를 이어갔습니다. 드디어 프로토콜을 나눌 순서에 이르렀습니다. 1번 프로토콜부터 시작하는데, 레나는 통역을 멈추고 궁금한 듯한 표정으로 브루스를 쳐다봤습니다. 저는

'왜 브루스가 방금 한 말을 통역하지 않는 걸까?'라고 생각했습니다. 그리고 영원처럼 느껴졌던 잠깐의 시간이 지난 후 그녀는 통역을 계속했습니다. 2번 프로토콜에서도 레나는 동일하게 반응했습니다. 잠시 멈췄다가 궁금한 표정을 지은 후 통역을 이어갔습니다. 이 패턴은 용서 프로토콜을 가르치는 내내 계속되었습니다.

예배가 끝난 뒤, 저는 레나에게 각 프로토콜을 나눌 때마다 멈칫했던 이유를 물으러 다가갔습니다. 제가 묻기도 전에 그녀가 말했습니다. "프로토콜 강연 중에 제가 여러 번 멈춘 이유가 궁금하시죠?" "네, 궁금합니다"라고 대답했습니다. 그녀는 설명해주었습니다. "몇 년 전, 아버지가 살해당하셨어요. 저는 세 자매 중 맏이였기에 장례를 준비하고 모든 세부사항을 처리해야 했습니다. 어머니는 하실 수 없었지요. 어떻게든 가족과 그 어두운 시간을 이겨내야 했습니다. 장례식을 마친 후 저는 무너졌습니다. 어느 날, 거실 바닥에 앉아 하나님께 도와달라고, 제 마음을 치유해달라고 부르짖었습니다. 주님이 '아버지를 살해한 사람을 용서하라'고 말씀하시는 것을 들었습니다. 그 말씀에 순종하고 싶었지만, 어떻게 해야 할지 몰랐습니다. 그래서 하나님께 기도했습니다. '하나님, 아버지를 살해한 사람을 용서하겠습니다. 그런데 어떻게 해야 할지 모르겠습니

다. 용서하는 법을 가르쳐주실 때까지 저는 이 바닥에서 일어나지 않겠습니다. 첫 번째 단계가 무엇인가요?'

제가 다음으로 들은 레나의 간증은 놀라움과 확신을 동시에 안겨주었습니다. "하나님은 수도 없이 저를 용서해주신 것에 대해 감사하라고 말씀하셨습니다. 목사님이 1번 프로토콜을 설명하시며 '당신을 용서해주신 하나님께 감사하십시오'라고 말씀하셨을 때 저는 깜짝 놀랐어요. 거실에서 들었던 하나님의 말씀과 똑같았으니까요. 그날 하나님은 제게 '그분의 희생을 무시하고 용서하지 않는 마음을 회개하라'고도 말씀하셨습니다. 그런데 오늘 '2번 프로토콜, 남을 용서하지 못하는 자신의 죄를 회개하십시오'라고 말씀하신 것을 듣고 더욱 놀랐습니다. 오늘 목사님이 가르치신 모든 프로토콜은 제가 자유케 된 그날 하나님이 주신 '절차'와 똑같았습니다. 하나님이 목사님 부부에게도 같은 지침을 주셨다는 것을 듣고 놀랐지만, 용기를 얻었습니다. 그 자유의 날 이후로, 저는 남편과 함께 많은 사람이 용서하고 자유를 경험하도록 도와주고 있습니다."

하나님이 다른 공간에 사는 사람에게도 똑같은 프로토콜을 '다운로드'해주셨다는 간증을 듣다니 정말 놀라운 경험이었습니다. 우리 하나님은 그런 분입니다. 그분은 우리가 자유를 누리기를 우리보다 더 바라십니다. '용서 프로토콜'은 우리가 영원히 감사해야 할 하나님의 선물입니다. 이 프로토콜은 모든 사람이 받아들이고 나눌 수 있고 경험할 수 있습니다.

(레나는 후에 이 책을 아랍어로 번역했습니다. 우리는 그녀에게 영원히 감사할 것입니다!)

더 깊이 들어가기

1. **에베소서 1장 3-10절을 읽으세요.** 우리가 입은 상처를 다룰 때 우리를 용서해 주신 하나님께 감사하는 것이 왜 중요한가요?

2. **사도행전 7장 51-60절을 읽으세요.** 우리는 사람이 아닌 상처를 용서합니다. 사람이 우리에게 행한 일을 용서합니다. 이런 구별이 중요한 이유는 무엇일까요?

3. **요한일서 1장 9절을 읽으세요.** "용서하지 않는 것은 죄입니다!" 누군가를 용서하기로 선택하기 전에 먼저 우리가 용서하지 않는 죄를 회개하는 것이 중요한 이유는 무엇인가요?

4. "마음에서" 용서하는 것이란 무슨 뜻이며, 그렇게 하는 것이 왜 중요한가요?

5. **로마서 12장 14-21절을 읽으세요.** "만일 당신이 누군가를 축복할 수 없다면 당신은 그를 용서하지 않은 것입니다." 이 말이 사실인 이유는 무엇인가요? 복수를 꾀하는 것과 축복하는 것의 차이를 비교해보세요.

4부
용서, 우리의 사명

9장

우리는 형제를
지키는 자입니다

어느 날 저녁 수지가 괴로움으로 가득한 목소리로 전화를 걸어왔습니다.

"목사님, 어떻게 해야 할지 모르겠어요. 로저가 지금 노스 애틀랜타의 어느 호텔에 있어요. 예전에 마약을 대주던 사람을 찾아갔다가 호텔로 간 거예요. 목사님께 알리지 말라고 했지만, 어떻게 해야 할지 몰라서 전화드렸어요."

로저와 수지는 2년째 우리 교회에 출석하고 있는 성도입니다. 두 사람 다 매우 어려운 가정에서 자랐고, 이혼 경력이 한 번씩 있는 재혼 부부였습니다. 로저는 상처가 많았습니다. 어렸을 때 아버지가 가정을 버린 것부터 시작해서 스스로 입힌 상처도 있었습니다. 감사하게도 저는 로저가 예수님을 믿도록 도와주었고, 교회 뒤편 호수에서 침례(세례)도 주었습니다. 하지만 과거에 받은 상처가 많고 깊어서인지, 로저는 스트레스를 받으면 좋지 않은 방법으로 해소했습니다. 힘든 일이 있거나 일이 잘못되면 옛 습관이 나왔습니다. 예외 없이 중독에 빠졌습니다. 그날 밤도 그런 날이었습니다.

저는 수지에게 최선을 다해 그녀와 로저를 돕겠다고 말했습니다. 믿음을 굳게 지키도록 기도하고 격려한 뒤 전화를 끊고 로저에게 전화했습니다. 전화를 받지 않았습니다. 수지가 방금 통화했으니 틀림없이 핸드폰을 갖고 있었는데도 말입니다. 다시 전화했습니다. 여전히 받지 않았습니다. 세 번째로 전화했을 때 (저의 결심이 확고했습니다) 전화를 받았고 로저는 자그마한 소리로 "여보세요"라고 말했습니다.

"로저, 뭐 하고 있어요?"

제가 물었습니다.

"저는 괜찮아요."

그가 대답했습니다.

"안부를 묻는 것이 아니에요. 지금 뭐 하고 있어요?"

"수지가 전화했나요?"

그가 물었습니다.

"네, 그래요. 노스 애틀랜타 호텔 방에서 뭐 하고 있어요?"

"말하고 싶지 않아요. 혼자 있게 내버려두세요, 목사님."

"안 됩니다, 로저."

"이번에는 정말 모든 걸 망쳐버렸어요."

"알아요. 우리가 도와줄게요."

예의상 전화를 끊지는 않았지만, 로저는 저와 대화하고 싶어 하지 않았습니다. 당시 그의 상태는 어떤 책망이나 이야기를 한다고 해도 다음 날 아침이면 아무것도 기억하지 못할 정도였습니다. 그래서 상담가인 제 친구 제임스와 교회의 또 다른 리더인 에드의 조언을 받아, 로저에게 호텔 방에 그대로 머물고 푹 자라고 했습니다. 제임스는 그날 밤 수지와 오랫동안 이야기를 나누었고, 다음 날 아침 로저가 정신을 차리면 이 문제를 다룰 수 있을 거라고 안심시켜주었습니다.

다음 날 아침 9시에 저와 제임스, 에드는 치킨 샌드위치 두 개와 진한 커피를 들고 로저의 호텔 방으로 갔습니다. 우리는 초대받지 않았지만, 물러서지도 않았습니다. 로저는 우리의 친구였고 어려움을 겪고 있었습니다. 무엇보다 로저에게 가장 큰 위협은 로저 자신이었습니다. 우리는 그를 구출하러 갔습니다.

거의 모든 경우, 중독이나 관계에서 오는 갈등의 뿌리는 대부분 용서하지 않는 마음입니다. 상처는 용서라는 소독약으로 닦아내지 않으면, 예외 없이 원한에 감염됩니다. 그 진행 과정은 감지하기도 어렵고 속기 쉬워서, 고통의 원인이 상처 때문이라고 생각하고 상처를 곱씹는 경향이 있습니다. 실제로는, 충분히 용서하지 않았기 때문에 고통을 겪고 있는데도 말입니다. 중독은 외부로 드러나는 증상(불안, 스트레스, 고통 등)을 다룰 뿐, 원인을 해결하지 않습니다. 사람들은 쓴 뿌리를 치료하는 대신 성, 마약, 알코올 및 기타 다른 중독물로 증상을 잠시 잊으려 합니다. 로저의 경우도 그랬습니다. 그가 그 사실을 깨닫기 오래전에 우리는 알고 있었습니다. 로저에게는 도움이 필요했습니다.

처음에는 주저했지만, 로저는 마음을 열고 자기 이야기를 해주었습니다. 너무 많은 사람에게 깊은 상처를 받았고, 자신도 다른 사람들에게 상처를 주었다고 했습니다. 우리는 그가 용서 프로토콜을 하도록 도왔고, 치유와 변화가 일어나는 것을 목격했습니다. 45분이 넘는 시간 동안, 우리가 지켜보는 가운데 로저는 자기가 입힌 상처를 포함하여 다른 사람에게서 받은 상처를 하나씩 용서하였습니다. 모두 마쳤을 때 제가 물었습니다. "마음이 어때요?" 그가 대답했습니다. "고요하고 가볍습니다. 새사람이 된 것 같아요. 마음의 응어리가 풀리고 자유롭게 느껴집니다." 실제로 그랬습니다. 그날 이후로 그는 마약에서 벗어났습니다. 용서했을 때 중독이 끊어졌습니다. 처음에는 우리를 반기지 않았던 로저가 변했습니다. 저와 제임스, 에드는 용서가 로저의 삶에 일으킨 변화를 목격했습니다.

안전지대를 넘어서

우리는 서로의 삶을 살피고 격려하도록 부름받았습니다. 우리는 서로에 대한 책임이 있습니다. 1장에서 살펴본 것처럼 가인의 질문에 대한 하나님의 대답은 대다수가 원했던 것과 달랐습니다. 형제에게 일어난 일이 우리의 일이기도 합니다. 그렇다면 그것은 사람들이 힘들어할 때 도와주어야 한다는 뜻인가요? 그렇습니다. 요청받지 않아도, 다른 사람의 삶에 목소리를 내야 하는 책임을 하나님이 우리에게 주셨습니다. 대부분 사람은 이 개념을 받아들이기 어려워합니다. 아마도 편안함을 지나치게 고려하기 때문일 겁니다. 다른 사람과 의미 있는 관계를 맺고, 그 관계를 발전시키려면 불편함을 감수해야 합니다. 제 결혼 생활만 보더라도, 서로 어렵고 불편한 일을 겪은 뒤에야 관계가 크게 성장했습니다.

용서하지 않는 마음은 특히 그렇습니다. 원한 때문에 자기 죄의 실체를 보지 못합니다. 당신도 이런 경우를 본 적이 있을 겁니다. 원한에 사로잡힌 본인만 그 사실을 모르는 경우가 있습니다. 언젠가 한 친구가 제게 "거짓말을 믿는 사람은 자기가 믿는 거짓말이 거짓말인 줄 모른다"라고 했습니다. 이해되나요? 사람은 진실 여부와 관계없이 자기가 믿는 것을 믿습니다. 이런 때는 종종 누군가가 개입해서 그 사람이 회개하고 (생각을 바꾸고) 거짓에서 진실로 돌아가도록 도와야 합니다.

제가 좋아하는 골로새서 1장 27-28절 말씀은 바울이 자신의 사역을 요약한 것입니다. 그는 27절에 기독교의 메시지를 요약했습니다. "이 비밀은 너희 안에 계신 그리스도시니 곧 영광의 소망"이라고 말입니다. 복음의 핵심은 그리스도가 우리 안에 계신다는 것인데, 그것이 바로 우리가 영광스러운 하나님 나라를 소유할 수 있는 근거입니다. 아울러 바울은 우리에게 이 메시지를 맡은 자로서 책임이 있다고 설명합니다. "우리가 그리스도를 전파하며 온갖 지혜로 모든 사람을 권면하고 가르치는 것은 그들을 그리스도 안에서 완전한 사람으로 하나님께 바치기 위한 것입니다"(골 1:28, 현대인의 성경). "권면하고"라는 단어에 주목하십시오. 이는 가르치고 경고하여 교정한다는 뜻입니다. 제가 아는 한, 권면받기를 좋아하는 사람은 많지 않습니다. 고치라는 말을 듣기 원하는 사람은 정말로 거의 없습니다. 그러나 이 말씀은 우리가 서로에게 그렇게 해야 한다고 말합니다. 우리는 영광의 소망이신 그리스도를 선포해야 하고, 모든 사람이 그리스도 안에서 완전하고 성숙하도록 돕기 위해 권면하고 고쳐주라고 말입니다. 요청할 때까지 기다리라고 하지 않습니다. 권면하고 가르쳐야 한다고 합니다. 이유가 뭘까요? 왜냐하면 우리는 도움이 필요하다는 사실을, 당시에는 모르다가 나중에야 깨닫기 때문입니다.

권면을 요청할 때까지 기다린다면 절대로 이 구절이 명령하는 바를 수행하지 못할 것입니다. 이런 이유로 저와 친구 두 명은 요청하지도 않은 로저를 도우러, 그날 아침에 노스 애틀랜타의 호텔로 간 것입니다. 할 일이 없어서 그런 것이 아닙니다. 우리 세 명은 서로 일정을 조율해야 했습니다. 우리가 로저를 찾아간 이유는 다만 그가 올무에 빠져서(갈 6:1) 도움이 필요했기 때문입니다. 그와 직접 맞선 이유는 그가 그리스도 안에서 조금이라도 더 성장하도록 도울 책임이 우리에게 있기 때문이었습니다. 그러나 우리가 해야 할 말을 그가 듣고 싶어 하지 않으면 어떻게 해야 할까요? 그것은 중요한 문제가 아니었습니다. 로저가 무엇을 원하는지보다는 그에게 필요한 것이 무엇인지, 이것이 하나님께 더 중요했습니다.

우리는 형제를 지키는 자입니다. 하나님이 우리에게 부여하신 임무입니다. 고린도후서 5장 18-19절은 이렇게 말씀합니다.

> "모든 것이 하나님께로서 났으며 그가 그리스도로 말미암아 우리를 자기와 화목하게 하시고 또 우리에게 화목하게 하는 직분을 주셨으니 곧 하나님께서 그리스도 안에 계시사 세상을 자기와 화목하게 하시며 그들의 죄를 그들에게 돌리지 아니하시고 화목하게 하는 말씀을 우리에게 부탁하셨느니라."

하나님은 우리에게 하나님에게서 멀어진 사람을 찾아가 도울 책임을 주셨습니다. 우리는 하나님이 우리를 사랑하신다는 진리를 알고 주께로 돌이키도록 부드럽게, 때로는 확고하게 권면해야 합니다. 이 말씀은 우리가 먼저 대화를 시작해야 한다고 분명히 말합니다.

근거가 더 필요한가요? 마태복음 18장 15-17절을 봅시다.

> "네 형제가 죄를 범하거든 가서 너와 그 사람과만 상대하여 권고하라 만일 들으면 네가 네 형제를 얻은 것이요 만일 듣지 않거든 한두 사람을 데리고 가서 두세 증인의 입으로 말마다 확증하게 하라 만일 그들의 말도 듣지 않거든 교회에 말하고 교회의 말도 듣지 않거든 이방인과 세리와 같이 여기라."

용서하지 않는 마음과 고통에 관해 말씀하시기 직전에, 예수님은 형제가 죄를 지으면 가서 권고하라고 말씀하십니다. 뭐라고요? 남에게 가서 그가 지은 죄를 책망하라고요? 요즘 같은 시대에요? 정말인가요? 남의 잘못을 지적해야 한다고요? 네, 성경에 그렇게 쓰여 있습니다.

하지만 그 사람이 원하지 않으면 어떻게 하지요? 그래도 해야 합니다. 그가 당신이 하는 말을 들으면 당신은 그를 얻게 됩니다. 그가 받아들이지 않으면 그에게서 동일한 죄를 보고 당신처럼 증거할 수 있는 두 사람을 찾은 뒤, 두 번째로 그를 찾아가 책망해야 합니다. 혼자 좀 내버려두라고 해도 그렇게 하지 말라는 뜻인가요? 네, 성경에 그렇게 쓰여 있습니다. 그리고 소그룹의 말도 듣지 않으면, 교회에 말해야 합니다. 뭐라고요? 그것은 사생활 침해 아닌가요? 사생활 문제에 대해서는 하나님이 우리보다 덜 염려하시는 것이 분명합니다. 우리는 형제를 지키는 자입니다.

누군가가 죄에 빠졌을 때 그 사람의 삶에 개입하는 것이 하나님께 왜 그토록 중요할까요? 대답은 간단합니다. 하나님은 죄가 언제나 해롭다는 것을 아시기 때문입니다. 가장 위대한 사랑의 행동은 참을 때가 아니라 오히려 간섭할 때 나타납니다. "진짜 친구는 음주 운전을 하도록 내버려두지 않는다"라는 유명한 음주 운전 금지 캠페인 광고가 있습니다. 이유가 뭘까요? 친구가 음주 운전을 하도록 내버려두면 친구는 물론 다른 사람을 해칠 위험이 있기 때문입니다. 너무 위험합니다. 같은 이유로, **진짜 친구라면 자기 친구가 용서하지 않고 살아가도록 내버려두지 않습니다**. 그것은 용서하지 않는 친구 자신에게도 해롭고, 다른 사람에게도 상처를 주기 때문입니다. 진짜 친구는 자기 친구가 용서하는 법을 배우도록 자신이 할 수 있는 일을 합니다.

정죄하는 태도는 안 됩니다

여기서 한 가지 분명하게 짚고 넘어가야 할 것이 있습니다. 즉, 싸우듯이 권면해서는 안 됩니다. 속담에 나오는 고삐 풀린 망아지처럼 날뛰면서 "용서해! 안 그랬단 봐"라고 위협해서는 안 됩니다. 갈라디아서 6장 1절에서 바울은 이런 도움을 줄 때 올바른 심령과 동기가 매우 중요하다고 분명히 말합니다. 죄에 빠진 사람의 삶에 개입하려면 반드시 자신의 마음을 먼저 살펴야 합니다. "형제들아 사람이 만일 무슨 범죄한 일이 드러나거든 신령한 너희는 온유한 심령으로 그러한 자를 바로잡고 너 자신을 살펴보아 너도 시험을 받을까 두려워하라"(갈 6:1)라는 말씀처럼, 책망의 권한을 행사하는 사람이 갖춰야 할 자질에 주목하십시오. 전제 조건이 '신령한' 사람입니다. 바울은 앞 장에서 신령하다는 것을 '성령을 따라 행하는' 자로 정의합니다. 성령을 따라 행하는 사람은 성령의 방법으로 책망할 것입니다. 따라서 바울은 말합니다. "성령의 통치를 받는 너희는 죄에 빠진 사람이 보이면 온유한 심령으로 다가가야 한다." 왜 온유함일까요? 온유한 심령(성령의 열매)으로 다가가야 하는 이유는, 입장이 바뀌었을 때 우리도 그렇게 대우받기를 원하기 때문입니다.

성령의 통치를 받는 사람은 모든 사람이 십자가 아래 평등하다는 것, 즉 우리는 모두 엉망이지만, 하나님은 그런 우리를 사랑하신다는 점을 깨달아 알고 있습니다. 죄에 빠진 사람이 보일 때 확신할 수 있는 것 하나는, 단지 오늘 그가 죄에 빠졌고 나는 아니라는 사실입니다. 당장 내일 상황이 뒤바뀌어, 내가 죄에 빠져 도움을 받아야 할 수도 있습니다. 우리는 모두 어느 때든지 죄에 빠지거나 죄를 지을 수 있습니다. 남을 속히 용서해야 하는 이유 중 하나는, 우리도 용서받을 일이 많기 때문입니다. 바울은 다른 사람을 도울 때 교만해지지 않도록 자신을 살펴보라고 합니다.

이 일을 할 때 올바른 방법으로 접근해야 하고 주의를 기울여야 하지만, 그럼에도 우리는 권면해야 합니다. 다른 사람의 인생에 관여하고 도와야 합니다. 누군가를 돕고자 할 때 그 사람을 판단하거나 우월한 태도를 취해서는 안 됩니다. **누군가를 판단하는 태도로는 그 사람이 용서하도록 도울 수 없습니다.** 반면 성령 안에서라면, 친구나 지인이 자유롭게 되는 기적을 볼 것입니다. 시도해보면, 이 의무사항을 이행할 때 따라오는 엄청난 특권과 기쁨을 깨닫게 될 것입니다.

이것은 특권입니다

이번 장에서 강조하고 싶은 것은 이것입니다. '하나님은 사람들이 용서의 힘으로 복음이 주는 자유를 경험하도록 돕는 특권을 우리에게 주셨습니다.' 놀라운 특권입니다. 제 삶에서 개인적으로 크게 기뻤던 일이 세 번 있는데, 모두 용서와 관련이 있습니다. 첫째, 저 대신 십자가에 달리신 예수님을 믿음으로 하나님께 용서받는 놀라운 기쁨을 경험했습니다. 둘째, 저에게 잘못했던 사람을 용서하여 고통에서 놓이는 기쁨을 경험했습니다. 셋째, 다른 사람이 누군가를 용서하여 고통에서 구원받도록 돕는 과정에 참여한 것입니다.

최근에 저는 캠퍼스 사역의 일환으로, 한 대학에서 '내리용서'에 대해 가르친 적이 있습니다. 밤에는 강의를 했고, 낮에는 아내와 함께 상담을 했습니다. 캠퍼스 사역 리더가 붙여놓은 예약표에 학생들은 저희와 만나고 싶은 시간을 적었습니다. 어떤 날은 아침 8시에 학생을 만나기 시작하여 다음 날 새벽 1시 반이 되어서야 돌아온 적도 있습니다. 야간 강의를 하기 전에 저녁 식사를 하고 쉴 수 있는 시간이 한 시간 정도 있었습니다. 상담했던 모든 학생이 큰 변화를 경험했습니다. 힘든 과정이었지만, 모두가 정말 좋아했습니다.

변화되는 모습들이 놀라웠고 기뻤습니다. 이 일을 할 수 있도록 주님이 허락하셨으니 저희는 정말 복을 받았습니다.

용서의 기적을 전하는 것은 엄청난 특권입니다. 하나님이 맡기신 사역이기도 합니다. 용서를 통해 자유를 찾도록 돕는 일은 하나님이 그분의 자녀 모두에게 맡기신 일입니다. 그 일을 하려면 예민하고 겸손한 영이 있어야 합니다. 용기와 온유함도 필요합니다. 사람들이 도와달라고 요청할 때도 있습니다. 사람들이 당신에게 면담을 신청할 때도 있고, 당신이 사람들의 마음속을 살피는 질문을 해야 할 때도 있습니다.

저희는 용서하지 않는 마음의 징후를 감지하고, '용서 프로토콜'을 훈련하는 데 도움을 주기 위해 이 책을 썼습니다. 지금 이 책을 읽는 사람들은 모두 원망하는 마음이 있으나 그 사실을 깨닫지 못하고 있는 사람을 알고 있을 것입니다. 본인은 몰라도 주변 사람들 눈에는 보입니다. 자기가 고통 가운데 있다고 바로 인정하는 사람도 있기는 하지만, 그런 사람도 이유는 모르겠다고 말하기도 합니다. 놀랍게도 캠퍼스 사역에서 만났던 많은 학생이 찾아와 이렇게 말했습니다. "왜 제가 여기에 와 있는지 모르겠어요. 제가 용서해야 할 사람이 있는지는 모르겠지만, 목사님을 봬야 할 것 같았어요." 용서 프로토콜을 진행하면서, 어떤 상처를 용서해야 하는지 성령님이 분명하게 알려주셨습니다.

우리는 오래된 상처를 끌어안고 용서하지 않아서 야기된 고통으로 괴로워하는 사람들을 매일 만납니다. 일례로, 제가 병원에서 이 책의 원고를 수정하는 작업을 하고 있었는데, 저를 보살펴주는 간호사가 자기 자신을 용서해야 한다며 마음을 털어놓았습니다. 저는 진심으로 우리가 용서하지 않는 마음의 징후를 감지하는 법을 배우고 용서 프로토콜을 숙련하면, 매일 용서의 기적을 전할 수 있다고 믿습니다.

자, '용서 혁명'에 동참할 준비가 되었나요? 용서하며 살도록 다른 사람들을 돕는 방법을 배울 준비가 되었나요? 그렇다면 당신의 삶은 절대 이전과 같지 않으리라 약속합니다. 하나님이 주신 처방인 용서는 언제나 구원의 기적을 일으키기 때문에 저는 자신 있게 말할 수 있습니다. 이제 당신이 '용서 혁명'에 동참하는 데 도움이 되도록, 용서하지 않는 마음의 징후를 감지하는 법과 사람의 마음을 온유하게 열어 개개인의 성소, 즉 지극히 개인적인 영혼의 문제를 간직하고 있는 곳으로 들어가는 법을 알려드리겠습니다.

징후 감지하기

다른 사람이 고통에서 벗어나도록 돕고자 할 때 몇 가지 질문이 생깁니다. "누가 고통받고 있는지 어떻게 아나요? 일상생활과 행동에서 알 수 있는 용서하지 않는 마음의 징후가 있을까요?" 저는 우리 자신과 다른 사람 안에 용서하지 않는 마음이 있음을 감지할 수 있다고 생각합니다. 에베소서 4장 31-32절을 다시 살펴봅시다.

> "너희는 모든 악독과 노함과 분냄과 떠드는 것과 비방하는 것을 모든 악의와 함께 버리고 서로 친절하게 하며 불쌍히 여기며 서로 용서하기를 하나님이 그리스도 안에서 너희를 용서하심과 같이 하라."

이 구절에서 바울은 용서하지 않는 마음을 나타내는 실마리를 명시합니다. 악독, 노함, 분냄, 떠드는 것, 비방하는 것 그리고 악의가 그것입니다. '악독'(bitterness, 쉬운성경에서는 '원한'으로 표기—옮긴이)이 가장 광범위한 범주이며, 다른 모든 실마리는 그 하위 범주에 속합니다. 여기서 '악독'이라는 단어는 비유적인 용어로, "끊임없는 적대감에 사로잡혀 사람이나 상황에 쉽게 짜증 내는 경향이 있고, 태도가 보통 뚱하며, 심술궂고, 밉살스러우며, 얼굴은 잔뜩 인상을 쓰고 말에는 독기가 서려 있는, 화가 난 마음의 상태"[11]를 나타냅니다. 악독은 부패하고 상한 상태를 내포합니다. 여섯 가지로 묘사된 악독은 세 영역, 즉 성향, 어투, 행동으로 드러납니다. 성향은 얼굴, 몸짓 언어 그리고 전반적인 몸가짐을 가리킵니다. 어투는 상대방과 대화하거나 그 사람에 대해 말할 때 나오는 버릇이나 모습을 뜻합니다. 행동은 상처 준 사람에게 대응할 때 또는 그 사람을 향하여 취하는 행위입니다. 악독(원한)은 언제나 우리가 드러내는 모습, 우리가 하는 말과 행동에 영향을 미칩니다.

성향(기질)의 실마리

성향의 실마리는 노함과 분냄입니다. '노함'이란 단어에는 '타오르는 격노, 코웃음 치기'라는 뜻이 있습니다. 노하는 사람은 목소리가 크고 격정적으로 폭발하며, 대부분 일시적입니다. '냉정함을 잃었다' 또는 '이성을 잃었다'는 표현이 이에 해당합니다. 저는 '이성을 잃었다'는 표현이 특히 재미있습니다. 누군가 이렇게 표현한다면 "지금 어떤 상태인지 정확히 알겠습니다"라고 말하고 싶어집니다.

두 번째 단어인 '분냄'은 좀더 은근히 지속되는 분노의 감정을 뜻합니다. 조용한 분노입니다. 속에서는 부글부글 끓고 있지만, 겉으로는 마음에도 없는 미소를 짓기도 합니다. 어떤 표정인지 알 겁니다. 입으로는 미소를 짓지만, 눈은 아닙니다. 이런 형태의 분노는 사회적으로는 좀 더 허용되지만, '노함'의 개념과 달리 (겉과 속이 달라) 더 기만적입니다. 적어도 누군가 화가 나서 폭발하면 그 사람의 상태가 어떤지 압니다. 은밀한 분노는 오래도록 계속되며 당사자에게 상당히 해롭습니다.

어투의 실마리

어투에서 얻게 되는 두 가지 실마리 중 하나는 소리가 크고 또 하나는 조용하다는 점에서 성향의 실마리와 비슷합니다. 첫째, '떠드는 것'(clamour)은 울부짖음, 소리침, 악을 씀, 또는 '갈등으로 인한 비명'을 말합니다. 화가 나서 큰 소리로 말하거나 단체 또는 조직의 구성원들이 서로 소리치는 모습에서 볼 수 있습니다. 난폭하고 시끄러운 논쟁입니다. 시의회나 전당대회 그리고 심지어 교회 모임과 가족끼리 있을 때 이런 모습들을 봅니다. 무절제한 말로 사람을 깎아내립니다. 드러내놓고 말로 공격합니다. 두 번째 실마리 '비방'(slander)은 모욕적이고 학대하는 말이지만, 고상하게 꼬면서 하는 말을 뜻합니다. 비방은 은밀히 말로 분노하는 것입니다. 『굳건한 반석』(Seeking Solid Ground)이라는 책에서 존 트렌트(John Trent)와 릭 힉스(Rick Hicks)는 비방을 "동료나 친구 또는 가족과 같이 가까운 사람에 대한 정보를 속에 담아두었다가 해를 입히고자 제삼자에게 왜곡하여 말하는 것"[12]이라고 정의했습니다. 비방은 누군가에 대한 거짓말을 믿도록 진실을 왜곡하는 것입니다.

사실로 알고 있는 것이 다 진실은 아니라는 점을 알고 있나요? 설명해보겠습니다. 1장에서 저희 부부가 부모님 집 화장실 리모델링을 도우러 방문했다고 말씀드렸습니다. 아버지는 커피를 좋아하셨고 어머니도 여전히 커피를 좋아하십니다. 제가 기억하는 한, 저희 식구들이 아침에 일어나 첫 번째로 하는 일이 커피포트 타이머를 맞추어 커피를 내리는 것이었습니다. 커피를 다 마시면 또 내렸습니다. 중간에 디카페인 모드로 바꾸기도 하지만, 부모님 댁에는 항상 커피가 내려져 있습니다. 조지아주 애틀랜타에서 켄터키주 퍼듀카까지 640킬로미터를 달려서 부모님을 도우러 갔는데 어머니는 제게 한 번도 커피 한 잔을 주지 않으셨습니다. 아내에게는 여러 번 주셨지만, 저에게는 한 잔도 안 주셨습니다. 두 분 모두 저를 무시하고 커피를 주지 않았습니다. 저를 환대하는 것같이 보이나요? 어떻게 어머니가 당신을 도우러 온 아들에게 커피 한 잔을 주지 않으실까요? 하지만 제가 원래 커피를 안 마시고, 커피 맛 자체도 싫어한다는 걸 어머니가 이미 아시기 때문이라는 걸 알면 이해가 될 겁니다. 커피 대신에 차를 원하는 대로 마실 수 있도록 준비했다고도 하셨습니다. 커피 한 잔도 안 주셨다고 한 저의 말은 사실이었지만, 그런 식으로 말하면 진실을 왜곡하게 됩니다. 어머니가 제게 커피를 주지 않으신 것은 사랑하기에 그렇게 하신 것이지 저를 무시하신 것이 아니었습니다. 비방은 진실을 왜곡하여 거짓을 믿게 합니다. 누군가 다른 사람에 대해 정확하지 않은 것을 말하고 있다면, 용서하지 않는 마음을 드러내고 있을 가능성이 큽니다.

행동의 실마리

행동의 실마리는 '나쁨', '사악함', '괴롭힘'을 뜻하는 '악의'(malice)입니다. 이 단어는 '악'(evil), '악의 실행', '악한 충고', '악의적임'을 뜻하는 단어에서 유래했습니다. 악의를 가지면 원한을 품은 태도를 취하고, 원한을 품은 말을 하며, 행동으로 옮깁니다. 진행 과정이 보이나요? 원한은 기분과 성향에 영향을 미칩니다. 빨리 처리하지 않으면 우리가 하는 말에 스며들어서, 당사자를 헐뜯고 비꼬며 안 좋은 말을 합니다. 원한을 품은 사람은 다른 사람들이 자기가 당한 일을 알고 자기편이 되어주기를 바랍니다. 1장에서 말씀드린 제 아버지의 용서하지 않는 마음은 이런 식으로 드러났습니다. 아버지가 그 친구들에 대해 말씀하실 때 원한이 서려 있었고, '으르렁'대는 마음이 묻어있었습니다. 그래서 저는 하나님이 시키신 대로 아버지께 말씀드렸습니다. 원한을 품은 말을 다루지 않으면, 그 원한은 결국 복수의 행위로 나아갑니다. 원한이 극에 달하면 살인으로 이어집니다. 장기간 자신을 용서하지 않는 상태로 머물면, 자기 파괴적인 행동을 보이게 되고 마침내 자살로 이어질 수 있습니다. 로저의 경우에서 보았듯이, 중독은 자신을 스스로 벌하고 해치기 때문에 자기 파괴적입니다. 자신을 용서하지 않고 자신에게 분노하는 사람들은 종종 자신을 스스로 벌하는 형태로 자기 파괴적인 행동에 빠집니다. 자신에게 뭔가 안 좋은 일이 일어나면, 마땅히 일어날 만한 일이라고 생각합니다.

지난 몇 년간, 우리는 용서하지 않는 마음의 징후들을 관찰해왔습니다. 우울증, 불안, 폭발적인 분노, 두려움, 편집증, 모든 중독(성, 약물, 알코올, 음식 등) 및 일부 신체적 문제 등이 포함됩니다. 누군가에게 이러한 원한의 징후가 보이면, 용서하도록 그를 도우라는 하나님의 임무를 받았을 가능성이 큽니다. 무섭고 떨리나요? 걱정하지 마세요. 하나님이 자원(성령)과 전략을 주셨으니 성공적으로 완수할 것입니다. 다음 장에서 그 방법을 소개하겠습니다. 생각보다 쉽습니다.

내리 용서 플러스

로저, 그 이후 이야기

로저는 지금 어떻게 지내고 있을까요? 호텔 방에서 우리가 코칭한 지 몇 달 후, 로저가 제게 전화를 걸어 다시 실수했다고 말했습니다. 이야기하다 보니, 로저는 '기억 착오'를 겪고 있음이 드러났습니다. 이미 용서한 사실을 잊고 있었던 것입니다. 6번 프로토콜을 망각하고, 사탄이 기억을 되살리자 과거의 패턴으로 돌아간 것입니다. 이미 그 상처를 용서했다고 상기시키니, 로저는 "맞네요, 제가 깜빡했습니다"라고 말했습니다. 이미 용서했음을 잊고 다시 실패한 자신을 용서한 후, 로저는 코카인에 다시 손대지 않았습니다.

로저의 실수는 상처를 기억하지 않기로 선택하는 것이 얼마나 중요한지를 보여줍니다. 사탄이 상처받은 기억을 다시 생각나게 하면, 그것을 찬양과 축복으로 바꾸세요. 그렇게 하면 당신을 건드리지 않을 것입니다.

로저와 수지는 잘 지내고 있습니다! 몇 년 동안 여러 차례 연락하다가 소식이 뜸하던 중, 2021년 봄에 로저에게서 전화가 왔습니다. 자신이 목회학 박사 학위를 곧 취득할 예정이라고 했습니다. 코로나19 때문에 졸업식에는 배우자 외에 딱 두 명만 초대할 수 있었습니다. 로저는 이렇게 말했습니다. "브루스 목사님, 목사님이 저를 용서하도록 도와주시지 않았다면 오늘날 이 자리에 이를 수 없었습니다. 그래서 저는 아내 외에 딱 두 명 초대할 수 있는데, 목사님과 사모님을 제 졸업식에 초대하고 싶습니다." 그는 지금 '내리 용서' 코치가 되기 위한 모든 교육을 완료했으며, 이를 자신의 사역에 접목하고 있습니다.

만약 우리가 사람들을 십자가로 인도한다면, 그들은 항상 자유를 찾을 것입니다. 로저는 예수님의 보혈이 치른 대가로 인생의 깊은 상처를 온전히 치유받아 영원한 자유를 찾았습니다. 우리가 개인적으로 코칭한 수백 명과 마찬가지로 그에게도 '내리 용서'는 결실을 맺었습니다. 우리 자신은 물론, 용서의 도움이 필요한 모든 사람에게 효과적으로 작동하여 결실을 맺을 것입니다.

더 깊이 들어가기

1. 디모데후서 2장 1-2절과 고린도후서 5장 18-21절을 읽으세요. "우리는 형제를 지키는 자입니다." 왜 그렇게 많은 사람이 이 진리를 불편해할까요? 누군가 형제를 지키는 긍정적인 예를 본 적이 있다면 나눠보세요.

2. 골로새서 1장 24-28절을 읽으세요. 신앙인으로서 우리의 주된 책임 중 하나가 서로를 권면하는 것임을 깨달은 적이 있나요? 이를 깨달으면, 용서하지 않는 죄에 빠진 사람들에게 우리가 다가가는 방식에 어떤 영향을 미칠까요?

3. 갈라디아서 6장 1절을 읽으세요. '신령하다'는 것은 무슨 뜻인가요? 죄에 빠진 사람을 도울 때 성령의 통치를 받는 것이 왜 중요한가요?

4. **로마서 2장 1절, 고린도전서 4장 1-5절, 골로새서 3장 5-17절을 읽으세요.** 우리는 믿는 자로서 다른 사람을 사랑으로 권면하도록 부름받았습니다. 당신이 누군가를 용서하도록 도울 때, 그 사람은 충격적이거나 곤란하거나 듣기 힘든 이야기를 할 수 있습니다. 이때, 그 사람이 수치심을 느끼지 않으면서 용서의 권면을 받아들이게 하려면 어떻게 해야 할까요? 그렇게 하는 것이 왜 중요한가요?

5. 우리에게 용서하지 않는 문제가 있음을 암시하는 징후에는 어떤 것이 있나요?

10장

우리는 용서하도록
돕는 자입니다

아주 좋은 소식이 있습니다. 당신에게 주어진 임무는, 받아들이기로 결정만 한다면 그리 어렵지 않습니다. 혼자 하려고 하면 임무 완수는 불가능합니다. 하나님은 주님의 기적을 우리가 홀로 전하게 하지 않으셨습니다. 주님은 우리가 임무를 완수할 수 있도록 도울 파트너, 그것도 초자연적인 분을 보내겠다고 약속하셨습니다. 그분은 우리보다 더 명석하고 강하며 능력이 많으시고, 우리가 임무를 완수하는 데 훨씬 더 관심이 많으십니다. 우리의 파트너는 바로 성령 하나님입니다.

하늘 아버지께로 돌아가실 때 예수님은 우리를 버려두지

않겠다고 약속하셨습니다. 주님은 이렇게 말씀하셨습니다.

"내가 아버지께 구하겠으니 그가 또 다른 보혜사를 너희에게 주사 영원토록 너희와 함께 있게 하리니 그는 진리의 영이라 세상은 능히 그를 받지 못하나니 이는 그를 보지도 못하고 알지도 못함이라 그러나 너희는 그를 아나니 그는 너희와 함께 거하심이요 또 너희 속에 계시겠음이라 내가 너희를 고아와 같이 버려두지 아니하고"(요 14:16-18상).

"그러나 진리의 성령이 오시면 그가 너희를 모든 진리 가운데로 인도하시리니 그가 스스로 말하지 않고 오직 들은 것을 말하며 장래 일을 너희에게 알리시리라 그가 내 영광을 나타내리니 내 것을 가지고 너희에게 알리시겠음이라"(요 16:13-14).

하늘에 계신 하나님은 우리가 '용서 혁명'에 성공할 수 있도록 마음을 아주 많이 쓰십니다. 그렇기에 하나님 자신이, 성령 하나님으로 우리와 한 팀을 이루어 사람들을 자유롭게 하겠다고 약속하셨습니다. 따라서 우리 힘만으로는 할 수 없는 일이지만, 성령 하나님을 파트너로 삼아 팀을 이루면 성공이 보장됩니다. 이 시스템의 멋진 점은 바로 이것입니다. 하나님은 누구를, 언제, 어떻게 자유롭게 하고 싶으신지, 누가 그분의 조력자가 되기를 원하시는지를 이미 알고 계십니다. 하나님은 모든 것을 계획하고 이루십니다. 우리가 할 일은 그저 성령님이 주시는 신호를 잘 감지하도록 깨어 있어, 그분이 주시는 지시사항을 잘 듣고 명령대로 말하며 행동하는 것입니다. 사실 용서가 일으키는 기적을 망치는 유일한 방법은 혼자 힘으로 해보려고 하는 것입니다. 하지만 하늘 아버지를 파트너로 삼으면 놀라운 일이 일어날 수 있습니다. 제 친구 존은 이것이 사실임을 깨달았습니다.

존 이야기

존은 비즈니스 코치로서 전국을 다니며 임원진과 회사의 잠재력을 극대화하도록 돕는 일을 합니다. 몇 달 전에 그는 저희와 중앙아메리카로 선교여행을 다녀왔는데, 선교지에서 저는 목회자와 사역 리더들에게 용서 프로토콜을 가르쳤습니다. 팀 사역의 하나로 우리는 고등학생들에게 그리스도를 전할 기회가 있었습니다. 먼저 피자 파티를 열어서 학생들과 친해졌습니다. '내리 용서' 메시지를 전하자마자, 통역자와 성령님의 인도하심으로 존은 한 남학생과 연결되어 그 학생이 용서 프로토콜을 하도록 도울 수 있었습니다. 학생은 아버지가 준 상처를 용서했습니다. 또한 존과 제 아내는 팀을 이루어 마리아라는 여학생이 용서함으로 자유를 찾도록 도왔습니다. 그 여학생은 아버지에게서 받은 상처가 많았는데, 제 아내가 끔찍한 상처들을 용서하도록 인도하는 중에, 성령님의 감동을 받은 마리아가 존에게 축복 기도를 해달라고 요청했습니다. 하나님의 사람으로서, 아버지의 심정으로 자신을 위해 기도해달라는 것이었습니다. 제 아내가 기도를 잠시 멈추고 존에게 가서 함께해줄 수 있는지 물었습니다. 존은 흔쾌히 승낙하고 마리아를 위해 함께 기도하기 시작했습니다. 그때 존은 그녀의 아버지 입장이 되어 딸에게 용서를 구하라는 성령님의 음성을 들었습니다. 용서를 구하는 존의 말에 마음이 움직인 마리아는 아버지가 했던 잘못을 모두 용서할 수 있었습니다. 그러고 난 뒤 존은 마리아에게 축복 기도를 해주었습니다. 사역을 마치고 제 아내와 존이 학교를 떠나려 할 때 마리아가 다가와 머리에 꽂았던 리본을 빼서 제 아내에게 주었습니다. "이것을 드리고 싶어요. 제가 가진 전부예요. 저를 기억해주세요." 그런 다음 주머니에 손을 넣어 아주 작은 자기 사진을 꺼내어 존에게 건네며 이렇게 물었습니다. "당신의 엘살바도르 손녀딸이 될 수 있을까요?" 존은 눈물을 흘리며 마리아를 안아주었습니다.

그날 밤 늦은 시간에 존을 보았는데, 마치 그는 로또에 당첨되었거나 슈퍼볼에서 결승골을 넣은 사람 같았습니다. 매우 신이 나고 가슴이 벅찬 모습이었습니다. "브루스 목사님, 제가 해냈어요. 학생 두 명이 자기 아버지를 용서하고 자유를 찾도록 제가 도왔어요!"

집으로 돌아온 존은 비즈니스 코칭을 위해 다른 주로 출장을 떠났습니다. 어느 날 저녁 제게 전화하더니, 의뢰인의 회사에 다니는 청년 한 명을 돕기 원하시는 하나님의 마음이 느껴진다고 했습니다. "브루스 목사님, 이 청년은 회사에서 미래가 촉망되는 리더 중 한 명인데, 뭔가 그를 막고 있습니다. 용서 문제라고 느껴집니다. 어떻게 해야 그의 마음 속으로 들어가서 도울 수 있을까요?" 그래서 존에게 사람의 마음을 열고 용서하도록 돕는 프로토콜을 가르쳐주었습니다. 이에 대해 이번 장에서 가르쳐드리겠습니다. 그리고 하나님이 그에게 갈 길을 분명하게 보여주시고 이끌어주시도록 함께 기도했습니다. 어떤 결론이 났는지는 나중에 알려주기로 약속했습니다.

며칠 뒤 존의 전화를 받았습니다. 그는 청년의 삶이 놀랍게 변화된 이야기를 들려주었습니다. 그 청년이 가슴속 깊이 묻어두었던, 수년 전에 받은 상처를 드러내도록 존이 도와주었습니다. 상처받은 것을 용서하지 않아서 괴로웠던 것입니다. 그런 뒤, 존은 그가 용서 프로토콜을 하도록 인도했습니다. 그는 용서하지 않은 죄를 고백하고 그토록 오랫동안 품었던 상처를 용서했습니다. 몇 달 뒤 그가 어떻게 지내는지 존에게 물어보았습니다. 그는 마음이 자유로워졌을 뿐 아니라 회사 리더로서의 효능감도 급상승하고 있었습니다. 회사 동료뿐 아니라 가족을 용서하지 않는 마음에서도 풀려나도록 도왔다고 했습니다. 그는 존에게 이렇게 말했다고 합니다. "어떻게 하면 회사 직원들이 과거의 상처에서 벗어나도록 도울 수 있는지 함께 전략을 짜야 합니다. 그렇게 하면 개인들만 좋은 게 아니라, 우리 회사도 잠재력이 최고로 발휘되는 순간을 맞을 것입니다."

존에게 성공 비결을 물어본다면, 프로토콜보다 성령님을 훨씬 더 의지하는 것이라고 답할 것입니다. 그러나 실제로는 둘 다 필요하기에 전적으로 성령님을 의지하면서 하나님이 세워주신 패턴도 따라야 합니다. 제 친구 마이크 웰스는 이렇게 말하길 좋아합니다. "예수님이 하신 모든 것은, 예수님이 하신 것이 아닙니다. 모든 것을 하신 그 유일한 분은 아무것도 하지 않으셨습니다." 예수님은 성령님이 주신 힘으로 하늘 아버지가 하라고 명하신 것만을 하셨을 뿐입니다. 따라서 우리도 독자적으로는 아무것도 해서는 안 됩니다. 우리는 예수님이 성령님을 통해 우리에게 주시는 힘으로 그분이 하라고 명하시는 일만 해야 합니다. 성령님이 우리를 모든 진리로 인도하실 것입니다. 성령님이 우리를 위해 문을 여실 것입니다. 우리에게 보내시는 사람의 마음 문도 성령님만이 여십니다. 오직 성령님만이 실제로 기적을 일으키십니다. 우리는 전달자일 뿐임을 항상 기억해야 합니다. 우리는 그저 하나님의 능력 안에서 하나님의 계획을 따를 뿐입니다. 그 이상도 그 이하도 아닙니다.

성소는 무엇일까요?

사람들이 과거의 상처를 쌓아두고 있는 각자의 '성소'에 접근할 때 '우리는 그저 전달자이고 하나님이 다 하신다'는 원칙을 꼭 지켜야 합니다. '성소'라는 용어는 사람의 마음을 가리킵니다. 우리는 특별히 좋은 일과 고통스러운 상처의 기억을 마음속에 간직합니다. 그곳을 여는 기술이 중요하기는 하지만, 오직 성령님만이 사람의 마음을 여실 수 있습니다. 용서받지 못한 상처는 언제나 마음의 상처입니다. 마음의 상처는 깊이 박혀있고 똘똘 뭉쳐있습니다. 사람들은 우리의 생각이 아닌 마음에 상처를 줍니다. 누군가 "두통이 있어요"라고 하면 우리는 아스피린을 줍니다. 반면, "마음이 아파요"라고 하면 몸이 아니라 감정인 것으로 여기고 "무슨 일이야?"라고 묻습니다. 생각이 안 맞는 것은 그저 의견이 다른 것입니다. 그러나 마음이 안 맞는 것은 완전히 다른 문제입니다.

어렸을 때 이런 말을 하면서 놀던 기억이 있나요? "몽둥이와 돌로 내 뼈를 부러뜨릴 순 있지만, 말로 나에게 상처를 줄 수는 없다"('멋대로 지껄여봐라. 약 오르지 않는다'는 의미—옮긴이). 하지만 이 말은 사실이 아닙니다. 사람들이 우리 마음속을 들여다보지 못하게 하는 방어기제일 뿐입니다. 어릴 때 이렇게 말하고는 나중에 아무도 보는 사람이 없으면 울고 싶었던 기억, 우리는 모두 그런 기억이 있습니다. 실제로 사람의 말은 마음에 상처를 줄 수 있습니다. 그것도 깊은 상처를 말입니다. 우리가 은밀한 고통을 다루는 방식에는 씁

쏠한 아이러니가 있습니다. 우리는 상처를 깊숙한 곳에 묻고서 소중한 보석처럼 보호하려는 경향이 있습니다. 불행하게도 상처는 보석이 아니라 우리가 지키려고 애쓰는 바로 그것, 우리의 '마음'을 갉아먹는 암적인 씨앗입니다.

성경에서 마음은 여러 가지 감정, 영적 삶의 자리 또는 그 중심을 가리킵니다. 마음은 여러 가지 생각, 감정, 열정 그리고 생명의 연계가 시작되는 곳입니다. 무엇을 믿느냐에 대해 핵심적인 결정을 하는 곳이 마음입니다.

로마서 10장 8-10절은 이 사실을 분명히 기록하고 있습니다.

> "그러면 무엇을 말하느냐 말씀이 네게 가까워 네 입에 있으며 네 마음에 있다 하였으니 곧 우리가 전파하는 믿음의 말씀이라 네가 만일 네 입으로 예수를 주로 시인하며 또 하나님께서 그를 죽은 자 가운데서 살리신 것을 네 마음에 믿으면 구원을 받으리라 사람이 마음으로 믿어 의에 이르고 입으로 시인하여 구원에 이르느니라"(롬 10:8-10).

정보는 머리로 받아들이고, 진실은 마음으로 끌어안습니다. 그래서 바울은 이렇게 기도했습니다.

"너희 마음의 눈을 밝히사 그의 부르심의 소망이 무엇이며 성도 안에서 그 기업의 영광의 풍성함이 무엇이며 그의 힘의 위력으로 역사하심을 따라 믿는 우리에게 베푸신 능력의 지극히 크심이 어떠한 것을 너희로 알게 하시기를 구하노라"(엡 1:18-19).

당신과 마음이 연결되지 않은 사람을 도와서 용서하도록 인도할 수는 없습니다.

열리지 않은 마음

최근에 사람의 마음과 연결되는 것이 얼마나 중요한지를 다시 확인하게 된 일이 있었습니다. 어떤 사람이 친구에게 상처를 받았는데 상처를 준 사람은 제 친구이기도 했습니다. 저는 상처받은 사람과 만나기로 약속을 잡았습니다. 그는 마음에 심한 상처를 받았는데, 그 여파로 가족 모두가 힘들어하고 있었습니다. 그 상황을 아는 사람들 눈에는 원망하고 용서하지 않는 마음의 징후가 명확하게 보였습니다. 저는 영적으로 주님이 주시는 임무가 있음을 감지했습니다.

갈라디아서 6장 1절 말씀대로 그 사람과 그의 가족에게 관여해야 했습니다. 저의 목표는 가해자의 행동을 변호하는 것이 아니라, 상처받은 사람과 그의 가족이 용서하는 능력으로 자유로워지도록 돕는 것이었습니다.

우리는 카페에서 만나 일상적인 이야기를 주고받았습니다. 저는 그의 가족이 걱정된다고 하면서 문제가 되는 주제를 꺼냈고, 하나님은 그들이 상대방을 용서하기를 바라실 거라고 말했습니다. 마태복음 18장을 가지고 주님이 깨닫게 해주신 고통의 원칙들을 나누었습니다. 그야말로 교양 있고 예의를 갖춰 대화를 나누었고, 유쾌하게 끝났습니다. 그는 내가 알려준 내용을 따라서 해보겠다고 했고, 걱정해주어서 고맙다고 했습니다. 카페를 나오면서 같은 메시지를 전했을 때 다른 사람들에게는 일관되게 나타난 변화가 이 사람에게는 없었다는 사실을 깨닫고 낙심이 되었습니다. 주님께 "어떻게 된 걸까요? 왜 이번에는 효과가 없었나요?"라고 여쭈었습니다. 성령님은 제게 그 사람의 마음과 제 마음이 연결되지 않았다고 알려주셨습니다. 서로 한발 다가서기는 했지만, 마음과 마음으로 소통하는 수준에는 이르지 못했던 겁니다. 저는 그 사람의 생각에 접근했고, 그는 제가 제시한 정보를 받아들였습니다. 그러나 정보의 교환만으로는 변화가 일어나지 않습니다. 제가 그를 납득시키려고 애쓰는 동안 성령님의 역할을 방해했던 것입니다.

앞에서 말씀드린 것처럼 우리가 다른 사람을 용서하는 일에 하나님 아버지는 우리보다 더 마음을 쓰십니다. 그렇기에 성령님을 우리의 파트너로 보내주셨습니다. 카페에서 제가 한 실수는 저의 힘으로 '일을 성사시키려고' 애썼기 때문에 생긴 것입니다. 하지만 아시다시피, 그건 우리가 할 일이 아닙니다. 정말 아닙니다. 용서해야 한다고 납득시키는 일은 성령님이 하시는 일입니다. 성령님을 의지하여 그분의 일을 할 때는 언제나 성공할 것입니다. 성령님 대신 우리가 그분의 일을 하려고 하면, 이 경우 제가 그랬듯이 언제나 일을 망치게 됩니다. 이런 이유로 우리는 사람의 마음과 연결되어야 합니다. 그러지 않으면 용서가 필요한 상처, 즉 상처를 간직하고 있는 마음에 닿지 못합니다. 우리 모두가 적용해야 할 이야기입니다. 상처받은 마음과 연결되려면 약간의 기술이 필요하지만, 가능한 일이라고 확실하게 말씀드립니다.

마음에서 마음으로

사람의 마음 안으로 들어가는 것이 어려울 수 있는데, 상처받은 사람이 종종 미묘한 위장술을 사용하기 때문입니다. 이 위장술은 다음과 같은 말에 나타납니다. "그래, 상처를 잊어버리고 생각에서 털어내면 다 괜찮아질 거야", "잊어버리자", "시간이 약이다"와 같은 말로 자신을 설득합니다. 그러나 생각에서 털어낸다고 해서 마음에서도 털어낼 수 있는 것은 아닙니다. **상처는 용서함으로써만 치유되지, 시간이 지난다고 치유되지 않습니다.** 상처를 무시하고 제대로 다루지 않으면, 상처가 깊어져서 치유되기가 더 어렵고 더 고통스러워집니다. 마치 상처를 자물쇠로 잠근 상자 안에 넣은 다음, 목숨 걸고 그 상자를 지키는 모습과 같습니다. 불행하게도, 감염된 상처를 안에 둔 채 마음을 닫아버리는 겁니다. 용서하지 않으면 생각이 아니라 마음에 상처가 납니다.

머리에서 머리가 아니고, 마음에서 마음으로 소통하고 있는지는 어떻게 알 수 있을까요? 그 사람이 마음을 열어 자기 속을 보여주는지를 어떻게 알까요? 상대방이 당신과 함께 있는 것을 편안하다고 느끼는지를 명확히 알 수 있는 여러 징후가 있습니다. 누군가의 마음에 들어갔다는 것을 나타내는 핵심 지표 중 하나는 그들의 말하는 속도, 높낮이, 목소리 톤입니다. 일반적으로, 사람들이 머릿속 생각을 말할 때는 높은 음으로 더 크고 빠르게 말하는 경향이 있습니다. 어떤 사람이 정말 높은 톤으로 빠르게 말한다면, 자기 머릿속 정보를 당신의 머리로 빠르게 옮기려고 하는 것입니다. 머릿속 정보는 빨리 이전될 수 있습니다. 머릿속 지식에는 정서적인 유착이 없기 때문입니다. 그러나 우리가 감정이 자리잡고 있는 마음의 문제를 다룰 때는, 의사소통 전달 시스템의 작동 속도가 자연스럽게 느려집니다. 말을 더 천천히 합니다. 답변하기 전에 할 말을 여러모로 고려하게 됩니다. 더 신중하게 생각을 처리하므로 의사소통도 좀 더 신중하게 합니다. 누군가와 이야기하다가 그 사람이 용서하지 않는 마음의 문제가 있다고 생각되면, 더 느긋하게 긴장을 풀고, 대화의 속도와 목소리를 낮추세요. 당신의 부드러운 목소리와 태도에 그의 마음이 열릴 것입니다. 당신의 침착함이 그가 안전감을 느끼는 데 도움이 될 것입니다(잠 15:1-4 참조).

사람들이 당신을 믿고 자신의 깊은 상처를 드러내려면 당신에게 말해도 안전하다고 느끼는 것이 중요합니다. 머리(생각)에 대고 말할 때, 즉 빠르고 강한 어조로 말할 때는 논쟁, 경쟁, 우월감 또는 초조함의 영이 작동합니다. 마음에 대고 말할 때, 즉 목소리의 높이를 낮추고 말의 속도를 늦출 때는 공감과 배려의 영이 작동합니다. 사람들은 자신의 말과 감정에 대해 당신이 진정으로 마음을 쓰고 있다는 사실을 알 필요가 있습니다. 단언컨대, 사람들은 당신이 거짓으로 그런 척하고 있는지 아닌지를 구별할 수 있습니다. 당신의 마음이 진심이 아니라고 느껴지면, 그들은 당신에게 마음을 열지 않을 것입니다.

분명하게 말씀드리겠습니다. 정죄하는 마음으로는, 누군가를 용서에 이르도록 도울 수 없습니다. 우월감이나 정죄하는 태도 없이 용서의 메시지를 전해야 합니다. 용서하지 않아서 고통을 겪던 제가 친구 제임스의 도움을 받은 이야기를 나눌 때가 있습니다. 배우지 못해서 모르는 것은 부끄러운 일이 아닙니다. 우리 모두 누군가의 도움을 받아서 성경의 진리를 알게 되었습니다. 고통과 용서하지 않는 마음의 문제도 다르지 않습니다. 사람들이 "그건 몰랐어요"라고 말할 때가 있는데, 그러면 저는 "괜찮아요. 누구나 배우기 전에는 모르죠"라고 말합니다. 따라서 당신이 정말 정죄하는 태도를 지녔다면, 사람을 대하는 마음 그리고 사람의 실패를 대하는 마음을 바꿔달라고 하나님께 기도하십시오.

올바른 시각을 유지하는 한 가지 방법은 당신을 용서하신 하나님께 감사하는 것입니다. 당신이 용서하여 얻은 유익에 대해 하나님께 감사하고, 누군가의 도움으로 당신이 용서하는 법을 배운 것을 감사하십시오. 이런 관점과 하나님을 찬양하는 마음은 우리가 교만해질 위험을 막아줍니다.

상처 확인하기

누군가의 마음과 연결되었다고 느껴지면 상처를 드러내는 작업을 시작할 수 있습니다. 누가 그리고 어떤 일이 상처를 주었는지 구체적이고 명확하게 해야 합니다. 그가 말하면서 힌트를 줄 때도 있고, 그냥 불쑥 폭로할 때도 있습니다. 어떨 때는 당신이 유도 질문을 하며 탐색해야 합니다. 우리는 종종 브루스 윌킨슨 박사님이 '용서하지 않는 마음을 확진하는 질문'이라고 부르는 질문을 사용합니다. "이따금씩 당신은 괴로움을 느낍니까?"[13] 이 질문에 "어떻게 아셨어요?"라고 대답하는 사람이 얼마나 많았는지 모릅니다. 셀 수가 없습니다. 그렇다고 대답하면, 그 사람 안에 용서하지 않는 마음이 있는 것입니다. 누군가 괴롭다고 고백하면, 당신은 기적을 전하는 길에 들어선 겁니다. 상처받은 사람은 고통을 인정하면서 마음의 문을 열기 때문입니다.

일단 상대방이 자기만의 성소에 들어오도록 초대하면, 그를 괴롭히는 상처들을 확인하는 과정을 시작할 수 있습니다. 가장 좋은 방법은 부드럽게 탐색하는 질문을 해서 본인이 고통의 근원을 자각하도록 하는 것입니다. 이때 도움이 될 만한 좋은 질문이 많습니다. 이런 질문을 해보세요.

"지금껏 살아오면서 당신에게 가장 깊은 상처를 준 사람은 누구입니까?"

"이제까지 겪은 가장 극심한 고통은 무엇입니까? 두세 가지 말씀해보세요."

"과거에 일어난 일이지만, 지금도 뇌리에 계속 떠올라 괴롭히는 것은 무엇입니까? 그것에 대해 말씀해주세요."

"이런 고통을 언제부터 느꼈나요?"

비밀을 유지하겠다고 약속하여, 당신에게 속내를 이야기해도 안전하다는 것을 확신시켜주세요. 당신에게 마음속 이야기를 해도 안전하겠다고 느끼면, 그가 마음 문을 열 것입니다. 제가 사람들에게 가장 깊이 박혀있는 상처를 말해달라고 요청할 때는, 그들이 어떤 말을 해도 그들이나 관련된 사람들을 달리 보지 않을 것이라고 말한 뒤에 대화를 시작합니다. 다만, 그들을 돕는 방법은 바뀔 수 있습니다. 위와 같은 질문들에 어떻게 대답해도 당신이 자신을 업신여기지 않을 거라고 확신해야 사람들이 마음을 엽니다.

어떤 이야기를 들어도 당신은 평안합니다

다른 사람의 이야기를 들으면서 당신 안에 감정이 차 올라온다면 놀라지 마십시오. 저희가 들은 사연 중에는 그 실상이 매우 끔찍한 것들도 있습니다. 어떤 때는 듣다가 슬픔, 분노, 공감과 공포감이 일어나기도 합니다. 당신이 상대방의 이야기에 공감하고 있음을 보여주는 것 못지않게 당신이 스스로 감정을 이기지 못하는 모습을 보이지 않는 것도 중요합니다. 그들을 위하여 싸워주고 싶은 유혹에 빠질 수도 있습니다. 그러나 그렇게 하면 안 됩니다. 당신이 할 일은 그들이 용서하도록 돕는 것인데, 그들과 함께 싸우면 도울 수가 없습니다. 남을 도우려는 사람은 도움을 받는 사람이 준 정보를 어떻게 다루어야 하는지 배워야 합니다. 사연을 듣다가 생긴 감정을 가지고 코칭하려는 유혹이 있습니다. 당신 자신이나 당신과 가까운 사람을 지금 상황에 대입해서 그 일이 마치 당신에게 일어난 것처럼 대하기도 쉽습니다. 누군가에게 공감하는 것과 자신을 그 사건에 투사하는 것은 구분하기가 쉽지 않아서 경계를 넘기 쉽습니다. 사람에 대해 민감한 마음을 가진 경우에 특히 그렇습니다.

그러나 누군가를 용서해야 하는 입장에 있는 사람에게 공감하면서도 객관적인 태도를 유지하는 방법이 있습니다. 인간이 어떠한 존재인지를 정확하게 이해하면 큰 도움이 됩니다. 삶에서 죄는 실재합니다. 악은 실제로 세상에 존재하며, 사람은 다른 사람에게 끔찍한 일을 행할 수 있습니다. 만약 이것이 사실이 아니라면, 예수님이 돌아가실 필요가 없으셨습니다. 때로는 악이 이기는 것처럼 보일 때가 있는 것이 사실입니다. 그러나 이러한 겉모습에도 불구하고, 예수님은 십자가에서 승리하셨으며, 우리는 이 믿음을 유지해야 합니다. 사람들이 자신의 아픔을 들려줄 때 함께 웁니까? 네, 함께 웁니다. "당신이 이런 일을 겪어야 했다니 제 마음도 아픕니다"라고 말합니까? 네, 그렇습니다. 그 죄악들을 상세히 들을 때 화가 납니까? 때때로 그렇습니다. 그러나 우리가 항상 최우선으로 마음에 새겨야 할 목표는 그들이 용서함으로 자유롭게 되는 것입니다.

제가 아주 좋아한 드라마 중 1970년대에 큰 인기를 모았던 "매시"(M*A*S*H: 1972년부터 1983년까지 미국 CBS에서 방영된 코미디 드라마 시리즈—옮긴이)가 있습니다. 이 드라마는 한국 전쟁을 배경으로 육군 외과 이동 병동 4077부대에서 벌어지는 일상을 그렸습니다. 호크아이, 트래퍼, 비제이, 헨리, 마가렛 그리고 나머지 등장인물들은 캠프에서 끊임없이 이송되는 부상병들을 맞아야 했습니다. 드라마의 대부분은 수술실 장면인데, 등장인물들은 환자의 생명을 구하고 다친 팔다리를 고쳐보려고 오랜 시간 애썼습니다. 이 시리즈에서 반복되는 주제는 다친 사람들을 치료하느라 애쓰는 와중에 사방에서 벌어지는 전쟁의 대학살을 감당해야 하는 어려움과 고충입니다. 매시 부대에서 벌어지는 상황은 크랩애플 코브(극중에 나오는 가상의 고향 지명)나 보스톤 종합병원, 또는 밀 밸리에서 치료했던 실제 상황과 매우 달랐습니다. 의료진이 전쟁에 초점을 맞추면 환자를 효과적으로 치료할 수 없습니다. 그들은 이 사실을 깨달아야 했습니다. 전쟁에서 이기는 것은 그들의 임무가 아니었습니다. 그들의 임무는 부상자를 치료하는 것이었습니다. 우리가 이런 관점을 갖는다면, 용서하지 않는 마음의 전쟁에서 상처 입은 부상자들을 효과적으로 도울 수 있습니다. 하나님이 우리에게 도우라고 보내주신 사람들은 당신이나 제가 감당할 수 없는 전쟁에서 부상당한 사람들입니다. 좋은 소식 하나는, 아무리 전쟁이 맹위를 떨치며 계속되더라도 이미 이긴 싸움이라는 것입니다. 사람들의 상처와 사연에 초점을 맞추면 그들을 돕는 우리의 능력이 손상되어 그들이 용서를 향해 나아가는 길을 복잡하게 만들 수도 있다는 것을 알아야 합니다. 하지만 십자가와 십자가가 주는 자유에 초점을 맞추고 성령 안에서 행할 때 우리는 사람들이 자유로워지도록 도울 수 있다고 확신합니다. 의사가 환자의 말을 듣듯이 사람들의 이야기를 들으십시오. 하나님이 내리시는 진단에 귀 기울이면 그들이 필요로 하는 도움을 줄 수 있습니다.

제 아내는 우리 지역에 있는 여성 쉼터에서 신앙심 깊은 여성들로 구성된 팀과 함께 사역하고 있습니다. 학대를 받아 이곳에 와 있는 여성들의 이야기는 저마다 너무 가슴이 아픕니다. 그들에게는 용서의 메시지가 필요합니다. 들을 수 있을 법한 이야기를 다 들었다고 생각할 때마다 아내는 훨씬 더 심각한 이야기를 듣습니다. 사역을 처음 시작했을 때 끔찍한 학대와 죄의 내용을 세세하게 듣고 난 후, 사역팀 멤버들은 혐오감이 들어 힘들어했습니다. 그러나 십자가 덕분에 우리는 누군가의 죄에 절대로 오염될 수 없습니다. 그런 기분이 든다고 해도 말입니다. 그리스도인으로서 우리는 예수님의 보혈로 덮이고 그분 안에서 의로워졌습니다. 어떤 것도, 어떤 사람도 이를 바꿀 수 없습니다. 그러므로 누군가의 이야기를 듣는 것을 두려워할 필요가 없습니다. 이에 반하는 메시지는 무엇이든지 우리 영혼의 원수가 하는 거짓말입니다. 사탄이 하는 거짓말을 깨달았을 때 아내는 자유롭게 되어 주저함 없이 사역하게 되었습니다.

에두른 말에 대처하기

다른 사람이 용서하도록 돕는 과정에서 마주하는 또 다른 방해물이 있습니다. 2장에서 다루었던 마태복음 18장의 비유가 사람들에게 마음을 열고 용서하고 싶게 합니다. 대체로 그렇습니다. 그런데도 주저하는 사람이 있다면, 하나님은 '용서받은' 사람이 '용서하기'를 기대하신다는 것을 이해하도록 도우십시오. 마태복음 6장 9-15절에 나오는 '주의 기도' 역시 훌륭한 메시지입니다. 우리를 향한 하나님의 용서와 다른 사람을 향한 우리의 용서가 연관되어 있음을 깨닫게 하는 본문입니다. 이 말씀만으로도 대다수는 용서하기로 선택합니다. 용서하지 않는 마음이 십자가와 어떤 관계가 있는지, 어떤 결과를 만들어내는지에 대해 집중하게 되면, 사람들은 대부분 마음을 열어 용서하기로 선택합니다.

용서의 메시지를 정의(justice)의 문제로 여기는 사람이 있을 겁니다. 그는 이렇게 주장합니다. "정의가 요구되는 사안이 있습니다. 제가 이런 짓을 한 사람을 용서한다면 어떻게 정의를 지킬 수 있겠습니까?" 이런 의문을 지닌 사람에게 줄 수 있는 두 가지 답변이 있습니다. 첫 번째 답변은 이것입니다. "예수님의 보혈은 모든 죄를 덮습니다. 누군가가 내게 저지른 죄까지도 포함해서 말입니다." 궁극적인 정의는 십자가에서 이루어졌습니다. 의로우신 예수님이 불의한 자를 위해 죽으심으로써 불의한 자가 의롭게 되었기 때문입니다. 예수님은 우리의 빚뿐만 아니라 그들의 빚도 갚으셨습니다. 당신에게 상처 준 사람이 저지른 일에 대해 예수님의 보혈이 충분하지 않다면, 무엇으로 만족하겠습니까? 무엇이 더 필요합니까?

두 번째 답변은 재판하시는 분은 하나님이지 우리가 아니라는 사실입니다. 우리는 하나님이 아닙니다. 모든 정의를 행하시는 재판관은 바로 하나님이십니다. 바울은 로마서 12장 17-19절에서 이렇게 말했습니다.

"아무에게도 악을 악으로 갚지 말고 모든 사람 앞에서 선한 일을 도모하라 할 수 있거든 너희로서는 모든 사람과 더불어 화목하라 내 사랑하는 자들아 너희가 친히 원수를 갚지 말고 하나님의 진노하심에 맡기라 기록되었으되 원수 갚는 것이 내게 있으니 내가 갚으리라고 주께서 말씀하시니라."

요점은 이것입니다. 원수 갚는 것은 하나님께 속한 일이지 우리가 할 일이 아닙니다. 하나님은 여러 가지 방법을 사용하셔서 어떤 상황도 정의롭게 해결하십니다. 그분은 정의를 이루시는 주요 수단 중 하나로 각 나라에 정부를 세우셨습니다. 법적인 책임이나 신체적 보호를 구해야 할 때도 있습니다. 그러나 가해자를 영원히 가두어도 사라지지 않을 고통을 방지하는 최고의 방법은 용서입니다. 그러나 안심하고 확실히 믿어야 할 것은 하나님이 그분의 지혜대로, 모든 일에 그분의 정의를 베푸신다는 것입니다. 우리가 우리 손으로 복수하려고 하면 주님은 우리를 징계하실 것입니다. 하나님은 그분의 일을 매우 잘하십니다. 우리가 도와드릴 필요가 없습니다. 더 많이 정죄해달라고 요구하거나, 우리가 나서서 정죄하는 것은 우리가 하나님을 믿지 않는다고 선언하는 것과 같습니다. 좋은 생각이 아닙니다.

용서 코칭하기

자, 이제 당신은 '용서 프로토콜'을 통해 사람들을 코칭할 것입니다. 우리는 이 일을 상담이 아니라 코칭이라고 부릅니다. 저희는 상담사를 반대하는 것이 아닙니다. 제 가장 친한 친구 중 한 명도 상담사입니다. 하지만 제가 볼 때 상담은 너무 느립니다. 우리가 하는 일을 코칭이라고 부르는 이유는 무엇일까요? 코치는 상대방이 원하지 않는 일을 하게 해서, 결국 되고 싶은 사람이 되도록 도와주는 사람이기 때문입니다. 스포츠에서 코치는 긴 연습이 끝난 후에도, 짧은 거리를 전력 질주시켜서 팀 전체를 기진맥진하게 만듭니다. 왜 아무도 하기 싫은 일을 하라고 강요할까요? 코치는 가장 좋은 신체 능력을 가진 팀이 우승한다는 것을 알기 때문입니다. 그래서 선수들이 원하지 않는 일을 시키고, 전력 질주를 시켜 그들이 열망하는 챔피언이 되도록 합니다. 우리는 사람들이 원하지 않는 일, 즉 용서하기를 코칭합니다. 그들의 바람대로 자유로운 사람이 되도록 합니다. 아래와 같이 '용서 프로토콜'로 코칭하십시오.

【 7단계 용서 프로토콜 】

1. 당신을 용서해주신 하나님께 감사하십시오.

2. 남을 용서하지 못하는 자신의 죄를 회개하십시오.

3. 누구를 용서하고 무엇을 용서해야 하는지 하나님께 물으십시오.

4. 마음에 있는 상처를 하나씩 용서하십시오.
    1) "주님, 저는 _____가 _____한 것에 대해 마음에서 용서하기로 선택합니다."
    2) "주님, 제가 _____를 용서해야 할 또 다른 것이 있나요?"
    3) "_____는 저에게 더는 갚을 빚이 없음을 선포합니다. 모든 빚은 예수님이 대속하신 십자가로 옮겨졌습니다."

5. 하나님께 _____를 축복해달라고 간구하십시오. 당신이 축복할 수 있는 방법을 찾아보십시오.

6. 상처를 '간직하지 않기'로 결단하십시오.
    옛 기억이 떠오르면
    1) "나는 이미 용서했다는 사실을 기억하고 있다"라고 소리내어 말하십시오.
    2) 용서함으로 자유를 누리게 하신 하나님을 찬양하십시오.
    3) 용서한 사람을 다시 축복하십시오.
    4) 화해를 위해 기도하십시오.

7. '미리 용서하기'를 생활화하십시오.

몇 가지 코칭 팁을 드리겠습니다. 무례하거나 거칠지 않게, 하지만 강하고 담대하게 코칭하세요. 한 번에 한 사람씩 용서해야 할 사람을 상대하세요. 프로토콜로 코칭할 때 단호하게 인도하세요. 예를 들어, 어떤 사람이 기도하기를 "주님, 제가 _____를 원합니다"라고 말하면 바로잡아 주세요. 용서는 결단이고 선택임을 상기시키세요. '원하는 것'과 '선택하는 것'이 항상 같지는 않습니다. 예를 들어, 차를 살 때 저는 벤츠를 원했지만 토요타를 선택했습니다. "주님, 저는 용서하기로 선택합니다"라고 말해야 한다고 알려주세요. 인내하세요. 모든 상처를 용서하는 데 시간이 걸릴 수 있습니다. 상처를 식별하는 데 성령님이 사용하실 질문을 하나님이 당신에게 알려주실 수도 있습니다. 서두르지 마세요. 그들이 용서하고 빚(상처)을 십자가로 옮긴 후, 용서를 축복으로 마무리할 수 있도록 도와주세요. 축복할 수 없다면, 아직 용서하지 않은 것이 있다는 뜻입니다. 성령님께 그것이 무엇인지 드러내달라고 기도하고, 그들이 그것을 용서할 수 있도록 코칭하세요. 첫 번째 사람을 용서한 후, 다음으로 용서하기를 원하시는 사람이 누구인지 하나님께 여쭤세요. 더는 용서할 사람이 없을 때까지 이 과정을 반복하세요.

　5번 프로토콜까지 마치고 나면 "마음이 어떻습니까? 마음속에서 무엇이 느껴지나요?"라고 물어보세요. 그들의 변화를 보고 놀랄 것입니다. 제가 약속할 수 있습니다. 장담합니다. 누구든지 용서하는 순간, 용서하지 않음으로 인한 하나님의 징계가 끝나고, 하나님이 고통을 주는 자들에게 떠나라고 직접 말씀하실 것입니다. 분명히 돌파구가 생길 것입니다! 자유로워질 것입니다!

이 시점에서 기억을 다루는 방법과 미래의 상처를 다루는 방법인 6번과 7번 프로토콜을 설명해야 합니다. 그런 다음, 방금 발견한 자유에 대해 하나님을 찬양하도록 인도하세요. 당신은 기적을 만드는 사람이 아니라는 것을 기억하세요. 당신은 단지 기적을 전달하는 사람일 뿐입니다. 그러므로 십자가와 보혈로 우리에게 자유를 사 주신 예수님께로 그들을 인도해야 합니다.

'우연히' 그러나 우연이 아닌

최근에 노스 애틀랜타의 사역 센터에서 강연한 적이 있습니다. 그런데 강연을 앞둔 몇 시간 전에 한 가지 사실을 알게 되었습니다. 그 사역을 책임지는 리더가 바로 다음 날 남편과 이혼하기로 했다는 것이었습니다. 정말 뜬금없는 일이었습니다. 수개월 전에 저와 아내는 이 리더를 만나서 친구로 지내고 있었습니다. 만남을 이어가면서 저희는 그녀를 사랑하고 존경하게 되었습니다. 이번 강연에서 그녀가 맡은 역할은 없었지만, 강연 직전에 그녀의 이혼 계획을 알게 된 것이 우연은 아닌 듯했습니다. 강연을 마친 저는 의전 담당자에게 그 리더와 이야기를 나눌 수 있는지 물었습니다. 그녀가 '때마침' 사무실에 있어서 만날 수 있었습니다. 나중에 들으니 흥미롭게도 그날은 그녀의 휴무일이었고, 휴무일에는 거의 사무실에 나오지 않는다고 했습니다. 날씨가 좋아서 밖으로 나가 산책을 하다가 주차장 안의 키 낮은 담장 위에 걸터앉았습니다. 담장 위로는 나뭇가지들이 드리워져 있었습니다. 이미 수백 명에게 용서 사역을 해왔음에도 이야기를 꺼내기가 망설여졌습니다. 제가 들은 내용을 사실대로 말하고 "어떻게 도와드릴까요?"라고 물어보았습니다. 그녀는 고통스러운 마음을 쏟아놓았습니다. 한참 이야기를 주고받는데, '때마침' 그녀의 남편에게서 전화가 왔습니다. 그녀가 말했습니다. "저, 지금 주차장에 앉아서 내일 당신이랑 이혼할지 말지를 결정하려고 브루스 목사님과 이야기 나누고 있어요. 당신도 목사님과 이야기해볼래요?" 그때 저는 속으로 생각했습니다. '하나님! 정말 탁월하십니다. 오직 당신

만이 이런 상황을 만들어내실 수 있습니다.'

저는 그녀가 용서 프로토콜을 하도록 코칭하기 시작했습니다. 모두 마칠 즈음에 남편이 아들을 데리고 왔습니다. 그녀가 아들을 데리고 활동에 참여하는 동안, 저는 그녀의 남편과 이야기를 나누었습니다. 대화 중에 그는 자기 자신을 용서했을 뿐 아니라 과거에 받은 깊은 상처 몇 가지를 용서했습니다. 그의 안색이 눈에 띄게 달라졌습니다. 그에게 아내와 이혼한다고 해도 아내를 어떻게 사랑해야 하는지를 코칭해주었습니다. 그때쯤 아내가 돌아왔고, 남편은 교회로 갔습니다. 아내는 남편을 용서했고, 남편은 자기 자신을 용서했으며, 이혼하지 않기로 약속했습니다. 부부는 화해했습니다. 결혼을 지켜낸 겁니다.

"각자 자기 방식대로 살아가는 거야." "해결할 수 없는 일들이 있어." 하나님의 원수는 우리가 이런 거짓말을 믿기 원합니다. 판사의 마지막 판결만 남은 결혼은 가망이 없으니 애쓸 필요가 없다고 믿었다면, 사탄이 좋아했겠지요. 그러나 그것은 전혀 사실이 아닙니다. 이 결혼이 정말 가망이 없었다면 그 부부를 대면하라는 성령님의 인도를 제가 따르지 않았을 것입니다. 제가 먼저 행동을 취하고 위험을 감수하지 않고 불순종했다면, 한 커플의 결혼 생활이 끝났을 뿐만 아니라 중요한 여성 사역 하나가 심각하게 타격을 받았을 겁니다.

이런 상황이 날마다 일어납니다. 브루스 윌킨슨 목사님이 이렇게 말했습니다. "언제 어느 곳에 있든지 모든 사람에게는 기적이 필요합니다. 하나님은 사람들이 전하는 기적 이상으로 전하고 싶으신 기적이 더 많습니다."14 하나님은 100퍼센트 옳으십니다. 저 역시 대부분의 사람에게 필요한 기적은 용서의 기적이라고 믿습니다. 상처는 누구에게나 있습니다. 누구나 다른 사람에게 상처받은 적이 있습니다. 그리고 그들 중 대다수가 용서하는 법을 배우려면 도움이 필요합니다. 당신과 저는 지금 이런 현실을 마주하고 있습니다. 우리가 그들을 도울 수 있습니다.

'내리 용서' 모델이 다른 용서 메시지와 구별되는 점은, 용서의 능력을 통해 복음이 주는 자유를 경험하도록 돕는 데 있습니다. 저희의 소망은 실생활에서 용서의 메시지가 자연스러워지는 것입니다. 즉, 개인적으로나 용서가 필요한 사람이 보일 때 자동으로 반응하는 것이 자연스러워지는 것입니다. 하나님은 우리 각자가 가능한 한 많은 사람에게 용서의 메시지를 전하기 원하십니다.

샤를린 코치

2014년, 저희는 샤를린 심스(Charlene Sims)를 만났습니다. 샤를린은 텍사스 댈러스에서 '내리 용서' 비디오 스터디를 진행하는 소그룹에 참석했습니다. 처음에 그녀는 용서가 과정이 아니라 결단의 선택이라는 원칙에 대해 브루스에게 이의를 제기했습니다. 샤를린은 학대가 일상적인 가정에서 많은 고통을 받으며 자랐습니다. 그녀는 오랫동안 과거의 상처에서 벗어나려고 자신이 아는 모든 방법을 시도해왔기 때문에, 용서가 결단이라는 명제를 받아들이기가 어려웠습니다. 그동안 여러 상담사를 찾아다니고 마음의 문제와 회복을 다루는 수많은 사역에 참여했지만, 아무런 효과가 없어 여전히 고통에 시달리고 있었습니다. 따라서 다른 많은 사람처럼 샤를린은 회의적이었습니다.

얼마 후, 저희는 그녀가 다니는 교회에서 '내리 용서' 세미나를 진행했습니다. 며칠 후, 그녀는 자기가 새롭게 경험한 자유에 대해 토니에게 간증해주었습니다. 어느 이른 아침, 하나님은 그녀를 고통스럽게 하는 뿌리 상처를 구체적으로 보여주셨습니다. 어린 시절 당한 학대와 관련된 상처를 용서하기로 선택한 순간, 샤를린은 자유를 얻었습니다. 결단하고 선택하자 즉각 자유를 얻었습니다!

그 기적적인 경험 이후, 샤를린은 듣고 싶어 하는 사람이라면 누구에게든 '내리 용서' 메시지를 전하기 시작했습니다. 그녀는 '내리 용서 코칭 집중 교육'을 받은 최초의 코치 중 한 명이 되었습니다. 지난 10년간 샤를린은 수많은 사람에게 자유를 찾도록 코칭하며 심지어 용서 코치들의 트레이너가 되기도 했습니다. 그녀는 평생 찾아 헤매다가 한순간에 찾은 진실을 열정적으로 전했습니다. 그 진실은 바로 **'용서가 주는 자유'**입니다!

샤를린은 2023년 추수감사절 아침에 예수님 곁으로 갔습니다. 세상을 떠나기 몇 시간 전 저희와 나눈 마지막 대화에서, 그녀는 '내리 용서' 사역을 얼마나 사랑하는지, 자신이 용서했을 때 얻은 자유를 온 세상 사람이 경험하기를 얼마나 진심으로 바라는지를 여러 번 이야기했습니다. 그녀는 '내리 용서' 코치가 되어 인생에서 큰 보람을 느꼈고, 더 많은 사람을 도울 수 있는 시간이 더 있으면 좋겠다고 말했습니다. **"용서 혁명에 동참하세요. 용서의 능력을 통해 복음이 주는 자유를 경험하세요. 이 말을 모든 사람에게 전해주세요."**

우리 팀은 그녀의 열정에 영감을 받아 '내리 용서' 사역을 전 세계로 확장하기 위해 지금도 노력하고 있습니다.

더 깊이 들어가기

1. **요한복음 14장 16-18절과 요한복음 16장 13-14절을 읽으세요.** 예수님은 성령을 보내셔서 그분이 주신 임무를 우리가 수행할 수 있도록 해주겠다고 약속하셨습니다. 다른 사람이 용서하도록 도울 때 성령을 의지하는 것이 왜 중요한가요?

2. 마음과 마음을 잇는 것과 머리에서 머리로 정보를 전달하는 것의 차이점은 무엇인가요? 사람의 마음과 연결되는 것이 중요한 이유는 무엇일까요? 당신이 코치하는 사람의 마음에 닿기 위해 실제적으로 어떤 방법을 사용할 수 있을까요?

3. 누군가에게 용서해야 할 상처가 있다는 것을 어떻게 알 수 있나요?

4. 누군가가 자신의 마음을 당신에게 털어놓아도 안전하다는 메시지를 전하기 위해서 어떤 방법을 사용할 수 있을까요? 그런 소통이 중요한 이유는 무엇인가요?

5. "궁극적인 정의가 십자가에서 이루어졌습니다." 당신이 받은 상처들도 십자가에서 이루어진 정의에 포함되나요? 그렇지 않다면, 당신이 생각하는 정의가 이루어지기 위해 필요한 것은 무엇인가요? 즉, 예수님의 보혈이 당신이 상처받은 일을 용서하는 데 충분하지 않다면 당신은 무엇으로 만족하겠습니까?

맺는 글

11장

용서 혁명으로
초대합니다

몇 년 전, 아내의 생일을 축하하려고 이틀간 휴가를 냈습니다. 친구의 추천을 받아 오코니 호수에 있는 근사한 호텔에서 하룻밤을 머물기로 했습니다. 가는 길에 조지아주 매디슨에 잠시 들렀습니다. 고풍스러운 주택, 특산품 가게, 아기자기한 커피숍으로 가득한 이 오래된 마을에는 나무 울타리가 세워져 있고 사람들은 친절했습니다. 흡사 "메이베리"(Mayberry: 1960년대에 미국에서 방영된 텔레비전 시트콤 제목이자 이야기의 주 무대가 된 마을 이름—옮긴이) 같았습니다. 매디슨은 남북전쟁 전 모습 그대로 고택(古宅)들이 가장 많이 보존된 도시 중 하나입니다. 남북전쟁 때 그 마을에 살던 사람이 셔먼 장군의 형제와 친구였는데, 장군이 군대를 이끌고 조지아주를 행군할 때 매디슨을 불태우지 않도록 설득했다고 합니다.

계획에 없던 방문(가장 좋은 유형의 여행)이었기에 매디슨 웰컴 센터부터 들렀습니다. 웰컴 센터가 있는 오래된 건물 안으로 들어섰을 때 마침 한 부부가 걸어 나오고 있었는데, 서로 부딪힐 뻔했습니다. "실례합니다, 부인", "문을 잡아주셔서 감사합니다, 선생님"이라고 서로 말하며 들어갔습니다. 웰컴 데스크 직원이 저희를 맞아주었고, 저희는 아내의 생일을 축하하는 시간을 보내고 있다고 말했습니다. "정말 우연이네요. 방금 나간 부부 보셨지요? 저분들도 주말을 매디슨에서 보내려고 캘리포니아에서 비행기를 타고 오셨어요. 저 부부 역시 아내의 생일인 것 같더라고요. 남편이 아내에게 생일 선물로 무엇을 원하냐고 물으니, '조지아에 가고 싶어요'라고 말씀하셨대요." 정말 신기했습니다! 매디슨에서 즐길 수 있는 것들에 대해 몇 가지 팁을 받은 뒤, 팸플릿 몇 개를 챙겨서 점심 식사 장소를 찾으러 출발했습니다. 인도를 걸어 내려가고 있을 때 아내가 성령님의 음성을 들었습니다. 성령님은 저희가 그 부부를 만나기 원하신다는 것이었습니다. 아내가 성령님의 감동을 받았다며 "우리의 눈과 귀를 열어야 해요"라고 말했습니다. 이후 이야기는 아내의 목소리로 들려드리겠습니다.

'퍼크 애비뉴 카페와 커피 하우스'라는 가게 안으로 들어갔을 때, 누구를 만났을까요? 맞습니다. 캘리포니아에서 온 그 부부가 먼저 와 있었습니다. 저는 속으로 기도했습니다. '주님, 그들에게 어떻게 말을 걸까요? 문을 열어주세요.' 얼마 되지 않아 캘리포니아에서 온 그 부인이 저희 테이블로 가까이 다가왔습니다. 유서 깊은 건물의 안쪽을 찍으려고 그랬던 겁니다. 그녀는 한물간 자기 카메라에 대해 한두 마디 했습니다. 저희도 기회를 잡아 저희를 소개했습니다. 서로 생일 이야기를 나누고 좋은 시간을 보내라고 주고받은 뒤, 그녀는 남편과 함께 카페를 나섰습니다. 저는 '이걸로 끝은 아닐 텐데. 뭔가 좀 더 하나님의 계획이 있을 거야'라고 생각했습니다. 파니니를 맛있게 먹고, 저희도 첫 번째 고택을 방문하러 출발했습니다.

200년 된 고택을 둘러보는 투어 그룹에는 저희 말고 또 한 커플이 있었습니다. 누구였을까요? 캘리포니아에서 온 밥과 로빈, 바로 그 부부였답니다! 저희 네 명과 투어 가이드뿐이라서 오붓하게 둘러볼 수 있었습니다. 방에서 방으로 걸으며, 자연스럽게 말을 주고받게 되었습니다. 그들이 들려

수는 이야기는 재미있었고, 주 안에서 서로 통하는 점이 있어서 놀랐습니다. 그들도 예수님을 믿는 사람들이었습니다. 로빈은 그녀의 직장에서 겪는 어려움을 나누었습니다. 이야기를 들은 후 함께 손을 잡고 그녀를 위해 기도했습니다. 아름다운 교제였습니다. 로빈은 눈물로 저희 부부에게 감사를 표했습니다. 투어 가이드가 빙그레 미소 지었습니다. 그러나 하나님의 계획은 아직 다 이루어진 게 아니었습니다.

다음 고택으로 걸어가는 동안 하나님의 목적이 분명해졌습니다. 로빈은 자신이 수년간 힘겨워하고 있는 깊은 고통, 수그러들지 않아 벗어날 수 없는 고통에 대해 말해주었습니다. 그녀가 마음을 조금 열기 시작했을 때 저택의 큰 정문이 열렸습니다. 대화가 중단되기는 했지만, 그때 저는 하나님이 왜 이분들과 만나게 하셨는지 알게 되었습니다. 그 후 저는 투어에 온전히 집중할 수 없었는데, 하나님이 '팔을 걷어붙이신' 일에 대해 기대하는 마음이 생겨서 가슴이 뛰었기 때문입니다.

마지막 고택을 돌아보고 투어를 마치며 계단을 걸어 내려갈 때, 로빈에게 그토록 오랫동안 시달려온 고통에서 벗어나고 싶은지 물었습니다. 이렇게 묻는 것이 쉽진 않았으나, 조금 불편해도 제가 그녀에게 먼저 다가가기를 하나님이 원하신다는 것은 확실했습니다. 믿음으로 알고 있었습니다. "네, 그럼요"라고 그녀가 대답했습니다. 퍼크 애비뉴 카페로 가서 함께 이야기하자고 제안했습니다. 이후에 일어난 일은 놀라웠습니다.

로빈은 자신이 겪은 고통으로 인해 전날 밤 거의 한숨도 못 잤다며 이야기를 시작했습니다. 그녀는 하나님께 "도와 주세요. 제발 돕는 자를 보내주셔서 제가 용서하게 해주세요!"라며 부르짖었습니다. 핵심 원칙 몇 가지를 나누어주자, 그녀는 바로 그 자리에서 용서 프로토콜을 하도록 인도해 달라고 요청했습니다. 제가 그녀를 코칭하기 시작했을 때 그녀가 멈칫하며 말했습니다. "지금 나오는 노랫소리 들리나요?" 저는 몰랐는데 "죄 짐 맡은 우리 구주" 찬양이 흘러나오고 있었습니다. 로빈이 그녀에게 상처 준 사람들을 용서하고 축복하기를 마쳤을 때 그녀가 다시 말했습니다. "들어보세요!" 이제는 "갈보리산 위에" 찬양이 흘러나오고 있었습니다. 그녀가 이어서 하는 말이 자기는 가장 좋아하는 찬양 세 곡을 매일 피아노로 연주한다고 했습니다. "죄 짐 맡은 우리 구주"와 "갈보리산 위에"가 그중 두 곡이었습니다.

"지금 마음이 어떤가요? 어떤 감정이 느껴지나요?"라고 그녀에게 물었습니다. 그녀는 두 눈에 눈물이 가득한 채로 미소를 지으며 말했습니다. "이스라엘에 가본 적이 있어요. 족쇄가 어떻게 생겼는지 직접 보았습니다. 돌 벽에 박혀있었는데 어떤 것은 구덩이에 박혀 있는 것도 있었습니다. 족쇄에 채워진 사람들이 고통을 겪도록 설치되어 있었습니다. 지금 제 마음이 어떤지는, 그 족쇄들이 사라졌다는 말 외에는 달리 표현할 방법을 모르겠습니다!" 그 순간, 비가 내리기 시작했습니다. 그런데 비는 오직 우리가 앉아 있는 카페 앞에만 내렸습니다. 그 밖의 다른 곳에는 비가 오지 않았고 해가 비추었습니다. 마치 하나님이 그녀의 마음을 깨끗하게 씻어주신 것 같았습니다!

뜻밖의 만남이었는데, 정말 놀라웠습니다. 하나님이 이 모든 것을 사전에 계획하셨습니다. 기분 전환을 하러 떠난 짧은 여행에서 저 멀리 캘리포니아에서 온 한 쌍의 부부를 만나, 그들이 오랫동안 구해왔던 답을 저희가 전해주리라고 누가 상상이나 했겠습니까. 오직 하나님만이 하실 수 있는 일이었습니다!

2주 뒤 저희는 다음과 같은 이메일을 받았습니다.

    토니 사모님과 브루스 목사님, 안녕하세요?
    매디슨에서 저희와 함께 시간을 보내주셔서 감사합니다. 하나님이 저희 삶에서 어떻게 일하시는지 알고 또 믿기에, 작은 마을 카페에서의 만남이 '우연'이었다고 말할 수 없습니다. 우연이 아니고 말고요. 저희는 하나님의 사랑과 자애로운 손길로 그곳으로 인도받아 목사님 부부를 만났습니다.

그 만남 직후, 로빈은 친정어머니에 대한 고통에서 벗어날 수 있었습니다. 아주 오랜 시간 지녔던 상처였습니다. 아내는 이제 그 고통에서 해방되었습니다. 토니 사모님, 친절을 베풀어주셔서 감사드립니다. 아내가 그토록 고통스러워하던 짐을 이제 저도 내려놓게 되어 정말 감사합니다. 브루스 목사님과 더불어 사모님과 함께 나누었던 그 시간은 저희 둘 모두에게 축복이었습니다.

저희는 계속해서 두 분이 알려주신 용서 메시지를 다른 사람들에게 나누고, 선하신 주님이 저희 삶에 인도하시는 방향을 따라 증거하겠습니다. 마지막으로, 저희가 사는 지역에서 종종 하는 말로 작별 인사드립니다. "바야 콘 디오스(Vaya con Dios), 하나님과 동행하십시오."

밥과 로빈 올림

고택 투어를 할 때 '이 벽들이 말할 수만 있다면…'이란 말을 자주 듣습니다. 제 아내가 남북전쟁 전에 지은 고택들을 돌아보면서 바로 이런 생각을 했습니다. 그런데 그녀 바로 옆에, 속마음을 털어놓고 싶고, 그 마음을 누군가 들어주기를 바라는, 자유를 갈망하는 마음을 가진 여인이 있었던 겁니다. 우리 주변에는 누군가가 자기 이야기를 들어주고 도와주며, 동시에 비난하지 않기를 바라는 사람들이 늘 있습니다. 앞서 말한 대로 사람들은 예수님과 함께 있을 때 언제나 평안합니다. 그들은 우리와 함께 있을 때도 평안해야 합니다. 그들은 우리와 함께 있을 때도 안전해야 합니다. 성령님의 말씀을 듣고, 그분의 인도하심을 따르며, 그분의 말씀을 전하고, 그런 다음 뒤로 물러나 족쇄가 풀리는 것을 지켜보는 것보다 더 신나는 일은 없습니다.

저희는 하나님이 주신 '내리 용서'의 원칙을 삶에서 실천할 사람들을 계속 세워주시기를 기도하고 있습니다. 전 세계에 있는 그리스도의 지체들이 용서의 능력을 힘입어서 복음이 주는 자유를 경험하는 모습을 보고 싶습니다. 이 자유가 가정과 교회 그리고 세상에 있는 모든 공동체로 번져나가기를 간절히 바랍니다. 그에 미치지 못하는 것은 예수님의 지상명령과 맞지 않습니다. 밥과 로빈이 이 혁명에 합류했습니다. 그리고 조앤도 동참했습니다.

조앤 이야기

용서 메시지를 강의했던 이혼 회복 모임에서 조앤을 만났습니다. 그다음 주말에 그녀는 저희가 인도하는 내리 용서 세미나에 참석했습니다. 세미나가 끝난 후, 제가 다른 사람들과 이야기를 마칠 때까지 기다리다가 자기를 만나줄 시간이 있냐고 물었습니다. 저는 "지금 이야기합시다"라고 말했습니다.

조앤이 제게 나눠준 이야기는 자주 듣는 내용이었습니다. 그녀가 32년간의 격동의 결혼 생활이라고 표현한 세월이 지난 뒤, 조앤은 남편과 이혼했습니다. 이혼한 뒤 4년여 동안 겪은 여러 가지 생각과 감정의 소용돌이에 대해 그녀는 담담히 이야기했습니다. 특히, 전남편이 부부로서 특별한 추억이 깃든 곳에 다른 여자를 데려갔었다는 것을 알았을 때의 마음도 나누어주었습니다. 그녀는 다니던 교회에 계속 다녔고, 교회에서 평신도 상담 프로그램의 일원으로 활동했습니다. 남편을 용서했지만, 적어도 여러 차례 그렇게 말했지만, 그녀는 여전히 자유함을 느끼지 못했습니다. 그녀에게 "전남편을 축복해줄 수 있나요?"라고 물었습니다. 그녀는 축복할 수 없었습니다. "그러면 당신은 용서한 것이 아닙니다." 이제 조앤의 목소리로 이야기를 들어보세요.

브루스 목사님의 인도로 저는 용서 프로토콜을 할 수 있었습니다. 무거운 마음과 눈물로, 전남편과 저 자신을 용서했습니다. 저희 각자를 위해 축복을 구했습니다. 막바지에 이르렀을 때, 저는 여러 차례 가쁜 숨을 내쉬고 있다는 것을 깨달았습니다. 브루스 목사님께 5개월 만에 처음으로 숨을 내쉰 것 같다고 말씀드렸습니다. 진이 다 빠진 것 같았지만, 평온함을 느꼈습니다.

나중에 제가 프로토콜을 하면서 느꼈던 감정이 어떠했는지 생각해보니, 저의 존재 깊은 곳에서부터 단어 하나하나를 아이 낳듯 꺼낸 것 같았다는 생각이 들었습니다. 이미 오래전에 전남편과 저, 두 사람을 용서해야 한다는 것을 알고 있었고, 용서했다고 생각했습니다. 그러나 생각과 입에서 나오는 말로 용서할 수 있는 것이 아니었습니다. 오직 마음 깊은 곳에서부터 우러나와서 주님이 우리를 부르신 대로 관련된 모든 사람을 축복할 때, 그럴 때만 우리는 진정으로 자유하게 되는 것이었습니다. 이후 몇 주 동안 몇 가지 생각이 계속 떠올라서, 6번 프로토콜의 지시를 따라 제가 이미 마음으로 용서했고 저희 둘 모두를 위해 축복 기도를 했다는 것을 떠올렸습니다. 전남편이 결혼할 예정이라는 것을 오늘 알게 되었습니다. 눈물이 조금 흐르고 슬펐지만, 그를 용서하며 이때를 위해 저를 준비시켜주신 주님께 감사드렸습니다. 교회의 평신도 상담가로서, 저는 용서 프로토콜이 내담자들에게도 귀하게 사용될 것을 깨달았습니다. 세미나에 참석하고 이틀이 지나서 내담자 중 한 명과 동일한 경험을 했습니다. 그건 정말 특권이었습니다. 그 내담자가 자신의 내면 깊이 내려가 흐느껴 울면서 구체적인 행위들을 열거하며 전남편을 용서한다고 말할 때, 여유 있어 보였던 얼굴이 순식간에 고통으로 일그러졌습니다. 이어서 전남편을 모든 빚에서 자유롭게 하고 축복하자, 차츰 평온해졌습니다. 용서 프로토콜을 다 마친 그녀는 탈진한 듯이 보였지만, 기분이 훨씬 나아졌다고 말했고 눈물이 잦아들었습니다.

그녀에게 잠시 시간을 가지고 몇 차례 깊이 심호흡을 하라고 했습니다. 그런 뒤 이번에는 자신을 용서하는 프로토콜을 진행해보겠냐고 물었습니다. "네!"라고 그녀가 외쳤습니다. 자신이 지은 죄를 구체적으로 하나씩 고백하며 자신을 용서하였고, 하나님께 자신을 축복해주시길 간구했습니다. 그녀는 기도하며 자신의 팔을 엇갈려서 교차시킨 손목을 가슴 위에 놓고, 손가락 끝이 쇄골 위에 놓이도록 했습니다.

마치 스스로 감싸 안은 것처럼 보였습니다.

그녀에게 손을 어떻게 하고 있었는지 기억나냐고 물었습니다. 그녀는 모르고 있었습니다. 2주 전에, 그녀는 자신이 어렸을 때 엄마가 아주 비슷한 포즈로 애정을 표현하셨다고 말한 적이 있습니다. 그 이야기를 해주자 그녀는 놀라면서 환하게 웃었습니다. 저희는 서로 부둥켜안고 마음으로 용서함으로써 받은 축복에 감격하며 눈물을 흘렸습니다.

두 번째 내담자는 정기적인 상담 기간이 끝나서 프로토콜을 진행할 시간이 없었지만, 가능한 방법이 있다는 사실에 기뻐했습니다. 그녀에게 프로토콜을 혼자서 큰 소리로 할 수도 있고, 또는 신뢰할 수 있는 사람과 함께 하면 더 좋다고 설명해주었습니다. 그녀가 용서해야 할 다른 가족에 대해서도 나누었습니다. 그녀는 프로토콜을 시도해보기로 했습니다. 일주일 뒤, 그녀에게서 전화가 왔습니다. 프로토콜을 시행하고 자유를 찾은 상태였습니다. 의욕이 가득한 목소리로 이것은 자신이 정말로 필요로 했던 것이며, 쉽게 사용할 수 있는 도구라고 말했습니다. 용서 프로토콜을 선물로 받았으니, 저는 이 땅에 사는 동안 다른 사람들과 계속해서 나눌 것입니다!

조앤은 이제 용서 혁명의 열정적인 멤버이며, 이 메시지

로 도움을 받은 밥, 로빈 그리고 다른 많은 사람도 동참하고 있습니다. 하나님은 용서받은 사람이 다른 사람을 용서하기를 기대하십니다. 누군가를 용서하는 일에는 종종 도움이 필요합니다. 우리는 모두 화해의 사역으로 부름받았습니다. 하나님을 믿는 우리가 가장 먼저 할 일은 사람들을 하나님이 베푸신 용서와 연결되도록 돕는 것입니다. 사람들을 하나님과 연결하는 가장 좋은 방법 중 하나는 그들이 다른 사람을 용서하도록 돕는 것입니다. 또한 사람들이 용서를 통하여 자유를 찾도록 돕는 것입니다. 우리는 이것이 얼마나 즐거운 일인지 깨달았습니다. 이 혁명에는 저의 아버지, 사라, 엠마, 필 그리고 저희가 지금까지 나누어드린 이야기에 나오는 모든 사람, 그 외에도 저희가 이 혁명에 동참한 뒤 개인적으로 목격한 수백 명의 사람이 있습니다. 존, 조앤 그리고 후안 목사님과 같은 사람들이 다른 사람을 도와서 또 다른 누군가를 용서하도록 할 때 기뻐하는 모습을 보는 것도 흥분되기는 마찬가지입니다.

자연스럽게 누군가를 용서하는 가족이나 교회 공동체의 일원이 된다고 상상해보십시오. 걱정, 우울, 각종 중독, 분쟁, 이혼 또는 분열이 없는 삶과 관계들을 상상해보십시오. 그런 공동체가 다른 사람들에게 미칠 영향을 상상해보십시오. 우리의 왕 되신 주님이 이 땅에 임하기를 원하시는 하나님 나라의 모습입니다. 용서 혁명의 물결이 일어날 때입니다. 당신도 동참하겠습니까? 사람들이 용서의 능력으로 복음이 주는 자유를 경험하도록 돕는 사역에 함께하지 않겠습니까?

자, 혁명을 시작합시다! *Viva La Revolution!*

내리 용서 플러스

우리 모두를 코치로 부르십니다!

'내리 용서' 사역으로 전 세계 그리스도의 지체들이 용서의 능력을 통해 복음이 주는 자유를 경험하기 원합니다. 우리는 목회자와 리더들에게 교인들이 용서할 수 있도록 코칭하고, 코칭을 받은 교인들은 다른 사람들에게 용서 코칭을 하도록 돕는 방법을 가르치고 있습니다. 이것이 우리의 사명입니다.

저는 종종 농담처럼 말합니다. "'내리 용서' 메시지가 필요 없는 유일한 사람은 상처를 받아본 적이 없는 이들입니다. 이 지구상에서 완벽한 삶을 사신 분은 오직 한 분뿐인데, 우리가 그분을 죽였습니다. 그러므로 용서의 문제와 상관없는 사람은 아무도 없습니다." 이 사역을 필요로 하는 곳은 엄청나게 많고, 저희 두 사람이 이 일을 다 감당할 수는 없습니다. 그래서 '내리 용서 코칭 집중 과정'을 개발했습니다. 이는 '내리 용서' 교육의 다음 단계입니다. 우리의 목표는 사람들이 용서하도록 도울 수 있는 훈련된 코치 팀을 전 세계적으로 양육하는 것입니다.

1일 코칭 집중 과정은 단행본 『내리 용서』, 세미나, 비디오 강좌를 기반으로 사람들에게 용서를 코칭할 수 있는 능력을 갖추도록 인도합니다. 코칭 집중 과정에서 배우게 될 내용은 다음과 같습니다.

—어떻게 '명령'을 가르치는가(마 18장).
—만나는 장애물을 어떻게 다룰 것인가.
—물어야 할 핵심 질문.
—성공적인 코칭을 위해 필요한 핵심 패러다임의 전환.
—실시간 코칭 세션과 질의응답 시청하기.

용서 코치로 훈련받고 싶다면, www.forgivingforward.com/contact로 문의해주세요. 자세한 정보를 드리겠습니다.

더 깊이 들어가기

1. 브루스와 토니가 조지아주 매디슨에서 밥과 로빈을 만난 이야기가 당신에게 어떤 영향을 주었나요? 하나님이 당신을 비슷한 방식으로 사용하실 수 있다고 믿나요? 그분이 그렇게 하실 수 있도록 당신의 마음은 열려 있나요?

2. "하나님은 사람들이 용서함으로 자유로워지도록 돕는 특권을 우리에게 주셨습니다." 다른 사람이 용서하도록 돕는 데 장애가 되는 일은 어떤 것이 있을까요? 당신은 그 장애물을 어떻게 극복할 수 있나요?

3. 그리스도인은 용서의 메시지를 전할 임무가 있다는 사실이 왜 중요하다고 생각하나요? 그리스도인이 용서하지 않을 때 복음의 메시지는 어떻게 방해를 받나요?

4. 가족이나 친구, 동료 등 당신 주변에서 용서하지 않는 마음의 징후를 보이는 사람이 있나요? 하나님은 당신이 그들을 돕기 원하신다고 생각하나요?

5. 사람들이 용서의 힘을 통해 복음의 자유를 경험할 수 있도록 하나님은 우리를 돕는 자로 부르십니다. 이 일에 동참하겠습니까?

부록

마태복음 18장 21-35절
자세히 보기

하나님 아버지는 우리가 용서하지 않을 때 우리를 정말 옥졸(고문관) 손에 넘기실까요?

'내리 용서'의 메시지는 전 세계 사람들의 삶을 변화시키고 있습니다. 이 메시지가 강력한 이유 중 하나는 용서하지 않을 때의 결과를 명확하게 알려주기 때문입니다. 성경의 근거가 마태복음 18장 21-35절에 있습니다. 예수님은 몇 번이나 용서해야 하는지를 묻는 베드로의 질문에 충격적인 답변을 하십니다. 예수님은 땅의 이야기로 천국의 진리를 가르치는 비유를 사용하셔서 용서에 대한 하나님의 관점을 설명하십니다.

이 이야기는 다음과 같이 요약할 수 있습니다. 한 임금이 자신에게 돈을 빚진 종들과 빚을 결산하려고 합니다. 첫 번째 종은 10,000달란트를 빚지고 있었는데, 이는 15만 년 치 임금(오늘날 가치로 약 9조 원)에 해당합니다. 임금은 즉시 이 빚을 탕감해주었습니다. 그러나 용서받은 종은 자신에게 단지 100일 치 임금(약 2천만 원)을 빚진 두 번째 종을 용서하지 않고 감옥에 가두었습니다. 이에 임금은 첫 번째 종을 불러서 두 번째 종을 용서하지 않은 것에 대해 꾸짖고, 그를 옥졸 손에 넘겨 다른 종을 용서할 때까지 고통받게 했습니다.

의미심장한 메시지가 담긴 이야기를 들려주신 후 예수님은 베드로의 질문에 답하십니다. "너희가 각각 마음으로부터 형제를 용서하지 아니하면 나의 하늘 아버지께서도 너희에게 이와 같이 하시리라"(마 18:35).

학자들은 대부분 마태복음 18장 21-35절의 기본적인 해석에 동의합니다. 해석의 어려움은 34절과 35절 사이의 관계에 있습니다. 해석자는 이 두 구절에서 두 가지 기본적인 질문을 해결해야 합니다.

첫째, 성경 본문 자체에서:

이 구절은 만약 어떤 사람이 다른 누군가를 용서하지 않기로 선택하면, 하나님이 그 사람을 고통당하게 내버려두실 것이라고 명확히 가르치고 있습니까? 이 질문은 용서하지 않는 것의 결과, 즉 용서하지 않는 죄에 대해 명확하게 규정한 징계가 있습니까?

둘째, '고통'(torment) 또는 '옥졸/ 고문자'(torturers)로 번역된 헬라어 단어의 의미에서:

이 단어는 무엇을 의미합니까? 다른 본문에서 이 단어의 정의와 쓰임새를 볼 때, 하나님이 용서하지 않는 사람을 악마의 힘에 의해 고통당하게 두신다고 해석해야 할까요? 아니면 다르게 해석할 여지가 있나요? 이 질문은 하나님 아버지가 사용하실 수도 있고, 사용하지 않으실 수도 있는 징계의 방법에 초점을 맞추고 있습니다.

첫 번째 질문에 대한 답은 의심의 여지없이 "그렇다!"입니다. 몇 가지 중요한 이유는 아래와 같습니다.

1) 예수님은 암시된 질문, "왜 일곱 번을 일흔 번씩 용서해야 합니까?"에 답해주십니다. 그 답은 예화의 끝에 있습니다. "네가 용서하지 않으면, 아버지께서 너희를 엄하게 징계하시고 용서할 때까지 고통에 넘기실 것이다"(마 18:34-35 참조). 이것이 이 질문에 대한 예수님의 직접적인 대답입니다. 그렇게 많이 용서하는 것이 불가능해 보일 수 있지만,

그 결과를 생각해보면, 즉 용서할 때까지 받게 되는 엄청난 고통을 고려하면 490번을 용서하는 것은 매우 일리가 있습니다! 둘 중 하나를 선택해야 하는데, 용서하거나 혹은 고통스러운 상태에 남는 것입니다. 마지막 두 구절(34-35절)을 이 말씀의 근본적인 목적과 분리해서 해석하면, 잘못된(혹은 최소한 불완전한) 해석을 하게 됩니다.

2) 이 구절은 용서하지 않을 경우 그 사람이 용서하기로 선택할 때까지 하나님이 그를 고통받게 하신다고 명확하게 말하고 있나요? 이 구절은 다른 해석의 여지가 없습니다. 논리와 표현이 명확하고 직접적이며 간결합니다. 다음은 NASB, NKJV 그리고 NIV 번역본입니다.

> **NASB** "And his lord, moved with anger, handed him over to the torturers until he should repay all that was owed him. My heavenly Father will also do the same to you, if each of you does not forgive his brother from your heart."
>
> "그의 주인은 화가 나서 그가 빚진 모든 것을 다 갚을 때까지 그를 고문자들에게 넘겼다. 너희도 마음에서

형제의 허물을 용서하지 않으면 하늘에 계신 내 아버지께서도 똑같이 하실 것이다."

NKJV   "And his master was angry, and delivered him to the torturers until he should pay all that was due to him. So My heavenly Father also will do to you if each of you, from his heart, does not forgive his brother his trespasses."

"그의 주인은 화가 나서 그를 그가 모든 빚을 다 갚을 때까지 그를 고문자들에게 넘겼다. 너희가 각자 마음에서 형제의 허물을 용서하지 않으면 하늘에 계신 내 아버지께서도 너희에게 그렇게 하실 것이다."

NIV   "In anger, his master handed him over to the jailers to be tortured, until he should pay back all he owed. This is how my heavenly Father will treat each of you unless you forgive your brother or sister from your heart."

"주인은 화가 나서, 그를 옥졸들에게 넘겨 모든 빚을 갚을 때까지 고문받게 했다. 너희도 형제나 자매를 마음에서 용서하지 않으면 하늘에 계신 내 아버지도 너희를 이렇게 대하실 것이다."

여러 가지 영어 성경은 어떤 번역을 보든, '용서하지 않음' 과 '고통' 사이에 연관성이 있다고 말합니다.

NASB "And his lord, moved with anger, handed him over to the torturers…My heavenly Father will also do the same to you…."

"그의 주인은 화가 나서 그를 고문자들에 넘겨주 었다…하늘에 계신 내 아버지도 너희에게 똑같이 하실 것이 다…."

NKJV "master…delivered him to the torturers…so My heavenly Father also will do to you…."

"주인은…그를 고문자들에게 넘겨주었다…하늘 에 계신 내 아버지도 너희에게 그렇게 하실 것이다…."

NIV "master handed him over to the jailers to be tortured…this is how my heavenly Father will treat each of you…."

"주인은 그를 고문자들에게 넘겼다…하늘에 계신 내 아버지도 너희를 이런 방식으로 대하실 것이다…."

3) '주인'을 '하늘에 계신 아버지'로, '그를 고문하게 넘겨줌'을 '하늘에 계신 아버지의 뜻'으로 해석해야 합니다. 선입견을 가지고 다르게 해석한다면, 용서하지 않음에 대해 예수님이 보여주신 성경적 결과를 놓치게 됩니다.

4) 이 입장을 지지하는 주석으로는 『해설성경주석』(Expositor's Bible Commentary), 『NIV 새미국주석』(NIV The New American Commentary), 『맥아더 주석』(The MacArthur Bible Commentary), 『아이언사이드 주석』(Ironside Commentary Series) 등이 있습니다.

두 번째 질문은, 하나님이 사용하실 수도 있고 사용하시지 않을 수도 있는 징계 방법에 초점을 맞추고 있습니다. 이 구절은 하늘에 계신 아버지가 용서하지 않는 사람들을 '옥졸'(고문자들)에게 넘겨 고문당하게 하신다고 가르치고 있습니까? 그리고 '옥졸'(고문자들)은 악마와 동일시됩니까? 이 구절을 문자 그대로 해석하는 접근 방식에 따르면 다음과 같은 결론을 내리는 것이 타당해 보입니다.

(1) 하나님 아버지가 용서하지 않는 사람을 고문당하게 넘기신다는 것에는 의심의 여지가 없습니다. 성경 말씀의 증거도 확실하고, 수많은 주석가도 이 견해를 지지합니다.
(2) 고문이나 고통은 그 사람이 용서할 때까지 계속됩니다.
(3) '옥졸(고문자들)에게 넘겨지는' 결과는 그 사람이 고통을 당하는 것입니다. 즉, 고문당하기 위해 넘겨지면 그것을 피할 방법이 없습니다. 넘겨지는 이유는 고통을 받기 위해서입니다. 이것이 우리가 모든 상황에서, 모든 잘못에 대해 항상 모든 사람을 용서해야 하는 근본 동기입니다.
(4) 이 비유의 이미지에서 하나님 아버지는 임금에 해당하십니다. 잘 보십시오. 하나님이 고문자들에게 '넘기는' 능동적인 주체이시지, 고통이 일어나도록 '허용하는' 수동적인 반응자가 아니십니다. 너무 많은 사람이 하나님이 이 일을 '허용하신다'고 생각하는데, 본문은 정반대라고 말합니다. 하나님은 단순히 허용하시는

것이 아니라, '고문자나 옥졸에게 넘기는' 행동을 능동적으로 하십니다.

(5) 하나님 아버지는 그 사람을 유죄로 선언하시고 '고통 받도록 넘기는' 판결을 직접 선고하십니다. NKJV는 "주인이… 그를 고문자들에게 넘겼다"라고 하고, NIV는 "주인이 그를 옥졸에 넘겨 고문받게 했다"라고 합니다. '넘기기'나 '넘겨주기'의 목적은 형이 집행되는 것입니다. 하나님은 '넘기는' 역할을 하시지만, '고문하는' 일에는 관여하시지 않습니다. 이 점은 매우 중요합니다. 하나님은 학대하는 아버지가 아니라 의로운 심판자이십니다. 하나님은 용서하지 않는 죄를 심판하십니다. 카슨은 이렇게 말합니다. "예수님은 하나님 아버지가 관대하게 용서하시면서도 동시에 무자비하게 벌하시는 행동에 모순이 없다고 보십니다. 우리도 그래야 합니다."[15]

(6) 이것은 매우 중요한 관찰로 이어집니다. 이 구절에서 하나님은 용서하지 않는 사람을 고문하시거나 고통을 주시지는 않습니다. 매우 명확하고 중요한 구분이 있습니다. 임금은 감옥의 간수가 아니며, 고문을 집행하는 자도 아닙니다. 따라서 하나님은 용서하지 않는

사람을 직접 벌하시지는 않지만, 형을 선고하십니다. 하나님은 그 사람을 "감옥의 간수들"(NIV) 또는 "고문자들"(NASB, NKJV)에게 넘기셔서 형이 집행되도록 하십니다.

(7) 세이어(Thayer)는 '간수(옥졸)'를 '고문 업무를 맡은 사람'으로 묘사합니다.[16] 이 구절에서는 이 명사의 복수형이 사용됩니다. 이는 고문의 책임을 맡은 사람들이 여러 명으로 구성된 그룹이라는 의미입니다. 만약 그렇지 않다면, 단수형으로 적었을 것입니다. 이 구절에서 유죄 판결을 받은 사람은 한 명이지만, 고문하는 사람은 여러 명입니다. 이는 예수님 당시 벌을 받은 사람들을 고문하기 위해 감옥에서 일하는 사람이 여러 명이었음을 보여줍니다.

(8) 간수(옥졸)들은 자기 마음대로 아무나 무차별적으로 고문할 자유가 없었습니다. 그들은 형을 선고받고 자신들에게 넘겨진 사람만 고문할 수 있었습니다. 만약 그들에게 넘겨지지 않은 사람을 고문하면, 그들이 오히려 유죄 판결을 받고 형을 선고받을 수 있었습니다. 그러나 판사가 '그들에게 넘겼다면', 임금에게서 징계를 집행할 법적 권한을 부여받았기 때문에 기소되지

않습니다. 그 권한은 절대적인 것이 아니었고, 간수(옥졸)가 죄수를 '소유'한다는 의미도 아니었습니다. 간수는 단지 판사가 명령을 철회할 때까지 용서하지 않는 종을 고문할 권한이 있다는 의미였을 뿐입니다.

(9) 고문의 방법은 임금이 정하지 않았기 때문에, 간수들은 암묵적으로 상황에 따라 임금이 정한 범위 안에서 고문을 효과적으로 수행하는 방법을 자유롭게 결정할 수 있었습니다. 하나님이 욥을 사탄과 그의 천사들에게 '넘기셨을 때'(비록 욥은 아무런 잘못이 없었지만), 하나님은 그들이 욥을 괴롭힐 수 있는 한계를 명확히 제한하셨습니다. 욥기와 다른 구약 성경에 따르면, 악마의 무리는 하나님이 특정한 경계 안에서 그들이 원하는 방식으로 '고문', '심판', '징계'를 자유롭게 행사할 수 있는 것으로 보입니다.

(10) 성경에서 심판과 징계는 정부, 부모, 예언자, 사도, 제자, 천사, 악마, 제사장, 국가, 적 등 다양한 대리자를 통해 이루어집니다. 즉, 하나님은 악마를 포함한 다양한 '고통을 전달하는 대리인'을 사용하십니다. 악마에만 국한되지 않습니다.

(11) '고문자들'(torturers)이라는 의미의 헬라어 단어 바사

니스타이스(basanistais)는 신약에서 다양한 형태로 18회 사용됩니다. 이 본문이 아닌 데서 사용된 다른 17회 중 16회는 지옥이나 악마의 활동과 연관됩니다. 이 단어의 일반적인 쓰임새를 보면, 이 구절은 악마의 활동과 연관된 의미로 쓰였을 가능성이 매우 큽니다.

저의 신학적인 관점에서 용서하지 않는 것은 그리스도인이 지을 수 있는 가장 엄중한 징계를 받는 죄 중 하나입니다. 이 징계는 우리가 용서하지 않는 죄를 반항적인 태도로 계속 범할 때 받는 결과입니다. 용서하지 않는 죄는 영적 차원에서 고통이 시작되고 계속되는 합법적 근거가 됩니다. 하나님은 용서받은 자녀가 용서하지 않는 죄를 지었기 때문에 형벌을 내리십니다. 그러나 용서하지 않는 자가 회개하고 용서하기로 선택하면 징계는 끝나고, 아버지는 고문하는 자들에게 멈출 것을 명령하십니다.

예수 그리스도가 십자가에서 하신 일이 남들이 우리에게 하는 일보다 하나님께 더 중요하다고 하면 사람들은 잘 수긍합니다. 하나님은 자비로우시고 사랑이 많으시지만, 또한 자신과 아들의 십자가 사역이 존중받기를 원하시는 의로운 심판자이시기도 합니다. 하나님은 독생자 아들의 위대한 업적을 수혜자들이 평가 절하할 때 진노하십니다.

요약하면, 하나님은 용서받은 사람이 다른 사람을 용서하기를 기대하시며, 그분의 용서를 우리의 용서와 연결하십니다. 하나님은 우리가 용서하지 않을 때 악마에게 우리를 고문할 법적 권한을 부여하시고, 우리가 용서하기로 선택하면 그 권한을 취소하십니다. 하나님이 용서하지 않는 것을 이렇게 엄격하게 징계하시는 이유는 예수님의 보혈이 모든 죄, 즉 나에게 범해진 죄까지도 덮어 용서해주시기 때문입니다.

주

1. 2008년 가을, 코브에 있는 빌리 그레이엄 트레이닝 센터에서 열린 사역자 부부 수련회, '기쁨의 여정: 결혼 생활에 대한 하나님의 꿈 경험하기'(A Joyful Journey: Experiencing God's Dream for your Marriage)에서 사랑을 이렇게 정의해준 칩 잉그램 목사님에게 감사드린다.
2. C. S. Lewis, *Mere Christianity*(New York: Harper SanFrancisco, 1952), 115. (『순전한 기독교』 홍성사)
3. Bruce Wilkinson, *You Were Born For This*(Colorado Springs: Multnomah Books, 2009), 200.
4. Donald D. Kraybill, *Willow Magazine*, 2007년 가을 호.
5. Mark Berman, *The Washigton Post*, 2015년 6월 19일자.
6. Anthony B. Thompson and Denise George, *Called to Forgive: The Charleston Church Shooting, A Victim's Husband, and the Path to Healing and Peace*(Bloomington: Bethany House Publishers, 2019), 63-64.
7. Mark Berman, *The Washington Post*, 2015년 6월 19일자.
8. Anthony B. Thompson and Denise George, *Called to Forgive: The Charleston Church Shooting, A Victim's Husband, and the Path to Healing and Peace* (Bloomington: Bethany House Publishers, 2019), 65-66.
9. Chris Braun, *Unpacking Forgiveness*(Wheaton: Crossway Books, 2008), 56.
10. Gerhard Kittel and Friedrich Kittel, *Theological Dictionary of the New Testament*(Abridged in One Volume) (Grand Rapids:

William B. Eerdmans Publishing Company, 1985), 636. (『신약 성서 신학사전: 킷텔 단권 원어 사전』 요단출판사)
11. Fritz Reinecker and Cleo Rogers, *Linguistic Key to the Greek New Testament*(Grand Rapids: Regency Reference Library, 1980), 534.
12. John Trent and Rick Hick, *Seeking Solid Ground*(Colorado Springs: Focus on the Family Publishing, 1995), 113-114.
13. Bruce Wilkinson, *You Were Born For This*(Colorado Springs: Multnomah Books, 2009), 205.
14. 2009년 봄, 우리 교회에서 이 진리를 가르쳐준 브루스 윌킨슨 목사님에게 감사드린다. 『당신이 태어난 이유』(*You Were Born For This*)를 아직 안 읽었다면, 일독을 권한다.
15. D. A. Carson, "Matthew", in *The Expositor's Bible Commentary: Matthew, Mark, Luke*, Frank E. Gaebelein 편집, vol. 8(Grand Rapids, MI: Zondervan Publishing House, 1984), 407.
16. Joseph Henry Thayer, *A Greek-English Lexicon of the New Testament: Being Grimm's Wilke's Clavis Novi Testamenti*(New York: Harper & Brothers, 1889), 96.

개정판 발간에 부치는
감사의 글

개정판을 내는 작업은 생각보다 더 어려운 일이었습니다. 주된 이유는 하나님이 초판을 통해 이미 많은 일을 이루셨기 때문이며, 좋은 것을 망치고 싶지 않았기 때문입니다. 하지만 하나님이 주신 모든 새로운 이해와 통찰을 고려할 때 이제는 다시 쓸 때가 되었다고 느꼈습니다. 초판과 마찬가지로 이번 개정판이 나오기까지 기도와 자원, 격려로 도와주신 모든 사람의 이름을 나열하자면 한 장 전체를 할애해야 할 정도입니다. 하지만 저희 부부가 특별히 마음을 담아 감사드릴 분이 있습니다.

딸 에이미와 사위 브로디에게: 표지(원서) 디자인을 멋지게 해준 딸 그리고 훌륭하게 편집하고 영감을 준 딸과 사위에게 고마움을 전합니다. 이 아이들 덕분에 최종 결과물이 훨씬 좋아졌습니다! 이 둘을 사랑하고 자랑스러워하는 마음을 다 표현하기가 어렵습니다.

두 아들과 며느리, 아론과 케이티, 앤드루와 테런스에게: 예수님과 동행하며 우리가 전하는 메시지를 실천하면서 사람들에게 전해주는 사랑스러운 이 두 부부에게 고마움을 전합니다.

에드와 렛 코시바에게: 하나님이 주신 임무에 순복하여 우리와 동행해주어 너무나 기쁩니다. 우리와 함께 기도하고, 울고 웃으며, 우리에게 음식을 제공해주고, 강연 자료를 관리해주고, 셀 수 없이 공항에 데려다 주고, 잔디를 깎아주고, 우리 집과 자유센터(Freedom Center)를 수리해준, 정말 고마운 우리의 친구에게 깊이 감사드립니다.

새 생명의 삶(ReGenerating Life Ministries) 이사회 임원진에게: 존, 캐시, 에드, 렛, 에버렛, 마크, 캐리, 더그, 비타. 우리가 올바른 길로 가도록 은혜롭고 지혜롭게 인도해주고, 우리의 시선이 예수님을 향하도록 지속적으로 가리켜주셔서 감사합니다. 여러분이 없는 사역은 상상할 수 없습니다!

'내리 용서' 기도 팀원들에게: 레아, 다프네, 토냐, 캐시, 케이, 프랭크 그리고 크리스티. 화요일 아침 기도 시간이, 이 프로젝트를 포함해서 '내리 용서'의 모든 사역에 얼마나 큰 힘이 되었는지 말로 다 표현할 수 없습니다. 진정으로, 우리는 여러분의 기도 날개를 달고 있습니다.

319 팀원들에게: 용서 메시지를 전하는 사역에 지속적으로 후원해주셔서 깊이 감사드립니다. 여러분의 후원으로 '내리 용서' 사역을 통해 얼마나 많은 사람의 삶이 변화되었는지 모릅니다.

카렌과 지미 부부에게: 사역에서 필요한 부분을 미리 예상하고, 빈틈을 채우며, 사역을 체계적으로 잘 감당해준 행정 비서 카렌, 우리에게 큰 힘이 돼주어 너무나 고맙습니다. 용서의 메시지를 전 세계로 전파하는 데 창의력을 발휘하고 열정을 부어준 지미에게 어떻게 고마움을 전할지 모르겠습니다. 두 사람은 하나님의 선물이며 멋진 팀입니다!

위호프 랜치(WeHope Ranch)의 제프와 코니 핑커튼 부부에게: '텍사스 동부에 있는 집'이라고 부를 만큼 편하게 머물 수 있는 장소를 제공해주셔서 개정판을 쓸 수 있었습니다. 두 사람의 환대와 우정은 우리에게 늘 생기를 줍니다!

비전 런 출판사(Vision Run Publishers)의 데비 패트릭에게: 전문적이고 현대적인 감각을 입혀 이 책을 펴내주셔서 감사합니다. 당신은 이 분야에서 최고입니다!

스티브와 샬린 심스 부부에게: 이 두 사람보다 '내리 용서' 메시지를 더 잘 수용하고 실제로 살아낸 사람은 없습니다. 두 사람은 단순한 팀원이 아니라 가족입니다. 우리가 댈러스에 갈 때마다 제집처럼 머물게 해주시고, 차도 빌려주시고, 사람들을 코칭해주시고, 그 외에도 셀 수 없이 많은 호의를 베풀어주셔서 감사드립니다. 샬린, 당신이 그립습니다!

패션시티 교회(Passion City Church)의 소그룹원들에게: 우리를 사랑해주시고, 우리가 마음껏 일할 수 있는 안전한 장소를 제공해주시고, 아낌없는 지지와 격려를 보내주셔서 감사합니다. 여러분 모두를 사랑합니다.

옮긴이의 글(초판)

이제까지 나는 주로 학문적인 지식을 얻기 위한 책을 탐독했고, 흥미로운 주제의 책들도 무료한 시간을 의미 있게 보내기 위해 제법 읽었다. 하지만 그 가운데 나를 기적 같은 삶의 변화로 인도해준 책은 거의 없었다. 영어-한국어 통역은 수십 번 했지만, 글쓰기는 내 능력 밖의 일처럼 느껴져 책 번역은 염두에 두지 않았는데 이 책을 나누는 모임에 참여하면서 가급적 많은 사람과 공유하고 싶다는 강한 열망을 품게 되었다. 우리 부부는 물론, 모임에 참석한 많은 사람이 내리 용서의 실제적인 경험을 통해 기적 같은 관계 회복을 경험한 것이다.

우리 내외는 2019년에 안식년으로 미국 애틀랜타 근교의 시골 동네에서 몇 달을 보냈다. 그때 이웃의 초대로 참석한 동네 소그룹 성경공부 모임의 교재가 바로 이 책이었다. 그런데 모임을 시작한 첫 주부터 다른 교재로 공부할 때는 경험하지 못한 큰 변화가 일어나기 시작했다. 참석자 중 한 분인, 혼자 사시는 60대 남자분이 1장의 내용을 나누다가 아버지를 용서하지 못한 것을 통곡하며 고백하는 것을 필두로 매주마다 용서와 화해의 기적을 고백하는 사람들이 점점 늘어났다. 급기야 우리 부부도 8장에 나오는 용서 프로토콜을 적용하면서 큰 변화를 경험했다.

마침 저자인 브루스와 토니 히블 부부가 가까운 곳에 사는 것을 알게 되어 교제를 나누었고, 그들이 사역하는 현장도 방문하게 되었다. 그런데 저자들을 만나고 그들의 사역을 경험하면서 책에 서술된 용서의 예화가 어쩌다 한 번 일어나는 특별한 사건이 아니라 용서 코칭을 할 때마다 거의 매번 반복되는 현상인 것을 목격하였다. 나는 우리 부부가 체험한 용서의 기적을 가까운 동역자들과 나누었고, 그들에게서도 삶에 큰 파장이 일어날 정도의 관계 회복이 일어나는 것을 보았다. 그래서 나는 이 책이 한국에서 출판되는데 작은 역할을 하여 용서로 말미암는 기적이 더 많은 사람에게 전달되도록 기여하고 싶은 마음에 힘을 보태게 되었다.

이 책은 우리에게 용서하기보다 더 어려운 것이 용서하지 않는 것이라고 강조한다. 용서하지 않는 마음은 우리 자신을 평생 분노와 원한이라는 감옥에 가두기 때문이다. 이 책은 용서만이 어떤 상처에서도 우리를 자유케 한다는 것과 그 자유함이 복음의 본질이라는 사실을 시종일관 강조한다. 용서는 인생을 변화시키는 너무나 아름다운 복음이다. 용서의 은혜를 깨달은 내가 누군가를 용서하고, 용서가 필요한 또 다른 사람을 도와 참된 자유를 누리게 하는 '내리용서'는 그리스도인 모두에게 주어진 사명이다. 용서의 복음은 이렇게 세상으로 퍼져나가 생명을 소생시키는 기적을 이룰 것이다. 묶인 것이 풀어지고, 매인 것에서 자유케 되는 용서의 기적이 이 책을 읽는 독자 한 사람 한 사람을 통해 혁명처럼 이 땅에 퍼져가기를 간절히 기도한다.

―김요셉 목사

사역 정보

'내리 용서'(Forgiving Forward)는 전 세계 그리스도의 몸 된 교회가 용서의 능력으로 복음이 주는 자유를 경험하도록 돕는 사역을 합니다. 개인이나 가족, 교회 그리고 사회에서 일어나는 갈등은 대부분 용서하지 않는 마음에서 비롯됩니다. 용서하기를 거부하여 고통을 겪거나, 용서함으로 평화와 자유를 누리는 경우를 우리는 많이 보고 경험했습니다. 우리는 교회를 적극 지지하며, 교회가 복음 중심의 용서에 대한 기본 진리를 이해하도록 돕기 위해 최선을 다하고 있습니다.

강연
브루스 박사와 아내 토니는 전 세계를 다니며 '내리 용서' 메시지를 4회에 걸친 세미나, 혹은 '용서 캡슐'(Forgiveness in a Capsule)이라는 이름으로 1일 강연을 합니다. 또한 결혼 관련 콘퍼런스 인도 및 다양한 성경 주제에 관한 강의를 합니다. '내리 용서' 세미나 일정은 seminars@forgivingforward.com으로 문의해주세요.

온라인 과정
'내리 용서' 온라인 과정은 홈페이지에서 8회분 강의 영상을 볼 수 있습니다. 누군가를 진정으로 용서하는 방법뿐만 아니라 다른 사람이 용서하도록 돕는 방법도 알려드립니다.

훈련
'내리 용서 코칭 집중 과정'(Forgiving Forward Coaching Intensive)은 세미나에 참석했거나 온라인 과정을 완강하여 배운 기본 지식을 바탕으로 하루 동안 진행되는 집중 코스입니다. 코칭 집중반은 용서 코치가 되는 데 필요한 자질과 능력을 갖추도록 지원합니다.

코칭
'내리 용서'는 개인, 부부, 가족을 코칭합니다. 일정은 coaching@forgivingforward.com으로 문의해주세요.

자유 센터(Freedom Center)
조지아주 애틀랜타 페이엣빌에 있는 '내리 용서 자유 센터'(Forgiving Forward Freedom Center)는 사람을 변화시키는 용서의 능력을 중심으로 하는 공동체를 육성하고자 마련된 공간입니다.

온라인 연락 정보
페이스북: Forgiving Forward
인스타그램: @forgivingforward
트위터(X): @forgivingfwd
유튜브: @forgivingforward6806
링크드인: Forgiving Forward

ReGenerating Life Ministries, Inc.
PO Box 1355 Fayetteville, Georgia 30214 770.461.4151
www.forgivingforward.com